Syndicated Loans in Asia
Contract terms and Practices
to secure collateral

アジアにおける
シンジケート・ローンの
契約実務と担保法制

西村あさひ法律事務所
Nishimura & Asahi

［編著］

一般社団法人 金融財政事情研究会

はしがき

　アジアにおけるシンジケート・ローンは、2015年は前年比5.4%減となったものの、組成額4,620億円と、日本の2倍以上の規模となり、この10年で3倍以上に急成長を遂げた。この急成長中の市場において、邦銀も近時シェアを拡大しており、日系企業が参画するプロジェクトも増加を続けている。
　かかる状況のもと、今後はさらに、日系企業もアジアにおけるシンジケート・ローンの組成・管理・回収に関与する場面が増えることが見込まれる。これらのシンジケート・ローンの多くは、単に英文というだけでなく、国内において多くのシンジケート・ローン契約のベースとなっている日本債権市場協会（JSLA）が公表した契約書に基づくものではない形式や内容の契約となっている例が多い。国内市場で使用されるシンジケート・ローン契約と、クロスボーダー案件で使用されるシンジケート・ローン契約では、共通する点も多くあるものの、その形式や内容において異なる点も多く、これらに携わる者にとっては、各条項の趣旨や意味を理解することが必須となっている。
　本書は、かかる現状を踏まえ、クロスボーダー、特にアジアのシンジケート・ローン契約の理解を深めるべく、著者らが携わった数多くのアジアのシンジケート・ローン契約とその交渉等に基づいたノウハウをベースに、アジアのシンジケート・ローンにおける契約実務と担保法制について解説するものである。
　本書においては、次の3つの視点から解説を行っている。1つはクロスボーダーのローン取引を行う場合に一般的に留意すべき点である。次に、ドキュメンテーションにおいては、Asia Pacific Loan Market Association（APLMA）の雛型があり、かなり定型化が進んでいる面が挙げられる。最後に、アジア各国における裁判制度・担保制度にはそれぞれ特徴的であり、各国ごとの留意が必要となる点である。

まず第1章でシンジケート・ローンの概説、第2章においてシンジケート・ローン組成上の留意点を解説した上、第3章で典型的な条項例を解説している。また、第4章および第5章では保証および担保付シンジケート・ローンについて解説を加えた。そして、第6章ではアジア各国の法制度につき、裁判制度および担保制度を中心に検討している。

　第1章から順に読み進めていただいても、契約書の該当条項または各国の法制度の章から読んでいただいてもよいように構成しているため、用途やご興味に応じてお使いいただければ幸いである。

　本書の執筆には、西村あさひ法律事務所の東京事務所ファイナンスプラクティスグループと同シンガポール事務所（Nishimura & Asahi（Singapore）LLP）チームのメンバーが中心となり、さらにアジア各拠点に所属する弁護士・スタッフの多くがこれに参加している。メンバー一同、本書がアジアにおけるシンジケート・ローンの発展に様々な立場で寄与される関係者の皆様にとって、ご参考となれば望外の喜びである。

2016年8月

著者一同

目　次

第1章　総論——シンジケート・ローンとは

第1節　シンジケート・ローンとは ·· 2
第2節　シンジケート・ローンの種類 ·· 4
　1　貸出形態による分類 ··· 4
　　(1)　タームローン（term loan）·· 4
　　(2)　リボルビングローン（revolving loan）···································· 4
　2　ボロワーの数による分類 ·· 5
　3　その他 ·· 5
第3節　アジアにおけるシンジケート・ローンの特徴 ······················ 6
　1　準拠法 ·· 6
　2　紛争解決条項 ·· 8
　3　外為・通貨規制 ··· 9

第2章　シンジケート・ローン組成上の留意点

第1節　金融機関の役割 ·· 12
　1　レンダー ··· 12
　2　アレンジャー ·· 12
　3　エージェント ·· 13
第2節　組成手続 ·· 14
　1　組成手続の流れ ··· 14
　2　第一段階：マンデート・レター ·· 14
　3　第二段階：インフォメーション・メモランダム ···························· 14
　4　第三段階：シンジケート・ローン契約書の締結 ··························· 15
第3節　アレンジャーおよびエージェントの法的責任その他の留意事項 ··· 16

- 1 アレンジャーおよびエージェントの立場 ……………………… 16
- 2 クロスボーダー事案の特殊性 …………………………………… 16
- 3 アレンジャーの法的責任 ………………………………………… 17
  - (1) ボロワーに対する責任 ……………………………………… 17
  - (2) 参加金融機関に対する法的責任 …………………………… 18
- 4 エージェントの法的責任 ………………………………………… 20
- 5 その他留意事項 …………………………………………………… 22
  - (1) 日本法および外国法の適用（総論）……………………… 22
  - (2) 銀行代理業、外国銀行代理業務および貸金業の該当性 … 23
  - (3) 金融商品取引法 ……………………………………………… 26
  - (4) アレンジメント・フィーおよびエージェント・フィー … 27

第3章　シンジケート・ローン契約の構成

第1節　解釈（Interpretation）……………………………………… 34
- 1 定義（Definition）……………………………………………… 34
- 2 解釈（Interpretation）………………………………………… 45
- 3 第三者の権利（Third Party Rights）………………………… 46

第2節　与信枠（The Facility）…………………………………… 49
- 1 与信枠（The Facility）………………………………………… 49
- 2 目的（Purpose）………………………………………………… 50
- 3 前提条件（Conditions Precedent）…………………………… 51

第3節　実行（Utilisation）………………………………………… 53
- 1 借入申込書の提出（Delivery of a Utilisation Request）…… 53

第4節　弁済、期限前弁済、および解約 （Repayment, Prepayment and Cancellation）………………… 54
- 1 弁済（Repayment）…………………………………………… 54
- 2 期限前弁済および解約（Prepayment and Cancellation）…… 55

第5節　実行に係るコスト（Costs of Utilisation）……………… 58

1　利息（Interest） ……………………………………………… 58
　　2　利息期間（Interest Periods） ………………………………… 58
　　3　市場混乱および代替利息
　　　（Market Disruption and Alternative Interest Rate） ………… 60
　　4　コミッションおよびフィー（Commissions and Fees） …… 64
第6節　追加支払義務（Additional Payment Obligations） ………… 66
第7節　表明保証、誓約事項（Representations and Undertakings） … 78
　　1　表明保証（Representations） ………………………………… 78
　　(1)　表明保証の位置付け ……………………………………… 78
　　(2)　個別の表明保証 …………………………………………… 79
　　2　誓約事項（Undertakings） …………………………………… 88
　　(1)　誓約事項の位置付け ……………………………………… 88
　　(2)　誓約事項の構成 …………………………………………… 90
　　3　財務コベナンツ（Financial Covenants） …………………… 100
　　(1)　有形純資産（Tangible Net Worth） …………………… 101
　　(2)　ギアリング・レシオ（Gearing Ratio） ………………… 102
　　　　Tea Break ギアリング？　アジアの英語と英国英語 ……… 103
　　(3)　インタレスト・カバー・レシオ（Interest Cover Ratio） … 104
　　(4)　流動性比率（Liquidity Ratio） …………………………… 105
　　(5)　セキュリティ・コベナンツ（Securities Covenants） …… 106
　　4　一般誓約事項（General Undertakings） …………………… 107
　　(1)　パリパス条項（Pari Passu Ranking） …………………… 107
　　　　Tea Break ラテン語と法律用語 …………………………… 110
　　(2)　ネガティブ・プレッジ（Negative Pledge） ……………… 112
　　　　Tea Break 担保権を巡る用語の難解さ
　　　　　　　　　―いかなる訳語を当てるか？ ………………… 117
　　　　Tea Break ネガティブ・プレッジ条項の違反時に期待される
　　　　　　　　　第三者に対する法的効果 …………………… 121

第 8 節　失期事由（Event of Default） 134
1　日本の期限の利益喪失事由との違い 134
(1)　デフォルト（Default）と失期事由（Event of Default） 134
(2)　当然失期事由と請求失期事由 135
2　個別の失期事由（Event of Default） 137
(1)　支払不履行（Non-payment） 137
(2)　財務コベナンツ（Financial Covenants） 138
(3)　その他の義務の不履行（Other obligations） 139
(4)　表明保証違反（Misrepresentation） 140
(5)　クロスデフォルト（Cross default） 141
(6)　倒産状態（Insolvency） 142
(7)　倒産手続（Insolvency proceedings） 144
(8)　債権者の申し立てた手続（Creditors' process） 145
(9)　ボロワーの保有者の変更（Ownership of the Borrower） 146
(10)　違法性（Unlawfulness） 147
(11)　拒絶（Repudiation） 147
(12)　対外債務に係るモラトリアム（Moratorium on External Indebtedness） 147
(13)　重大な悪影響（Material adverse effect） 148

第 9 節　債権譲渡・更改（Assignment and Transfer by Novation） 149
1　債権者による譲渡等（Assignments and transfers by the Lenders） 149
2　譲渡等の条件（Conditions of assignment or transfer） 149
3　移転の手続（Procedure for transfer） 151
4　譲渡の手続（Procedure for assignment） 154

第10節　貸付関係者（The Finance Parties） 157
1　エージェントおよびアレンジャーの役割（Role of Agent and Arranger） 157

2　エージェントの選任 157
　3　エージェントの義務 157
　4　アレンジャーの役割 159
　5　信認義務の排除 159
　6　多数レンダー（Majority Lenders）の指図 160
　7　貸付関係者間の調整（Sharing among the Finance Parties） 161
第11節　管理（Administration） 162
　1　支払手順（Payment Mechanics） 162
　2　相殺（Set-Off） 163
　3　変更および権利放棄（Amendments and Waivers） 164
第12節　準拠法および執行（Governing Law and Enforcement） 165
　1　準拠法（Governing Law） 165
　　　Tea Break　準拠法の指定方法 167
　2　執行（Enforcement） 168
　　(1)　裁判管轄（Jurisdiction） 168
　　(2)　仲裁合意 169
　　　Tea Break　シンガポールの仲裁制度 170
　3　訴状受取代理人 173
　4　主権免除の放棄 174
第13節　別紙（Schedules） 175
　1　当初レンダー（The Original Lenders） 175
　2　前提条件（Conditions Precedent） 175

第4章　保証付シンジケート・ローン

第1節　保証取得の方法と準拠法 180
　1　保証取得の方法 180
　2　保証と準拠法 181
　　(1)　約因（Consideration） 181

(2) 連帯保証と"Joint and Several Guarantee" ················· 183
　　(3) 保証提供に係る会社法上の問題 ························· 185
第2節　保証書（保証条項）の基本的構成 ························· 187
　1　保証の要式 ··· 187
　2　保証予約と保証 ····································· 187
　3　保証と損害担保 ····································· 189
　　(1) 保　　証 ······································· 190
　　(2) 損害担保契約 ··································· 191
　4　各条項の検討 ······································· 192
　　(1) 定義および解釈（Definitions and Interpretation） ······· 192
　　(2) 保証（Guarantee）および損害担保（Indemnity） ········· 193
　　(3) 保証人保護に関するルールの排除 ····················· 194
　　(4) その他ローン契約と共通する規定 ····················· 201

第5章　担保付シンジケート・ローン

第1節　担保付シンジケート・ローン ····························· 204
　1　担保権の種類 ······································· 204
　2　レンダーが複数の場合の担保設定方法 ··················· 205

第2節　担保付シンジケート・ローンに特有の条項 ················· 206
　1　セキュリティ・エージェント（Security Agent） ··········· 206
　2　表明保証 ··· 208
　3　コベナンツ ··· 208
　4　失期事由 ··· 209
　5　準拠法・紛争解決条項 ································ 210
　　(1) 準 拠 法 ······································· 210
　　(2) 紛争解決条項 ··································· 211

第6章　各国法制度の特徴

第1節　シンガポール 216
1　基礎情報 216
(1) シンガポールの法制度 216
(2) シンガポールの裁判制度 217
2　貸金業規制 218
3　外国為替規制 220
4　物的担保 220
(1) 担保の種類 220
(2) フィクスド・チャージ（fixed charge）とフローティング・チャージ（floating charge） 222
(3) 対　　象 223
(4) 設定・登記 224
5　人的担保 229
6　セキュリティ・トラストの制度 229
7　外国判決の執行 230

第2節　香　　港 231
1　基礎情報 231
2　貸金業規制 231
3　外国為替規制 232
4　物的担保の種類 232
(1) モーゲージ（Mortgage） 232
(2) チャージ（Charge） 234
(3) アサインメント（Assignment） 235
(4) プレッジ（Pledge） 236
(5) リーエン（Lien） 236
5　保　　証 237

	6　セキュリティ・トラスト	237
	7　外国判決の執行	237
	8　フィナンシャル・アシスタンス（Financial Assistance）	238
第3節	マレーシア	240
	1　基礎情報	240
	2　貸金業規制	240
	3　外国為替規制	241
	(1)　外国通貨	242
	(2)　リンギット（Ringgit）	242
	4　物的担保	243
	(1)　モーゲージ（Mortgage）	243
	(2)　チャージ（Charge）	244
	(3)　アサインメント（Assignment）	246
	(4)　プレッジ（Pledge）	247
	5　人的担保	248
	(1)　準拠法	248
	(2)　マレーシア中央銀行	249
	6　セキュリティ・トラスト	249
	7　外国判決の執行	249
	(1)　Reciprocal Enforcement of Judgments Act 1958（REJA）	249
	(2)　コモンロー（Common law）	250
	8　その他	250
	(1)　フィナンシャル・アシスタンス（Financial Assistance）	250
	(2)　イスラム金融	251
	Tea Break　コモンローとエクイティ	252
第4節	インドネシア	254
	1　基礎情報	254
	2　貸金業規制	254

3　外国為替規制………………………………………………………254
　　　(1)　報告義務…………………………………………………………254
　　　(2)　外貨建てオフショアローンに関するヘッジ規制………………255
　　4　担　　保…………………………………………………………255
　　　(1)　総　　論…………………………………………………………255
　　　(2)　不動産に対する担保権―抵当権………………………………256
　　　(3)　動産に対する担保権……………………………………………257
　　　(4)　人的担保…………………………………………………………258
　　5　セキュリティ・トラスト制度の可否…………………………259
　　6　外国判決の執行…………………………………………………259
　　7　そ の 他…………………………………………………………259
　　　(1)　インドネシア語使用義務………………………………………259
第5節　ベトナム…………………………………………………………261
　　1　基礎情報…………………………………………………………261
　　2　貸金業規制………………………………………………………261
　　3　外国為替規制……………………………………………………262
　　4　担　　保…………………………………………………………263
　　　(1)　担保の種類………………………………………………………263
　　　(2)　担保の実行………………………………………………………268
　　5　セキュリティ・トラスト………………………………………269
　　6　外国判決の執行…………………………………………………269

　索　　引……………………………………………………………………280

第1章

総論──シンジケート・ローンとは

第1節 シンジケート・ローンとは

　シンジケート・ローンとは、複数の金融機関が、同一のローン契約に基づき、同一の条件において貸付けを行うローンをいう。シンジケート・ローンの対義語としては、バイラテラル・ローンの用語があるが、これはレンダーとなる金融機関が複数ではなく一の金融機関がボロワーとの間で1対1のローン契約を締結する場合をいう。シンジケート・ローンは、ボロワーが調達すべき金額に対して、当該借入金額が多額となるため一の金融機関のみで当該借入金額全額を拠出できない場合において、シンジケート・ローンの形式とすることにより、当該借入金額の全額を調達できるようにする手法である。ローンのマーケットにおいては、特に借入金の資金使途によって各種の取引が存在するが、シンジケート・ローンは、コーポレートファイナンスで使用されるほか、いわゆるストラクチャードファイナンス（不動産ファイナンス、アセットファイナンス、買収ファイナンス、プロジェクトファイナンス）などで使用される。

　本書は、主としてシンジケート・ローンを組成する際に締結されるシンジケート・ローン契約書について解説するものであるが、昨今、シンジケート・ローン契約のフォーマットについては定型化が進んでいる。日本国内においては、日本ローン債権市場協会（一般的に、英語名であるJapan Syndication and Loan-trading Associationの頭文字をとり、「JSLA」と呼ばれる。）が公表するシンジケート・ローン契約書が最も著名な様式として広く認知されている。一方、日本国以外を見ると、英国ロンドンを中心とする欧州では、Loan Market Association（一般的に「LMA」と呼ばれる。）という団体が存在し、シンジケート・ローン契約書の雛型を公表しており、また、米国においてはLoan Syndications and Trading Association（一般的に「LSTA」と呼ばれる。）という団体が存在し、シンジケート・ローン契約書の雛型を公表し

ている。

　この点、本書はアジアにおけるシンジケート・ローンを主題としているが、アジアにおいては、前述のLMAのアジア・パシフィックにおける組織であるAsia Pacific Loan Market Association（一般的に「APLMA」と呼ばれる。）という団体が存在し、基本的にアジア太平洋地域において使用されることを念頭としたシンジケート・ローン契約書の雛型を公表している。実際のマーケット・プラクティスとしては、このAPLMAが公表しているシンジケート・ローン契約書をベースとして、各案件用にアレンジした上で使用する場合も比較的多いが、特に大手のローファーム（法律事務所）になると、当該ローファーム独自のシンジケート・ローンの定型フォームを有している。原則としてローン取引におけるローン契約その他のファイナンスに関連する契約書類はレンダーたる金融機関側のリーガルカウンセルがドラフティングすることが一般的であるが、案件によっては、ボロワー側のリーガルカウンセルに就任したローファームが有する当該ローファーム独自の定型フォームを利用してシンジケート・ローン契約書を作成することもある。

第2節 シンジケート・ローンの種類

1 貸出形態による分類

アジアにおけるクロスボーダーのシンジケート・ローンの種類は、貸出形態に着目して大きく分けると以下の2種類がある。

(1) タームローン（term loan）

タームローンとは、レンダーがボロワーに対して、あらかじめ確定した貸付金額および回数（1回または一定の期限内に複数回）の貸付けの実行を行い、あらかじめ決められた期日に一括または複数回で弁済を行う金銭消費貸借をいう。一度弁済された金額は、さらに借り入れることができない。タームローンは、後述するリボルビングローンに比して多く利用されるシンジケート・ローンの形態であり、コーポレートファイナンスをはじめ、アセットファイナンスやプロジェクトファイナンス等、幅広く利用されている形態である。

(2) リボルビングローン（revolving loan）

リボルビングローンとは、レンダーがボロワーに対して一定の貸出枠を設定し、ボロワーが一定の期間内に当該貸出枠の金額の範囲内で借入れおよび弁済を繰り返すことができる金銭消費貸借をいう。リボルビングローンは、流動的な資金需要に応じて金銭を引き出すことができるので、会社の運転資金等に利用される。

2　ボロワーの数による分類

　アジアにおけるクロスボーダーのシンジケート・ローンには、ボロワーが1人の場合（single borrower）と複数の場合（multiple borrower）がある。後者は、世界各国に所在するある会社（Company）のグループ会社のうち、資金需要がある者に対してローンを実行し、必要に応じて当該会社や子会社等が保証人（Guarantor）になる形態の、企業のグローバル化に伴う資金需要に対応する形態のローンである。一般的に、当該会社がローン全体を管理する役割を担い、かつ、保証人にもなる。ボロワーや保証人は、レンダーの承諾がない限り当該グループから外れることができない旨契約上制限されていることが多い。また、当該グループに新しく参入してきた場合等に対応するため、途中からボロワーや保証人を追加するための規定が存在する例も多い。

3　その他

　上記のほか、融資の約束形態による分類として、アンダーライティング方式とベストエフォート方式によるシンジケート・ローンがあり、これについては、第2章に記載する。また、担保・保証の有無による分類もあるが、それぞれ、保証付シンジケート・ローンは第4章で、担保付シンジケート・ローンは第5章で詳述する。

第3節 アジアにおけるシンジケート・ローンの特徴

1 準拠法

　アジアにおけるクロスボーダーのシンジケート・ローン契約の準拠法は、比較的英国法を準拠法とするケースが多い。もちろん、シンガポール法や香港法を準拠法とするものもあるものの、借入金額の規模が大きくなる場合、すなわちレンダーの数が多くなる場合には、英国法を準拠法とすることが好まれる傾向にある。この点、英国法を準拠法とすることのメリットとして主に一般的に挙げられる要素は以下のとおりである。

① Freedom of Contract
　英国法では、いわゆる契約自由の原則（freedom of contract）が基本原則となっている。すなわち、契約当事者は、自らが合意した条件に拘束され、その他の要素にはほとんど影響されない、ということである。このことから、英国法上では、当事者が自らの契約を自由かつ柔軟に設計できるとされている。

② Predictability
　制定法ではなく、判例を中心とする法体系をとる英国法上では、裁判所が従前の裁判例を基礎に、当該事案についての判断を行う。また、英国法を準拠法とする金融取引が相対的に多いことから、英国の裁判所における金融取引に関する裁判例の蓄積も、他の国との比較において相対的に多い。したがって、当事者は、過去の裁判例を検討することにより、自らの係争事案について、裁判所がどのような判断を下すのか、予測することができる（pre-

dictability）とされている。

　もっとも、上記2点については、日本法上でも実質的な違いはないように思われる。まず、①契約自由の原則は日本の民法上の基本原則であるとされ、契約を締結するか否か、誰と契約を締結するか、また、どのような内容の契約を締結するか、は当事者の自由な意思に委ねられている。もちろん、日本法上、この契約自由の原則には限界もあり、公序良俗（民法90条）等の強行法規に制限される。しかし、契約自由の原則に限界があるのは、public policy違反や詐欺（fraud）が存在する場合に契約自由が制限されることになる英国法上においても同様であり、日本法に特有の限界ではない。また、②確かに過去の数多くの裁判例を基礎に、自らの係争事案についての裁判所の判断を予測できることは英国法を準拠法とする1つの大きなメリットであるともいえる。しかし、判断対象となっている個々の事案は、その事実が異なることが多く、同種の事案である、という事情をもって同様の判断が下されることが保証されているわけでもない。むしろ、制定法によって規範が成文化され明確である方が、個々の事案への当てはめが適切にでき、予測可能性に資する場合も多い。さらに、近時では、日本の裁判所による金融取引に関連する裁判例も多く積み上がってきているところであり、参考となる裁判例も少なくない。

　そもそも準拠法とは具体的にいかなる働きをするものかといえば、最も重要な機能としては、当該契約上の文言について例えば解釈に争いが生じた場合に、英国法に基づいて判断されることとなる点である。この点、英国法や英国における裁判例について精通しているのであれば、特段、英国法を準拠法とすることにさほどのリスクは存在しないであろう。しかし、日本国内の金融機関が英国法準拠の契約書を締結することは、英国法に馴染みがない場合には、それだけでリスクといえなくもないのであり、当該観点も考慮の上で、案件ごとで適切な準拠法を選択することが望ましいといえる。

2　紛争解決条項

　アジアでは裁判所において汚職が蔓延している国が存在し、ボロワー所在地の裁判所をローン契約上の裁判管轄として指定することが適切ではない場合がある。他方、アジアにおいては外国裁判所の判決の承認・執行を認めていない国（タイ、インドネシア、ベトナム等）もあるため、例えばローン契約において日本、シンガポールまたは英国の裁判所を管轄として指定した場合、当該裁判所において勝訴判決を得た場合であっても、当該勝訴判決に基づいてレンダーがボロワー所在地に保有する資産等に対して直接に強制執行等を行うことができず、結局、当該ボロワー所在地国で再度、裁判をやり直さなければならない可能性がある。

　このため、アジアのシンジケート・ローンにおいては、紛争解決条項として仲裁条項が規定される場合が多い。これは、アジア各国においては、台湾等の一部の国・地域を除いて、ニューヨーク条約（Convention on the Recognition and Enforcement of Foreign Arbitral Awards）（外国仲裁判断の承認及び執行に関する条約）に加盟しており、仲裁判断であれば、各国において執行が可能と考えられるからである。仲裁機関としては、アジアのクロスボーダー案件においては、地の利もあり、Singapore International Arbitration Centre（SIAC）が選択されるケースが多いが、日本の仲裁機関である日本商事仲裁協会を選択することももちろん可能である[1]。

　なお、最近では、ハイブリッド条項と呼ばれる、レンダー側が裁判所に訴訟を提起するか、仲裁機関に仲裁を申し立てるかを選択できる旨の条項が規定されるケースも散見される。これはレンダー側には有利な規定であるが、合理性を欠くとして、ハイブリッド条項が法的に有効ではないと主張される可能性もある[2]。紛争解決条項は交渉の終盤において検討の時間がほとんど割かれないまま決められることも多いが、そもそも仲裁を活用するか否かの判断を含め、事案に応じた検討が必要である。

3　外為・通貨規制

　上記のほかアジアのファイナンスにおいて忘れてはならない視点は、各国の外為・通貨規制の問題である。詳細は、第6章において記載するが、外為・通貨規制が厳しい国では、特に、オフショアローンについて、以下の点に留意しなければならない。

　貸付通貨に制限がないか（現地通貨建ての融資・送金が可能か）

　融資目的、期間または金額によって現地中央銀行または当局の承認等が必要とならないか

　返済条件（リファイナンスを含む）に制約がないか（返済時の中央銀行の承認の要否等）

1　シンガポール政府は、アジアにおける国際紛争解決センターになることを目指し、国際仲裁を推進している。特にSIACはASEAN諸国の国際仲裁案件を数多く取り扱っており、アジアの紛争解決のハブとなりつつある。2010年7月から2015年10月までのSIACへの申立件数は216件（うち、受理された件数は132件）あり、案件もアジアを中心とするシンガポール国外の当事者間のクロスボーダー案件が多い（Tea Break「シンガポールの仲裁制度」（170頁）参照）。他方で、日本商事仲裁協会においては、年間の申立件数は10～20件ほどと取扱件数が少なく、また、案件としても日系企業を申立人または被申立人とする案件が大部分を占める。もっとも、仲裁機関を選定する際には、取扱件数や過去の実績等だけではなく、案件の性質や交渉上の優位性（一般的には第三国が選ばれることが多いが、日系企業であれば、日本の常設仲裁機関である日本商事仲裁協会を提案するというのも一案である。）なども重要な判断要素となる。
2　ハイブリッド条項が有効ではないと判断されるシナリオとしては、仲裁地（例えば、シンガポール）の仲裁機関において仲裁合意が無効と判断される場合（その結果、裁判所において訴訟を提起しなければならない場合）、および仲裁地（例えば、シンガポール）の仲裁機関において仲裁合意は有効であると判断されたものの、当該仲裁判断を外国（例えば、インドネシア）で執行する際に当該外国裁判所において仲裁合意が無効と判断され、仲裁判断の執行が拒絶される場合が考えられる。仲裁地をシンガポール、香港、パリ、ロンドンなどの国際仲裁を多く取り扱う国に指定した場合には、明確に規定されたハイブリッド条項が無効と判断される可能性は低いと考えられるため、実際に生じ得るシナリオは後者であろうと考えられる。

第 2 章

シンジケート・ローン組成上の留意点

第1節 金融機関の役割

1 レンダー

シンジケート・ローンにおいては、単一のシンジケート・ローン契約書に基づき、同一のボロワーと複数の参加金融機関レンダーとの間で個別独立に複数のローン契約が成立し、レンダーの権利義務も個別独立に発生することが原則である。

しかし、参加金融機関相互間における公平性の観点および複数の参加金融機関による協調融資として機能させるための統一性の観点から、レンダーの権利義務の個別独立性は一定の修正を受ける。具体的には、契約期間中、レンダーが単独で直接ボロワーから貸付金の回収その他の権利行使をすることは許されず、また、期限の利益喪失の請求の可否や契約条件の変更等といった複数のレンダーに影響する重要な事項については、多数レンダー（Majority Lenders）の判断に基づく統一的な取扱いが定められている。

2 アレンジャー

アレンジャーとは、ボロワーの委託を受けてシンジケート・ローンの組成を行う者であり、ボロワーからの委託は通常マンデート・レター（Mandate Letter）によってなされる。アレンジャーは、ボロワーの資金ニーズや事業および財務の状況等を踏まえ、組成するシンジケート・ローン契約の条件交渉等の役割を担うことから、既にボロワーと取引のある金融機関が選任される場合が多い。アレンジャーのほか、マンデートリードアレンジャー（Mandated Lead Arranger）等と称されることもあり、複数のアレンジャー

(Co-Arrangers）が選任される場合もある。アレンジャーの役割は原則としてシンジケート・ローン契約の締結時に終了する。

3　エージェント

　エージェントとは、シンジケート・ローン契約を締結する参加金融機関（レンダー）の依頼に基づき、レンダーの代理人として、シンジケート・ローン契約に関する連絡事務やボロワーからの回収金をレンダーに分配する事務等を執り行う者である。実務上は、アレンジャーを務めた者が、レンダーかつエージェントとなる場合が多い。

第2節 組成手続

1 組成手続の流れ

シンジケート・ローンの組成手続は、大きく、①ボロワーがマンデート・レターを発出してアレンジャーにシンジケート・ローンの組成を委託する段階、②アレンジャーが参加金融機関を招聘し、参加金融機関が参加表明を行う段階、③参加金融機関とボロワー間でシンジケート・ローン契約書を締結する段階の三段階に分けられる[3]。

2 第一段階：マンデート・レター

上記の第一段階では、アレンジャーがボロワーに対し、一定額のシンジケート・ローンの組成を引き受ける（Underwrite）ことを約する場合（アンダーライト型）と、一定額のシンジケート・ローンを組成できるよう最善（best efforts）を尽くすことを約する場合（ベストエフォート型）とがある。いずれの類型とするかは、マンデート・レターに記載される。

3 第二段階：インフォメーション・メモランダム

上記の第二段階では、アレンジャーは、ボロワーと共同してインフォメーション・メモランダム（Information Memorandum）を作成し、融資条件の概

---

[3] なお、アンダーライト型の場合には、アレンジャーとボロワー間のみでローン契約を締結後、貸出実行前にシンジケーションを行う場合や、契約締結および貸出実行後に債権譲渡によりシンジケーションを行う場合等もある。

要等を記載したタームシートを添付して、参加金融機関の候補者に交付の上、シンジケート団への参加を呼び掛ける。インフォメーション・メモランダムは、ボロワーの財務状況その他非公開の情報も含まれ得るため、参加金融機関の候補者から守秘義務確認書を受領するのと引き換えに交付される場合が多い。参加金融機関の候補者は、インフォメーション・メモランダムを参考資料としつつ、アレンジャーを通じてボロワーに照会し、または自ら独自に調査する等して、自己の判断によりボロワーの信用リスクを検討し、シンジケート団への参加可否を決定する。

4　第三段階：シンジケート・ローン契約書の締結

　上記の第三段階では、アレンジャーは、シンジケート団への参加を表明した参加金融機関とボロワーの間に入って、最終的な融資条件の交渉を行い、交渉の結果をシンジケート・ローン契約書に反映させる。

第3節 アレンジャーおよびエージェントの法的責任その他の留意事項

1 アレンジャーおよびエージェントの立場

　シンジケート・ローンにおいて、アレンジャーはボロワーのためにシンジケート・ローンを組成するよう尽力し、シンジケート・ローン契約締結後には、エージェントがレンダーのため各種の事務連絡窓口を務めるとともにレンダーに対して回収金を分配する等の事務にあたる。実務上、アレンジャーにはボロワーと既に取引のある金融機関が就任する場合が多く、また、アレンジャーがそのままエージェントに選任され、かつ、自らがレンダーとなる場合が多いことは前述した。また、アレンジャーおよびエージェントは各種の手数料を受け取る立場にもあり、特にエージェントがボロワーに対して別の融資を行っている場合には、他の参加金融機関と利益相反の関係に立つ可能性がある。また、他のレンダーと比較してボロワーに関するより多くの情報を有し、また取得しやすい立場にあるところ、ボロワーに対する守秘義務とレンダーに対する情報提供義務が相反する場面も生じやすい。

2 クロスボーダー事案の特殊性

　一般に、クロスボーダーのシンジケート・ローン案件では、純粋な国内案件とは異なり、シンジケート・ローン契約書等において準拠法と定めた外国法やボロワーの設立国の法律等、外国法についても必要に応じて適切な法律事務所から法的助言を得る必要がある。そして、アレンジャーはボロワーによって選任され、ボロワーのためにシンジケート・ローンを組成する者であるから、アレンジャーのボロワーに対する法的責任に関しては、マンデー

ト・レターの準拠法に基づく検討が必要となる。また、アレンジャーの参加金融機関に対する法的責任（特に情報提供に関する義務など）に関しては、マンデート・レターのみならず、インフォメーション・メモランダムに定める準拠法に基づく検討も必要となる。一方、エージェントは、シンジケート・ローン契約締結後、レンダーのため各種の事務連絡窓口を務めるとともにレンダーに対して回収金を分配する等の事務にあたる者であるから、エージェントの法的責任に関しては、基本的にシンジケート・ローン契約書の準拠法に基づく検討が必要となる。

さらに、日本法がどこまで適用されるか（域外適用）についても、併せて検討する必要がある（第3節**5**参照）。

3　アレンジャーの法的責任

(1)　ボロワーに対する責任

ボロワーから委託を受けてアレンジャーに就任する際、一定額のシンジケート・ローン組成について引受けを約することなく、シンジケート・ローン組成に向けて最善を尽くす義務を負うに留まる場合（ベストエフォート型の場合）には、マンデート・レターの準拠法に基づく検討が必要ではあるが、少なくともその旨をマンデート・レター上に定める必要がある。具体的には、シンジケート・ローンの組成に至らなかった場合や一部の金額までしか参加金融機関を招聘できなかった場合等においても、アレンジャーは引受けその他の法的義務を負わない旨、免責条項を定めることが考えられる。

また、アレンジャーがシンジケート・ローン組成について引受けを約した場合（アンダーライト型の場合）においても、アレンジャーの立場からすれば、過大な負担を負うことのないよう引受義務の有効期間を定めておくことが望ましく、また、ボロワーから参加金融機関に対して提供すべき情報の提供を拒絶された場合には、アレンジャーを辞任できる旨を定めることも検討

に値する。

(2) 参加金融機関に対する法的責任

まず、日本法上の解釈論として、アレンジャーの参加金融機関に対する情報提供義務を認めた最高裁判例（最三小判平24.11.27（集民242号1頁・判時2175号15頁））がある。ボロワーが、アレンジャーに対し、別件シンジケート・ローンの貸出実行後に自社の決算書の不適切な記載について専門家の調査を始めた旨を知らせたが、アレンジャーはその旨を本件シンジケート・ローンの参加金融機関の候補者に伝達することなく、本件シンジケート・ローンを組成・実行したという事案において、最高裁は、当該情報はボロワーの信用力の判断にとって重要であり、かつ参加金融機関が自ら知ることを期待し得ない情報であると述べ、アレンジャーは、信義則上、参加金融機関に対し、本件シンジケート・ローンの組成・実行前に当該情報を提供すべき注意義務を負うとして、信義則上の注意義務違反に基づく不法行為責任を認めた控訴審の判断を是認した。最高裁は、ボロワーが本件シンジケート・ローンの組成・実行手続の継続に係る判断をアレンジャーに委ねる趣旨で当該情報をアレンジャーに伝えたという事実関係のもとでは、本件ボロワーに対する守秘義務[4]違反は問題にならないと述べている[5]。もっとも、一般的に

---

[4] 最高裁は、金融機関が民事訴訟の当事者ではない第三者として顧客情報の開示を求められた文書提出命令申立事案において、「金融機関は、顧客との取引内容に関する情報や顧客との取引に関して得た顧客の信用にかかわる情報などの顧客情報につき、商慣習上又は契約上、当該顧客との関係において守秘義務を負い、その顧客情報をみだりに外部に漏らすことは許されない」と述べ、金融機関の顧客情報に関する守秘義務を認めている（最三小決平19.12.11（民集61巻9号3364頁））。

[5] なお、上記最三小判平24.11.27における田原睦夫裁判官の補足意見は、「借受人が金融機関にシンジケート・ローンのアレンジャー業務を委託した場合において、その業務の遂行に必要な情報は、借受人とアレンジャーとの間で別段の合意がない限り、当然に招聘先に開示されるべきものであり、借受人はアレンジャーに対し、守秘を求める利益を有しない」と述べているが、本件最高裁判決は「まさに事例判決であり、アレンジャーの責任につき一般論を展開するものではない」との指摘もある（道垣内弘人「シンジケート・ローンにおけるアレンジャーの情報提供義務」私法判例リマークス48号（2014〈上〉）6～9頁）。

は、アレンジャーはボロワーに関する情報についてボロワーに対する守秘義務を負う場合が多いと考えられ、まずはボロワーに対して当該情報を参加金融機関に開示するよう促し、または、ボロワーの同意を得た上で自ら参加金融機関に伝達することが安全と思われる。

　一方、クロスボーダーのシンジケート・ローンを組成する場合、アレンジャーの参加金融機関に対する情報提供義務やボロワーに対する守秘義務の有無や範囲に関しては、マンデート・レターやインフォメーション・メモランダム等に定める準拠法に基づき解釈されることとなる。

　また、アレンジャーが参加金融機関の候補者に対して提供したインフォメーション・メモランダムに記載された情報の正確性、完全性または最新性等に問題があり、アレンジャーに少なくとも過失があった場合、例えば、英国法下では、Misrepresentation Act 1967やコモンロー上の不法行為に基づく責任を問われる可能性がある。そこで、シンジケート・ローンにおけるインフォメーション・メモランダムに記載された情報に関しては、アレンジャーは明示または黙示による表明保証を何ら行うものではないこと、当該情報の正確性や完全性について責任を負わないこと、現存するまたは潜在的な参加金融機関に対して当該情報のアップデイトを提供する責任を負わないこと等の免責文言を定めることが市場慣行となっている[6]。

　英国法上、このような不実表示に関する免責条項は「公平かつ合理的」（fair and reasonable）な場合に限って有効と解されている。具体的には、情報の受領者において情報の真偽を検証する機会をどの程度有していたか、情報の提供者の専門的知見等を背景事情として情報の受領者が提供された情報

6　シンジケート・ローン契約書上、後述第3章第10節**5**記載の信認義務の排除条項に加え、次のような条項を設ける例が見られる。
"Responsibility for documentation
No Administrative Party (i.e., Arranger or Agent) is responsible for the adequacy, accuracy and/or completeness of any information (whether oral or written) supplied by any Administrative Party, an Obligor or any other person given in or in connection with any Finance Document or the Information Memorandum."

を信頼したか等が考慮される。この点、近時、この種の典型的な免責文言の法的効果を認め、アレンジャーの法的責任を否定した英国高等裁判所による裁判例がある(IFE Fund S.A. v Goldman Sachs International [2007] EWCA Civ 811)。Bond発行のアレンジャーが、投資家に対してインフォメーション・メモランダムを提供した際、そこに記載された情報が不正確かもしれないとの認識を有しない旨の黙示の表明保証があったか否か、アレンジャーにおいて注意義務の懈怠（過失）があったか否かが主な争点となった事案であり、個別事案ごとに判断は異なり得るものの、市場慣行化した定型文言の効力が認められた事案として参考となろう。

4 エージェントの法的責任

日本法上、エージェントはレンダーの委託を受けてレンダーの代理人としてエージェント業務を行う者であり、レンダーに対して善管注意義務（民法644条参照）およびその他報告義務等（同法645条）を負う。もっとも、日本ローン債券市場協会（JSLA）の標準契約書[7]では、原則として、契約書に明示的に定められた義務以外の義務は負わないものと定めており[8]、契約書に明示された義務を履行する際の義務の程度として善管注意義務が想定されていることとなる。また、シンジケート・ローン契約に基づき、またはそれに

---

[7] 平成25年2月12日公表「コミットメントライン契約書（案）および「タームローン契約書（案）」（以下、それぞれ「コミットメントライン契約書（JSLA平成25年版）」および「タームローン契約書（JSLA平成25年版）」という。）参照。なお、JSLAの標準契約書ではアレンジャーに関する規定が設けられていないが、これはアレンジャーの役割は原則としてシンジケート・ローン契約の締結時に終了することを踏まえたものと思われる。他方、LMA等の標準契約書では、エージェントのみならずアレンジャーに関する規定が含まれており、これはアレンジャーに対しても免責条項の恩恵を付与することを目的とするものと解されている（Sue Wright, International Loan Documentation, at 210 (2006))。

[8] 「コミットメントライン契約書（JSLA平成25年版）」前掲注7・25条(1)、「タームローン契約書（JSLA平成25年版）」前掲注7・21条(1)参照。

関するエージェントの行為（作為および不作為を含む）について、「故意または（重）過失がない限り」、レンダーに対して責任を負わないこと[9]等が定められている。

英米法上、いわゆるエージェント[10]や信託の受託者（trustee）は、本人に対して信認義務（fiduciary duty）を負うと解されている。信認義務とは、「当事者間に信認関係（fiduciary relation）が認められるとき、一方当事者の信頼を受けた側の当事者に課される義務であり、もっぱら相手方の利益を図るために最高度の信義誠実を尽くして行動しなければならない義務」をいう[11]。そこで、英米法を準拠法とするシンジケート・ローン契約書では、当事者が契約で定めた義務以外の義務が裁判所で認定されるリスクを回避するため、信認義務を排除するための規定が設けられることが通常である。LMAおよびAPLMA等の標準契約書においても、エージェントは信託の受託者（trustee）またはフィデューシャリー（fiduciary）ではないと定めた上で、エージェントは自らが提供する情報の正確性や完全性等に関して責任を負わないこと[12]、シンジケート・ローン契約に関するエージェントによる行為（作為および不作為を含む）の結果として生じる損失や費用等については、エージェントの「重大な過失」でない限り責任を負わないこと等が定められている。

---

9 「コミットメントライン契約書（JSLA平成25年版）」前掲注7・25条(4)、「タームローン契約書（JSLA平成25年版）」前掲注7・21条(4)参照。
10 ここで「いわゆるエージェント」とは、シンジケート・ローンにおけるエージェントに限らず、およそ本人を代理して取引その他の行為を行う者を広く指す。
11 道垣内弘人「シンジケート基本判例研究（I〜Ⅷ）」基本判例【1】、ジュリ1368号98頁、田中英夫編『英米法辞典』346頁（東京大学出版会、2008年）。
12 LMA等の標準契約書ではアレンジャーに関しても同様の規定が設けられている。

5　その他留意事項

(1)　日本法および外国法の適用（総論）

　例えば、日本の金融機関の海外支店（アジアのA国所在）が、A国で設立された法人をボロワーとするシンジケート・ローン（契約は英国法準拠）のエージェントとして、A国その他の外国から参加金融機関を招聘するような場合に、日本の銀行法、金融商品取引法、利息制限法および「出資の受入れ、預り金及び金利等の取締りに関する法律」（以下「出資法」という。）等の法律が適用されないかが問題となる。

　日本法の国際的な適用関係は、基本的に、①各国・地域の法をどのように適用すべきかという観点から、国際私法という間接規範によって適用すべき国・地域の法（すなわち準拠法）が指定される「私法」（いわゆる民事法のうち手続法以外のもの）と、②専ら自国法の適用の有無という観点から、国際私法のような間接規範によらずに当該法規範それ自体の渉外的適用範囲が観念される（したがって「域外適用」が観念され得る）「公法」とに分類して検討する必要がある。

　私法に関しては、紛争化した場合の訴訟提起地（法廷地）における国際私法のルールに従って準拠法が決定される。仮に日本の裁判所に訴訟が提起される場合であれば、日本の国際私法のルールである「法の適用に関する通則法」（以下、「法適用通則法」という。）に基づき判断され、例えば契約の成立および効力については、基本的には当事者が行為の当時に選択した法が準拠法となる（同法7条）。

　公法のうち、実質的意義における刑法に関しては、特別法上の犯罪も含め、「日本国内において罪を犯したすべての者」に適用される（刑法1条、属地主義）ことを原則として、必要に応じて国外犯処罰規定が定められている。

　これに対し、行政規制法の国際的適用範囲について一般的に定める規定は

ないが、基本的には、属地主義により、規制対象行為の一部が日本国内で行われれば国内法が適用されるとしつつ、保護法益に対する侵害可能性がある場合にも国内法を適用するという立場(いわゆる効果主義で属地主義の原則を部分的に補完する立場)であるとされている[13]。その上で、金融商品取引法や銀行法の行政法規の渉外的適用範囲に関しては、行為主体の所在国等に応じて、「内－内」、「内－外」、「外－内」、および「外－外」の四類型に区分して考察することが有用といわれており、このうち「外－外」については基本的に我が国の行政法の適用はないものと論じられている[14]。また、金融庁は、「邦銀の海外支店において、法人格が海外にある海外顧客を相手方とする現地通貨建て取引は、一般的には我が国金融商品取引法の適用が及ばないと解される。」と述べているが(平成20年2月21日付公表の金融庁による「金融商品取引法の疑問に答えます」質問⑨参照)、これは上記の「外－外」の類型に該当するものと考えられる。

上記の四類型のうち、「内－内」以外の三類型については、当該「外」の法律である外国法の検討が必要となり得る。例えば、日本の銀行の「日本国内にある本支店」や外国銀行日本支店が自ら、海外のボロワーに対するシンジケート・ローン組成のため、海外の参加金融機関を招聘するというアレンジャー業務を行う場合には、いわゆる「内－外」の類型として、後述(2)記載のとおり、日本法の検討が必要となるが、さらに当該アレンジャー業務を行うことが、参加金融機関の本国における法律上も許されるか(免許や許認可等を要しないか)、許されるとして業務遂行にあたり留意事項はないかなどについて検討する必要がある。

(2) 銀行代理業、外国銀行代理業務および貸金業の該当性

アレンジャーは、参加金融機関とボロワー間におけるシンジケート・ロー

---

[13] 小山嘉昭『詳解銀行法[全訂版]』490頁(金融財政事情研究会、2012年)。
[14] 松尾直彦「金融商品取引法の国際的適用範囲」東京大学法科大学院ローレビュー Vol.6 276〜286頁、小山・前掲注13・495頁。

ン契約の締結に向けて尽力するものであり、これは通常、当該契約の締結の「媒介」に該当するものと考えられる。そのため、アレンジャー業務が銀行法上の「銀行代理業」（銀行法2条14項、52条の36以下）として許可もしくは届出が必要とならないか（銀行法52条の36第1項、52条の61第3項）[15]、または「外国銀行代理業務」（銀行法10条2項8号の2、52条の2以下）として認可もしくは届出が必要とならないか（銀行法52条の2）、また、「金銭の貸借の媒介…で業として行うもの」として「貸金業」（貸金業法2条1項）として登録が必要とならないか（貸金業法3条1項）が問題となる[16]。

　この点、金融庁は、シンジケート・ローンのアレンジャー業務について、純粋に顧客（ボロワー）からのみの委託により、顧客のためにする場合には銀行法上「銀行のために」の要件[17]を欠いて銀行代理業に該当しないものの、参加金融機関たる銀行からの直接または間接的な委託に基づく場合や、銀行から名目のいかんにかかわらず経済的対価を取得する場合には、銀行代理業に該当する可能性があると述べている[18]。外国銀行代理業務に該当する

---

[15] 参加金融機関に銀行以外の本邦預貯金取扱金融機関が含まれている場合についても類似の問題がある（ただし、株式会社商工組合中央金庫の場合には、届出を行うのは同社であって代理または媒介を行う者ではない。）。以下同様。

[16] 国内における「外国銀行代理業務」に関しては、当該業務を行う銀行等の「グループ内の外国銀行等」の業務の代理または媒介を営むことのみが許され、資本関係のない外国銀行の業務の代理または媒介は解禁されていない。この点、「銀行代理業」に関しては、平成18年の法改正により資本要件が撤廃されていることと異なる（小山・前掲注13・492～494頁、535～536頁、銀行法10条2項8号の2、銀行法施行規則13条の2）。また、「媒介」とは、他人間の契約の締結または法律行為の実現のために尽力する事実行為をいい、具体的な行為が単なる取次ぎであって媒介に至らないものか否かを判断するに際しては、金融庁「主要行等向けの総合的な監督指針」Ⅷ-3-2-1-1(2)および(3)②に記載された具体例が参考となる。

[17] 「顧客のために」、すなわち、顧客からの要請を受けて、顧客の利便のために、顧客の側に立って助力する場合には銀行代理業に該当しないが、当事者間の契約上は顧客のために行為することとされている場合でも、実務上、実質的に銀行のために行為する場合には銀行代理業に該当する場合がある（「主要行等向けの総合的な監督指針」前掲注16・Ⅷ-3-2-1-1(3)①）。

[18] 平成18年5月17日付公表の「パブリックコメントに対する金融庁の考え方」4頁、平成26年6月26日付公表の金融庁による「外国銀行代理業務に関するQ&A」11頁17番。

か否かについても、同様の判断基準が用いられるものと考えられる[19]。

また、貸金業法については、「貸付けを業として行うにつき他の法律に特別の規定のある者が行うもの」については「貸金業」に該当しないことから（同法2条1項2号）、アレンジャーが日本の銀行法上の銀行免許に基づいてアレンジャー業務を行う限りにおいて、貸金業登録を要しない。

なお、シンジケート・ローンのエージェント業務は、「貸付契約成立後の事務に関するもの」である限り、銀行法上の「（貸付）契約の締結の代理又は媒介」ではないため、銀行代理業には該当せず[20]、外国銀行代理業務にも該当しないものと考えられる。

クロスボーダーのシンジケート・ローン事案において、日本の銀行の「日本国内にある本支店」や外国銀行日本支店が自ら、海外のボロワーに対するシンジケート・ローン組成のため、海外の参加金融機関を招聘するというアレンジャー業務を行う場合には、いわゆる「内－外」の類型として日本の銀行法の適用があることを前提に、日本の銀行または外国銀行である参加金融機関の委託を受けて行う行為であって銀行代理業または外国銀行代理業務に該当するか、あるいは純粋にボロワーからのみ委託を受け、ボロワーのためにする行為であって銀行法上「銀行のため」（すなわち参加金融機関のため）という要件を欠くものかについて検討することになる。なお、この場合のアレンジャー業務は日本の銀行法上の銀行免許に基づいて行われる以上、貸金業登録を要しない。

次に、外国銀行の「日本国外の本支店」が国内の参加金融機関を招聘するというアレンジャー業務を行う場合には、「外－内」の類型として日本の銀行法および貸金業法の適用がある。銀行法については、前述のとおりボロ

---

19 平成20年12月2日付公表の「パブリックコメントに対する金融庁の考え方」43頁22番、「外国銀行代理業務に関するQ&A」前掲注18・11頁17番。
20 平成18年5月17日付公表の「パブリックコメントに対する金融庁の考え方」前掲注18・4頁。

ワーのためにアレンジャー業務を行う限り銀行代理業に該当しないと考えられるが、貸金業法については、外国銀行の「日本国外の本支店」は日本の銀行法上の銀行免許を有しない以上、基本的には「貸付けを業として行うにつき他の法律に特別の規定」がないため、貸金業法上の貸金業登録を有しない限り[21]、当該業務を行うことは許されないこととなる。

　他方、日本の銀行の「海外拠点」や外国銀行日本支店の「日本国外の本支店」が同様のアレンジャー業務を行う場合には、「外－外」の類型として銀行法および貸金業法の適用対象外となる場合もある。結局のところ、「個別事例ごとに実態に即して実質的に判断」しなければならないが、日本国内において代理または媒介行為を一切行っていない場合であれば、日本の銀行法および貸金業法の規制の対象外となる場合もあろう[22]。

(3) 金融商品取引法

　日本の金融商品取引法が適用される場合であっても、一般にシンジケート・ローンは社債ではないことから有価証券ではなく、したがって金融商品取引法の定める業規制の対象外と解されている。また、エージェントがセキュリティ・トラストに係る受益権を取り扱う場合においても、「当該受益権がローン債権と不可分一体であることが信託行為等により確保されており、実質的にローン債権とは別の付加価値または独自の経済的価値を有さないものであれば、実態としてはローン債権の担保権を取り扱うことと変わらないものであるといえることから、第二種金融商品取引業にはあたらない」とされている[23]。

---

[21] 外国法人であっても在日支店の所在地を住所として貸金業登録を受けることはできるものの、その場合に外国の本支店において日本向けに貸金業を行うことが許容されるかは必ずしも明らかではない。

[22] 銀行法につき、平成20年12月2日付公表の「パブリックコメントに対する金融庁の考え方」前掲注19・20～22番、29番、30番、32番、33番等、「外国銀行代理業務に関するQ&A」前掲注18・7頁9番、13頁21番。

[23] 平成20年12月2日付「パブリックコメントに対する金融庁の考え方」前掲注19・7番。

(4) アレンジメント・フィーおよびエージェント・フィー

　純粋に国内で完結するシンジケート・ローン案件の場合、アレンジャーの報酬であるアレンジメント・フィーおよびエージェントの報酬であるエージェント・フィーが利息制限法および出資法に定めるいわゆる「みなし利息」（利息制限法3条、出資法5条の4第4項）として取り扱われ、法定の上限利率を超過することにならないかという問題が生じ得る。

　この点、アレンジメント・フィーやエージェント・フィーは、レンダーによる貸付けとは独立したアレンジャーとしてのアレンジメント業務およびエージェントとしてのエージェント業務という別個独立した業務の対価として受領するものであること等を理由として、利息制限法および出資法上の「金銭を目的とする消費貸借に関し」または「その貸付けに関し」に該当せず、みなし利息に該当しないという考えが実務上有力である[24]。

　もっとも、出資法4条1項は、「金銭の貸借の媒介を行う者は、その媒介に係る貸借の金額の百分の五に相当する金額を超える手数料の契約をし、又はこれを超える手数料を受領してはならない」と定めており、アレンジメント・フィーの実態が「媒介」（他人間の契約締結のために尽力する事実行為）の対価である限り、同条項の適用はある。

　クロスボーダーのシンジケート・ローン事案において、例えば契約準拠法を英国法と定めた場合、英国では利息制限法（Usury Laws）が廃止されていることから、日本の利息制限法や出資法が適用されるか否か問題となる。

　まず、出資法は、経済的弱者保護のための刑事法（刑罰法規）と解されており、犯罪の構成要件に該当する事実の少なくとも一部が日本国内で行われ

---

[24] JSLA「日本ローン債権市場協会（JSLA）推奨の「タームローン契約書」（JSLA、2003年）・「JSLA推奨のリボルビング・クレジット・ファシリティ契約書」（JSLA、2001年）と英文契約書・海外法準拠契約書の比較」17〜22頁、金融法委員会「論点整理：シンジケートローン取引におけるアレンジメントフィー／エージェントフィーと利息制限法及び出資法」（平成21年6月22日公表）。

ている場合には、我が国の刑罰法規が適用可能と考えられる。他方、仮にシンジケート・ローン契約の準拠法が日本法であるとしても、外国の公権力が、我が国の刑罰法規を直接適用して刑罰を課すことはないと思われる[25]。

次に、利息制限法は、私法ではあるが、経済的弱者であるボロワーの保護を目的とし、特に平成18年の出資法および貸金業法と合わせた法改正により多重債務問題の解消という国家・経済政策上の目的を有するため、準拠法のいかんにかかわらず、日本の裁判所の職権により適用されるべき強行法規性（絶対的強行法規性）を有する法律とされる可能性がある。このため、法廷地が日本であれば、シンジケート・ローン契約書の準拠法が日本法と合意されている場合はもちろん、日本法以外の外国法と合意されている場合であっても、利息制限法の適用される可能性がある。もっとも、ボロワーが外国法人である場合においては、上記の国家・経済政策上の目的は妥当しないものとして、裁判所が利息制限法の適用を控える可能性もあると思われる。これに対し、法廷地が外国の場合には、当該外国の国際私法にもよるが、一般的には、当事者の合意した準拠法が適用される（したがって、日本法が準拠法の場合には利息制限法も適用される可能性がある。）。ただし、当該外国においても金利規制がある場合には、かかる金利規制が絶対的強行法規として適用される可能性があると考えられる。

---

[25] JSLA・前掲注24・22頁、森下哲朗「現代における通貨法の意義―国際的な金銭債務との関係を中心に―」金法1715号10頁。

第3章

シンジケート・ローン契約の構成

海外シンジケート・ローンの契約書は、欧州ではLoan Market Association（LMA）、日本を除くアジア地域ではAsia Pacific Loan Market Association（APLMA）が会員向けに提供している雛型がベースとなっている場合が多い。大手法律事務所がローン契約のドラフトをする場合には、各事務所ごとの独自のフォーマットを利用する場合も多いが、大部分はLMAまたはAPLMAの雛型と同一または類似の規定が用いられているといってよい。雛型条項を用いることのメリットは、実質的なドラフティングおよび交渉が必要な事項を限定することができ、ローン契約の作成を迅速かつ効率的に行うことができるという点にある。

　以下では海外シンジケート・ローン、特にアジアのクロスボーダー案件で一般的に採用されている基本的な構成を示す。日本ローン債権市場協会（JSLA）の雛型との主な相違点は以下のとおりである。

海外シンジケート・ローン		JSLAコミットメントライン契約
Section 1 解釈 (Interpretation)	1．定義および解釈 (Definition and Interpretation)	第1条（定義） JSLA雛型には解釈に関する規定は置かれていない。
Section 2 与信枠 (The Facility)	2．与信枠（The Facility）	第2条（レンダーの権利義務）
	3．目的（Purpose）	第3条（資金使途）
	4．前提条件 (Conditions Precedent)	第4条（本契約の発効）および第6条（貸付実行の前提条件）
Section 3 実行 (Utilisation)	5．実行 (Utilisation)	第7条（貸付けの実行） なお、第8条（貸付けの不実行）および第9条（貸付人の免責）に相当する条項は、海外シンジケート・ローンにおいては規定されないことが多い。
Section 4 弁済、期限前弁済、および解約 (Repayment, Prepayment and Cancellation)	6．弁済 (Repayment)	第11条（元本弁済）
	7．期限前弁済および解約 (Prepayment and Cancellation)	第13条（期限前弁済）

Section 5 実行に係るコスト (Costs of Utilisation)	8．利息 (Interest)	第12条（利息）および第14条（遅延損害金）
	9．利息期間 (Interest Periods)	JSLA雛型には利息期間に関する詳細な規定は置かれていない。
	10．市場混乱および代替利息 (Market Disruption and Alternative Interest Rate)	JSLA雛型には市場混乱の規定は置かれていない。
	11．コミッションおよびフィー (Commissions and Fees)	第15条（コミットメントフィー）および第16条（エージェントフィー）ならびに別表2コミットメントフィー計算期間
Section 6 追加支払義務 (Additional Payment Obligations)	12．税グロスアップおよび税補償 (Tax Gross-Up and Tax Indemnity)	第18条（借入人の債務の履行）(5)
	13．増加費用 (Increased Costs)	第10条（増加費用および違法性）
	14．レンダーによる軽減 (Mitigation by Lenders)	JSLA雛型にはレンダーによる軽減に関する規定は置かれていない。
	15．その他補償 (Other Indemnities)	JSLA雛型にはその他補償に関する規定は置かれていない。
	16．コストおよび費用 (Costs and Expenses)	第17条（諸経費および公租公課等）
Section 7 表明保証、誓約事項および失期事由 (Representations, Undertakings and Events of Default)	17．表明保証 (Representations)	第20条（借入人による表明および保証）
	18．情報誓約事項 (Information Undertakings)	第21条（借入人の確約）
	19．財務コベナンツ (Financial Covenants)	
	20．一般誓約事項 (General Undertakings)	
	21．失期事由 (Events of Default)	第22条（期限の利益喪失事由）

Section 8 当事者の変更 (Changes to Parties)	22. レンダーの変更 (Change to the Lenders)	第29条（地位譲渡）および第30条（貸付債権の譲渡）
	23. ボロワーの変更 (Change to the Borrower)	
Section 9 ファイナンス当事者 (The Finance Parties)	24. エージェントおよびアレンジャーの役割 (Role of Agent and Arranger)	第25条（エージェントの権利義務）および第26条（エージェントの辞任および解任） JSLA雛型にはアレンジャーに関する規定が置かれていない。
	25. ファイナンス当事者間の調整 (Sharing among the Finance Parties)	第24条（貸付人間の調整）
Section 10 管理 (Administration)	26. 支払手順 (Payment Mechanics)	第19条（貸付人への分配）
	27. 相殺 (Set-Off)	第23条（相殺、許容担保権の実行および任意売却） なお、許容担保権の実行および任意売却については、海外シンジケート・ローンにおいては一般的に規定されていない。
	28. 通知 (Notices)	第33条（一般規定）(5)通知および(6)届出事項の変更
	29. 計算および証明書 (Calculations and Certificates)	第33条（一般規定）(8)計算
	30. 一部違法 (Partial Invalidity)	第33条（一般規定）(3)可分性
	31. 変更および放棄 (Amendments and Waivers)	第33条（一般規定）(10)権利の存続
	32. 副本 (Counterparts)	JSLA雛型には副本に関する規定は置かれていない。
	33. 守秘性 (Confidentiality)	第33条（一般規定）(1)守秘義務

Section 11 準拠法および執行 (Governing Law and Enforcement)	34. 準拠法 (Governing Law)	第33条（一般規定）⑾準拠法および合意管轄
	35. 執行 (Enforcement)	
Section 12 別紙 (Schedules)	Schedule 1 当初レンダー (the Original Lenders)	別表1 当事者リスト
	Schedule 2 前提条件 (Conditions Precedent)	第6条（貸付実行の前提条件）
	Schedule 3 貸付要請書 (Requests)	別紙1 借入申込書
	Schedule 4 譲渡証明書フォーム (Form of Transfer Certificate)	JSLA雛型には譲渡証明書フォームは添付されていない。
	Schedule 5 遵守証明書フォーム (Form of Compliance Certificate)	JSLA雛型には遵守証明書フォームは添付されていない。

次節以下において、各Sectionの具体的内容について詳述する。

第1節 解釈 (Interpretation)

1 定義 (Definition)

シンジケート・ローンの契約書は長文となることが多いため、一般に、冒頭に定義条項が設けられる。以下では、主要な定義について説明する。

> "Break Costs" means the amount (if any) by which:
> (a) the interest which a Lender should have received pursuant to the terms of this Agreement for the period from the date of receipt of all or any part of the principal amount of a Loan or Unpaid Sum to the last day of the current Interest Period in respect of that Loan or Unpaid Sum, had the principal amount or Unpaid Sum received been paid on the last day of that Interest Period;
> exceeds:
> (b) the amount of interest which that Lender would be able to obtain by placing an amount equal to the principal amount or Unpaid Sum received by it on deposit with a leading bank in the Relevant Interbank Market for a period starting on the Business Day following receipt or recovery and ending on the last day of the current Interest Period.

元本または融資関連書類に基づきレンダーに対して支払われるべき未払金がローン契約所定の利息計算期間の末日以前に弁済された場合にボロワーが

レンダーに対して支払うべき「ブレークファンディングコスト」(第5節**3**参照) について、(a)期限前弁済された元本等の金額に対する期限前弁済から次の利息支払日までの期間に係る約定利息が、(b)レンダーが同元本等をインターバンク市場で同期間運用したと仮定した場合に得られる想定利息額を上回る場合における、(a)と(b)との差額をいうものと定義している。

レンダーである金融機関は一般に調達コストを負担してインターバンク市場から資金を調達しており、ローンの元本等について期限前弁済がなされた場合には、調達コストの埋め合わせをするために受領金額をインターバンク市場で再運用することになるが、埋め合わせができない場合には、レンダーはボロワーに対して当該差額分の填補を求めることができる。

> "Business Day" means a day (other than a Saturday or Sunday) on which banks are open for general business in London [and   ].

「営業日」について、(土曜日または日曜日以外で) 銀行が基準地において通常業務のために営業する日をいうものと定義している。

営業日は、基準金利の決定、利息計算期間の決定、融資関連書類に従った支払期日の決定、かかる支払いの猶予に関する期間の計算、融資関連書類に関して行われる通知の有効性判断、不実表明等の支払いに関係しない猶予期間の計算等に関連し、目的に応じてその定義が書き分けられる（本定義において場合分けして規定される場合も、目的ごとに異なる定義語が当てられる場合もある）。基準地には、エージェントの所在地、ボロワーの所在地、基準金利の公表地（LIBORの場合はロンドン）、貸出通貨の決済地（米ドルの場合はニューヨーク）を含むのが一般的である。

> "Commitment" means:
> (a) in relation to an Original Lender, the amount set opposite its name under the heading "Commitment" in schedule [   ]

> (*The Original Lenders*) and the amount of any other Commitment transferred to it under this Agreement; and
> (b) in relation to any other Lender, the amount of any Commitment transferred to it under this Agreement,
> to the extent not cancelled, reduced or transferred by it under this Agreement.

　レンダーが貸付義務を負う「貸付限度額」(タームローンの場合) または「貸付極度額」(コミットメントラインの場合) について、(a)シンジケート組成時から参加する当初レンダーについては契約の当初レンダーに関する別紙 (ここでは別紙1) の所定欄に記載された金額とその後当該レンダーが譲り受けた金額との合計額を、また(b)シンジケート組成後に参加したレンダーについてはローン契約に従って当該レンダーが譲り受けた金額をいう (ただし、ローン契約に従って当該コミットメントがキャンセル、減額または譲渡された場合はこの限りでない。) ものと定義している。

> "Default" means an Event of Default or any event or circumstance specified in Clause [　　] (*Events of Default*) which would (with the expiry of a grace period, the giving of notice, the making of any determination under the Finance Documents or any combination of any of the foregoing) be an Event of Default.

　「デフォルト (Default)」について、失期事由ならびに猶予期間の経過、通知、融資関連書類に基づく決定またはそれらの組み合わせによって失期事由になり得る出来事または状況をいうものと定義している。実務上、後者を"Default"に代えて"Potential Event of Default"(「潜在的失期事由」) と定義する例もある。

　デフォルトが発生した場合、ボロワーの期限の利益は自動的には喪失され

ない (第8節 **1**(2)参照)。しかし、デフォルトはレンダーの権利保全に影響する事由であることから、デフォルトが発生した場合にはボロワーの権利は制限され、ボロワーは当該事由が存続している間は新規貸付けを受けることができなくなる (第2節 **3** 参照)。

> "Disruption Event" means either or both of:
> (a) a material disruption to those payment or communications systems or to those financial markets which are, in each case, required to operate in order for payments to be made in connection with the Facility (or otherwise in order for the transactions contemplated by the Finance Documents to be carried out) which disruption is not caused by, and is beyond the control of, any of the Parties; and
> (b) the occurrence of any other event which results in a disruption (of a technical or systems-related nature) to the treasury or payments operations of a Party preventing that, or any other Party:
> (ⅰ) from performing its payment obligations under the Finance Documents; or
> (ⅱ) from communicating with other Parties in accordance with the terms of the Finance Documents,
> and which (in either such case) is not caused by, and is beyond the control of, the Party whose operations are disrupted.

　債務者らが融資関連書類に基づく支払いを期日に行うことができなかった場合であっても、それが「混乱事由」に起因するときは当該債務者らは免責される。本定義は、「混乱事由」について、(a)当該支払いを行うために必要な支払い・通信システムまたは金融市場に対する重大な混乱で、いずれの契

約当事者により生じたものでなく、かつ、いずれの契約当事者のコントロールが及ぶものでもないもの、および(b)契約当事者の財務または支払事務に（技術上またはシステム関連の）混乱を帰結するその他の出来事の発生（のいずれかまたは双方）であって、融資関連書類に基づく支払いまたは他の契約当事者との通信を妨げるものをいい、オペレーションを妨げられた契約当事者により生じたものでなく、かつ、そのコントロールを超えたものをいうものと定義している。

> "Event of Default" means any event or circumstance specified as such in Clause [　　　] (*Events of Default*).

「失期事由」について、所定条項に列挙された出来事または状況をいうものと定義している。

> "Finance Document" means this Agreement, any Fee Letter, any Utilisation Request and any other document designated as such by the Agent and the Borrower.

　ローン契約書、フィー・レター、借入申込書ならびにエージェントおよびボロワーから指定されたその他の文書を「融資関連書類」と定義している。
　融資関連書類は、貸付関係者の権利を保全するために、表明保証（第7節**1**）および誓約（同**2**）においてその対象として参照され、不実表明や誓約違反が失期事由（第8節）を構成することになるほか、保証・担保付融資の場合の保証対象・被担保債務の範囲確定のために参照されたりする。したがって、個別案件においては、貸付けに関して債務者ら（Obligors）が締結するすべての書類を含むよう、事案に応じて、債権者間協定、貸付けに関連して締結される通貨／為替スワップ契約、保証契約、担保権設定契約等を追加する必要がある。

> "Finance Party" means the Agent, the Arranger or a Lender.

エージェント、アレンジャーおよびレンダーを「貸付関係者」と定義している。個別事案においては、事案および融資関連契約の定義に合わせて、スワップ・カウンターパーティ等を追加する必要がある。

> "Financial Indebtedness" means any indebtedness for or in respect of:
> (a) moneys borrowed;
> (b) any amount raised by acceptance under any acceptance credit facility or dematerialised equivalent;
> (c) any amount raised pursuant to any note purchase facility or the issue of bonds, notes, debentures, loan stock or any similar instrument;
> (d) the amount of any liability in respect of any lease or hire purchase contract which would, in accordance with GAAP, be treated as a finance or capital lease;
> (e) receivables sold or discounted (other than any receivables to the extent they are sold on a non-recourse basis);
> (f) any amount raised under any other transaction (including any forward sale or purchase agreement) having the commercial effect of a borrowing;
> (g) any derivative transaction entered into in connection with protection against or benefit from fluctuation in any rate or price (and, when calculating the value of any derivative transaction, only the marked to market value shall be taken into account);
> (h) any counter-indemnity obligation in respect of a guarantee, in-

> demnity, bond, standby or documentary letter of credit or any other instrument issued by a bank or financial institution; and
> (i) the amount of any liability in respect of any guarantee or indemnity for any of the items referred to in paragraphs (a) to (h) above.

　「金融債務」について、(a)借入金、(b)信用状クレジットファシリティ（acceptance credit facility）に基づく手取金、(c)手形買取ファシリティ（note purchase facility）や債券（bonds）・手形（notes）等の発行により得た手取金、(d)ファイナンス・リースまたはキャピタル・リースの額、(e)売却または割引された売掛債権、(f)借入れの効果をもつその他の取引（先物販売契約または先渡購入契約を含む。）に基づく手取金、(g)レートまたは金額の変動リスクをヘッジするためのデリバティブ取引、および(h)金融機関による保証や金融機関により発行される債券や信用状（letter of credit）等に係る求償債務、ならびにこれらに関する保証または補償債務をいうものと定義している。

　本定義は、関連するボロワーらの通常取引上の債務と金融債務とを区別するために規定されており、借入れ等の典型的な金融債務より広い範囲のものが含まれる。ローン契約本文では、一般誓約事項においてその負担を制限され（第7節**4**参照）、失期事由のクロスデフォルト（第8節**2**(5)参照）において参照される。また、財務コベナンツ（第7節**3**参照）における基準設定に用いられることもある。

> "Group" means the [Borrower/Guarantor] and its Subsidiaries from time to time.

　ボロワー、保証人および当該時点におけるその子会社を「グループ」として定義している。上記定義文言は、ボロワーまたは保証人が企業グループの頂点にあることを前提としているため、それ以外の場合には定義内容を調整

する必要がある。

本定義は「重大な悪影響」の定義、融資期間中に提出を要する財務諸表その他の情報の範囲、支配権の変動（Change of Control）の範囲、貸出実行前提条件（CP）や各一般誓約事項の範囲を画するために参照される。

> "Interest Period" means, in relation to a Loan, each period determined in accordance with Clause [   ] (*Interest Periods*) and, in relation to an Unpaid Sum, each period determined in accordance with Clause [   ] (*Default interest*).

貸付けおよび未払額それぞれに適用される「利息計算期間」について、ローン契約本文所定の規定に従って決定される各期間をいうものと定義している。

> ["Interpolated Screen Rate" means, in relation to LIBOR for any Loan, the rate [(rounded [to the same number of decimal places as the two relevant Screen Rates])]which results from interpolating on a linear basis between:
> (a) the applicable Screen Rate for the longest period (for which that Screen Rate is available) which is less than the Interest Period of that Loan; and
> (b) the applicable Screen Rate for the shortest period (for which that Screen Rate is available) which exceeds the Interest Period of that Loan,
> each as of the Specified Time on the Quotation Day for the currency of that Loan.]

各利息期間の基準金利とされるLIBORが基準日に公表されない場合に

は、補間スクリーンレートが適用される。本定義は、かかる「補間スクリーンレート」について、(a)当該利息期間を超えない最長の期間に対応する利率と(b)当該利息期間を超える最短の期間に対応する利率の中間の利率とするものと定義している。

["LIBOR" means, in relation to any Loan:
(a) the applicable Screen Rate;
(b) (if no Screen Rate is available for the Interest Period of that Loan) the Interpolated Screen Rate for that Loan;
(c) if:
 (i) no Screen Rate is available for the currency of that Loan; or
 (ii) no Screen Rate is available for the Interest Period of that Loan and it is not possible to calculate an Interpolated Screen Rate for that Loan, the Reference Bank Rate,
as of [, in the case of paragraphs (a) and (c) above,] the Specified Time on the Quotation Day for dollars and for a period equal in length to the Interest Period of that Loan and, if any such rate is below zero, LIBOR will be deemed to be zero.]

各利息期間の基準金利とされる指標（LIBOR）について、(a)該当するスクリーンレート、(b)当該ローンの利息期間について入手可能なスクリーンレートがない場合は補間スクリーンレート、(c)(i)当該ローンの通貨について入手可能なスクリーンレートがないまたは(ii)当該利息期間について入手可能なスクリーンレートがなく当該ローンに係る補間スクリーンレートを計算することができない場合は参照銀行レートによるものと定義し、併せて、いずれのレートも米ドルに関する基準日の指定時間付きの当該利息期間と同期間のものであることおよび当該レートが負の値となる場合は、LIBORはゼロとみ

なされるものと定めている。

　利息期間に対応する基準金利が基準日に公表されない場合のレートについては、上記定義案（APLMAの雛型の内容である。）のほか、当該利息期間の補間スクリーンレート、当該利息期間より短期の利息期間の公表レートや当該利息期間に関する過去の公表レートあるいは当該利息期間より短期の利息期間に関する過去の公表レートを代替に加えるといった定め方（LMAの雛型のアプローチである。）や、エージェントの決定（合理的なレートであることを要する。）に委ねる（JSLAの雛型のアプローチである。）といった定め方もあり得る。なお、マイナス金利を想定した定めには、本定義のようにLIBORがマイナスの場合にゼロと見做す扱いのほか、（基準金利にスプレッドを加えた）「適用金利」が負の値となる場合は、適用金利をゼロと見做す等の定めも考えられ、個別案件における関係者の協議により決せられる。

> "Majority Lenders" means a Lender or Lenders whose Commitments aggregate more than [　　　] % of the Total Commitments (or, if the Total Commitments have been reduced to zero, aggregated more than [　　　] % of the Total Commitments immediately prior to the reduction).

　失期事由発生時にボロワーの期限の利益を喪失させるかや融資関連書類の変更に同意するか等の判断に際してレンダー間で意思結集する場合に必要となる「多数レンダー」について、コミットメント総額またはもしコミットメント総額がゼロまで減額している場合には当該減額直前のコミットメント総額が所定基準を超える単独または複数のレンダーをいうものと定義している。

　基準値により拒否権を有するレンダーの範囲が影響を受けることに留意が必要である。

> "Margin" means [　　　] per cent. per annum.

　約定利率が基準金利にスプレッドを加算して決定される場合の「スプレッド」について、年率で定義している。

> "Material Adverse Effect" means a material adverse effect on (a) the business, operations, property, condition (financial or otherwise) or prospects of the Group taken as a whole; (b) the ability of any of the Obligors to perform its obligations under the Finance Documents; or (c) the validity or enforceability of, or the rights or remedies of any Finance Party under, the Finance Documents.

　「重大な悪影響」について、(a)グループ全体の事業、運営、財産、状況（財務に関するものであるかその他であるかを問わない。）または見通し、(b)いずれかの債務者の、融資関連書類に基づくその義務の履行能力、または(c)融資関連書類の有効性もしくは執行可能性、融資関連書類に基づくいずれかの貸付関係者の権利もしくは救済方法に対する重大な悪影響をいうものと定義している。
　JSLAの雛型には対応する定義は設けられていないが、重大な悪影響の概念は、表明保証、誓約および失期事由の対象事由の範囲を確定するため等に用いられる。

> "Obligors" means the Borrower and the Guarantor and "Obligor" means each one of them.

　融資関連書類に基づき貸付関係者に対して債務を負うボロワーと保証人について、総称して「債務者ら」といい、各々を「債務者」というものと定義

している。

> "Screen Rate" means, in relation to LIBOR, the London interbank offered rate administered by ICE Benchmark Administration Limited (or any other person which takes over the administration of that rate) for dollars and period comparable with the relevant Interest Period and displayed on pages LIBOR01 or LIBOR02 of the Reuters screen (or any replacement Reuters page which displays that rate) or on the appropriate page of such other information service which publishes that rate from time to time in place of Reuters. If such page or service ceases to be available, the Agent may specify another page or service displaying the relevant rate after consultation with the Borrower.

基準金利を決定する際に参照される「スクリーンレート」について、(本書の契約ではLIBOR) インターコンチネンタル取引所（ICE）または当該レートの運営を承継するその他の者により運営される、ReutersスクリーンのLIBOR01またはLIBOR02ページもしくは当該レートを表示するReutersの代替ページまたは当該レートをReutersに代わって公表するその他の情報サービスのページに表示される、貸出通貨（本書の契約では米ドル）および利息期間に相当する期間についてのロンドン銀行間取引金利をいうものと定義し、併せて、これらが利用できない場合には、エージェントは、ボロワーとの協議を経た後、関連するレートを表示する他のページまたはサービスを指定することができるものとしている。

2　解釈（Interpretation）

JSLAの雛型では本条に対応する独立規定は設けられていないが、

APLMAやLMAの雛型をはじめ、海外のローン契約では、定義に続けて、契約中の語句の解釈に関する規定が設けられることが一般的である。

解釈規定はほぼ定型化されており、「貸付関係者」「レンダー」「エージェント」等定義された契約当事者にはその契約上の要件を満たした譲受人が含まれること、「資産」には将来発生の資産や収入等が含まれること、「融資関連書類」にはそれらが変更、更改、期間延長等された場合の当該変更後、更改後、延長後の書類も含まれること、(「者」)には、自然人、法人、会社、政府その他の行政機関、信託、ジョイント・ベンチャー、組合等が含まれること、「規則」には規則や法的拘束力をもたない通達やガイドライン等が含まれること、契約中に規定される時刻はどの国や地域の標準時とするか等が規定される。また、以下のように融資関連契約上用いられる貸出通貨についても明示的に特定される。

> ["$" and "Dollars" denote lawful currency of the United States of America.]

3　第三者の権利（Third Party Rights）

英国法またはシンガポール・香港など英国法に起源を有するコモンロー各国の法律に準拠する契約では、一般条項の1つとして、契約外の第三者による当該契約に基づく権利の主張を排除するための条項が設けられることが一般的である。

本来、契約に拘束され、また、当該契約に基づく権利を享受できる者は、契約の直接の当事者のみであるのが原則であり、契約上、第三者に権利を与える（またはそのように解釈できる）条項が設けられた場合には、その効力・範囲が問題となる。日本では、民法が「第三者のためにする契約」に係る規定を設けており、同規定のもとでは、契約当事者が第三者（受益者）に対し

て給付を行うことに合意し、受益者がこれを享受する意思を示す（受益の意思表示）ことで、受益者は契約当事者（当該給付を行うことを約した者）に対して直接の請求権を取得する。他方、英国では、"Contracts (Rights of Third Parties) Act 1999" に基づき（シンガポール・香港等でも同様である。）、契約外の第三者が契約当事者に対して権利の実現（執行）を求める権利を取得するためには、(1)当該契約上その旨が明確に定められているか、あるいは、(2)契約の条項が第三者に利益を与えることを意図している（purport to confer a benefit）ことが必要とされる（なお、受益の意思表示は不要である。）。いかなる場面が(2)に該当するのかは、解釈に委ねられており、その外郭は必ずしも明らかではない。そのため、想定外の第三者が契約に基づく権利を主張することを確実に排除する目的で、契約上に条項を設ける必要がある。

当該条項の文言は、ほぼ定型化されており、例えば英国法準拠のローン契約では、概ね以下のような内容で定められる。

> "A person who is not a party to this Agreement has no rights under the Contracts (Rights of Third Parties) Act 1999 to enforce any term of this Agreement.

他方、当事者が第三者に対して何らかの権利を付与することを希望する場合（ローン契約では、契約当事者による、エージェントの役職員や代理人に対する請求を排除する（別言すれば、エージェントの役職員や代理人に、エージェント以外の契約当事者から責任追及を受けないという権利を付与する）規定が設けられることが多い。）には、第三者の権利排除の規定の対象外となるよう必要な調整を行わなければならない。そのため、上記条項の冒頭に、"Unless expressly provided to the contrary in this Agreement"（本契約において別途明確な定めがある場合を除き）などと、包括的な除外規定を加えることが多い。なお、この場合、契約上特段の定めを設けない限り、権利を付与された

第三者が当該権利を承諾した後等一定の場面で、当該第三者の同意がない限り、契約の変更または解除が禁止される（英国のContracts（Rights of Third Parties）Act 1999の場合、Section 2(1)）。かかる制限を避けるため、法律上の例外規定（英国の場合は、同法Section 2(3)）に従って以下のような規定が追記されることが通常である[26]。

> "Notwithstanding any terms of this Agreement the consent of any third party is not required to rescind or vary this Agreement."

---

26 英国のThird Parties Actの条文番号についてはhttp://www.legislation.gov.uk/ukpga/1999/31/section/2参照。

第2節 与信枠(The Facility)

1 与信枠(The Facility)

> (The Facility)
> Subject to the terms of this Agreement, the Lenders make available to the Borrower a Dollar term loan facility in an aggregate amount equal to the Total Commitments.

　本条は、レンダーが、ローン契約の規定に従って、総額が"Total Commitments"に等しい米ドル建てタームローンの与信枠を供与することを定めている。

> (Finance Parties' rights and obligations)
> (a) The obligations of the Finance Parties under the Finance Documents are several. Failure by a Finance Party to perform its obligations under the Finance Documents does not affect the obligations of any other Party under the Finance Documents. No Finance Party is responsible for the obligations of any other Finance Party under the Finance Documents.
> (b) The rights of the Finance Parties under or in connection with the Finance Documents are separate and independent rights and any debt arising under the Finance Documents to a Finance Party from an Obligor shall be a separate and indepen-

> dent debt.
> A Finance Party may, except as otherwise stated in the Finance Documents, separately enforce its rights under the Finance Documents.

　(a)融資関連書類に基づく貸付関係者の義務は分割債務であり、一貸付関係者のデフォルトは他の当事者の融資関連書類に基づく義務に影響せず、また、いずれの貸付関係者も他の貸付関係者の義務について責任を負うものではないこと、(b)融資関連書類に基づくまたは関する各貸付関係者の権利および融資関連書類に基づく各債務者の各貸付関係者に対する債務は、いずれも別個独立したものであることを定めている。さらに、貸付関係者は、融資関連書類に別途定めがない限り、融資関連書類に基づく権利を個別に行使できることを定めている。

2　目的（Purpose）

> The Borrower shall apply all amounts borrowed by it under the Facility towards [general corporate purposes].
>
> No Finance Party is bound to monitor or verify the application of any amount borrowed pursuant to this Agreement.

　ボロワーによる借入金の使途を運転資金に特定する規定である。貸付けが複数のファシリティに分けて行われる場合には、各ファシリティ別の使途を定めることが一般的である。
　資金使途は、レンダーの与信判断上重要な要素であるが、コーポレートファイナンスの場合は運転資金や設備投資のように抽象的な定めが設けられ

ることが多い。ただし、コーポレートファイナンスであっても、リファイナンスの際に貸付実行日を満期日とする貸付けの返済資金に限定されること等もある。他方、プロジェクトファイナンス等のストラクチャードファイナンスの場合は別途定義されるプロジェクトコスト等限定的な使途が規定される。貸付関係者は借入金の使途を確認する義務を負わないことも併せて明記されるのが一般的である。なお、レンダーは、与信管理上、貸付実行後も資金使途違反がないかを確認する必要があり、後述の情報誓約事項（第7節**2**(2)参照）に基づき提出される財務書類等により検証することになる。

3 前提条件（Conditions Precedent）

> (Initial conditions precedent)
> It shall be a condition precedent to the initial Utilisation under the Facility that, at the time the Borrower submits the Utilisation Request, the Agent has received all of the documents and other evidence listed in Schedule 2 (*Conditions Precedent*) in form and substance satisfactory to the Agent. The Agent shall notify the Borrower and the Lenders promptly upon being so satisfied.

エージェントがローン契約別紙（第13節**2**参照）に前提条件として列挙されたすべての証憑でエージェントが満足する形式および内容のものをボロワーから受領済みであることを、初回貸付実行の前提条件としている。

前提条件が充足されているかの判断は、シンジケートの団体性を重視すればエージェントが行うことになり（LMAおよびAPLMAの各雛型の方式である。）、他方、レンダーの自己責任を重視すれば各レンダーが行うことになる（JSLAの雛型の方式である。）。いずれの場合も、エージェント（ただし、多数レンダーの承諾を条件とすることが一般的である。）またはレンダーは、未充足

の前提条件について、その充足を一定期間猶予または完全に放棄して貸付けを実行することもできる（第10節 **6** 参照）。

> (Additional conditions precedent)
> It shall be a condition precedent to each Utilisation that, on the date of the Utilisation Request and on the proposed Utilisation Date:
> (a) no Default is continuing or would result from the proposed Loan;
> (b) no Material Adverse Effect has occurred and is continuing; and
> (c) the Repeating Representations to be made by each Obligor are true in all material respects.

　提出書類以外に各回の貸付実行に際して充足されていることが必要な条件を規定している。

第3節 実行 (Utilisation)

> (Delivery of a Utilisation Request)
> The Borrower may utilise the Facility by delivery to the Agent of a duly completed Utilisation Request not later than the Specified Time.

1 借入申込書の提出 (Delivery of a Utilisation Request)

　融資枠を利用するに際し、ボロワーは、貸出実行を希望する日に先立つ所定の期間内に借入申込書を提出する必要がある旨の規定である。

　ここにおける所定の期間は、基準通貨や、融資が提供される市場によって決定される。国内のシンジケート・ローンと同様、ボロワーの申込み後、金利の決定、決定した金利の通知という手続を経ることになるので、レンダーの事務処理に無理がないように期限を定める必要がある。

　貸付けの実行は、融資可能期間内にされなければならない。レンダーの義務が無限大に発生することを防止する趣旨である。レンダーの事務手続上の便宜および少額の資金調達を避けるため、貸付けの実行については、その最低金額が定められるのが通常である。

　レンダーは、端数での資金提供を避けるため、定められた額の整数倍になる額での融資を行うことを求めるのが通常の実務である。

第4節 弁済、期限前弁済、および解約 (Repayment, Prepayment and Cancellation)

1 弁済 (Repayment)

違法事由 (Illegality)

> (Illegality)
> If, at any time, it is or will become unlawful in any applicable jurisdiction for a Lender to perform any of its obligations as contemplated by this Agreement or to fund or maintain its participation in any Loan [or it is or will become unlawful for any Affiliate of a Lender for that Lender to do so]:
> (a) that Lender shall promptly notify the Agent upon becoming aware of that event;
> (b) upon the Agent notifying the Borrower, the Commitment of that Lender will be immediately cancelled; and
> the Borrower shall repay that Lender's participation in the Loans on the last day of the Interest Period for each Loan occurring after the Agent has notified the Borrower or, if earlier, the date specified by the Lender in the notice delivered to the Agent (being no earlier than the last day of any applicable grace period permitted by law).

　レンダーが融資を継続することがいずれかの国の法令によって違法となった場合に、コミットメントが解約され、既実行の融資については期限前弁済が強制される旨を規定する。

政治的事情による場合だけでなく、外国為替規制等によって違法となる場合にも適用される。本条は、戦争等の緊急状態を処理することと、レンダーが関連法に従うメカニズムを与えることが目的である。これらの状況下では、既に行った貸付けについて期限前弁済を求めることが可能となる一方、新規融資を拒否することも可能となる。

　違法性に関する条項は、あるレンダーにつき、本契約の締結・履行またはそれに基づく取引が違法となった場合に、当該レンダーにつき本契約が終了する旨を定める。しかし、本条の適用は、取引が事後的に違法とされる場合がほとんどと考えられるところ、既に貸付けがなされている部分が当然に違法になるケースは想定しづらく、適用場面が曖昧であるという指摘もある。また、そもそもレンダー側の事由によって、ボロワーが一方的に期限前弁済を迫られるというのは不公平であるということもいえる。

　そこで、ボロワーサイドからは、以下のような事項を主張することが考えられる。

① 貸付義務について、違法とされる期間中は保留されるものの、解除はされるものではない旨規定する。

② 期限前弁済の義務は、必要となる許認可等を得ることによって治癒できる状況であれば生じないこととする。

③ 当該レンダーは、問題を解決するための合理的努力を行う義務を負うものとする。

2　期限前弁済および解約（Prepayment and Cancellation）

(Voluntary cancellation)
The Borrower may, if it gives the Agent not less than [　　] Business Days' (or such shorter period as the Majority Lenders may agree) prior notice, reduce the Available Facility to zero or by such

> amount (being a minimum amount of [   ]) as the Borrower may specify in such notice. Any such reduction under this Clause [   ] shall reduce the Commitments of the Lenders rateably.

(a) **任意解約**(Voluntary Cancellation)

　ボロワーは、事前に通知した上で融資枠の全部または一部を任意に解約することができる旨の規定である。

　この規定は、ボロワーにとって、下記の期限前弁済の権利と並ぶ重要な権利である。特に、コミットメントライン契約あるいは資金引出可能期間が長いタームローン契約の場合は、資金の引出可能期間を通してコミットメント・フィーが発生するため、ボロワーは解約という手法をとることで、これらのフィーを免れることができるというメリットがある。

　任意解約については、端数額の発生を回避するため、一定金額の整数倍にするように調整することが多い。

> (Voluntary prepayment of Loans)
> (a) The Borrower may, if it gives the Agent not less than [   ] Business Days' (or such shorter period as the Majority Lenders may agree) prior notice, prepay [on thc last day of the Interest Period applicable thereto] the whole or any part of any Loan (but, if in part, being an amount that reduces the amount of the Loan by a minimum amount of [   ]).
> (b) A Loan may be prepaid only after the last day of the Availability Period (or, if earlier, the day on which the Available Facility is zero).
> [Any prepayment under this Clause shall satisfy the obligations under Clause [   ] [in inverse chronological order]/[pro rata] and

be applied rateably among the participations of all Lenders.]

(b) **任意期限前弁済**（Voluntary prepayment of Loans）

　ボロワーは、事前に通知した上で、借入金の全部または一部について、任意に期限前弁済をすることができる旨の規定である。ただし、期限前返済額は、最低限度額を単位とする額でなければならない。

　通常のローン契約においては、任意による期限前弁済に手数料を課すことが一般である。これは特に、期限前弁済により、レンダーが租税上の優遇措置を得ることができなくなる場合、取引の最終受益者によって費用の支払いまたは損失分の補償が必要となるためである。ボロワーとしては、当該手数料よりも期限前弁済を行った方が、ボロワーにとって経済的なメリットがある場合にのみ期限前弁済の権利を行使することになる。

　なお、利息計算の事務負担の軽減の目的などから、任意の期限前弁済は、利息計算期間の最終日にのみ可能であると規定するケースが多い。

　ただし、リボルビング・クレジットの場合には、融資期間が比較的短期間であり期限前弁済を認める必要性が低いため、期限前弁済によりレンダーに生じ得る損害を考慮し、借受人は期限前弁済をする権利を有しないことが多い。

　この点、国内のシンジケート・ローンの場合、予定された弁済スケジュールに従った弁済を前提とした収益をレンダーが想定しているものとして、期限前弁済は原則禁止とするケースが多い。

第5節 実行に係るコスト（Costs of Utilisation）

1 利息（Interest）

利息の計算

> (Calculation of interest)
> The rate of interest on each Loan for each Interest Period is the percentage rate per annum which is the aggregate of the applicable:
> (a) Margin; and
> (b) LIBOR.

　利息に関する一般的な規定である。上記(b)については、EURIBORが参照されることもある。ユーロでの融資未実行残高がある場合は、レンダーはロンドンで融資をすることができる。この場合、レンダーはユーロLIBORにて資金を提供し、EURIBORの参照は不要となるが、ユーロの国内市場において融資する場合はEURIBORを参照することとなる。

2 利息期間（Interest Periods）

> (Selection of Interest Periods)
> (a) The Borrower may select an Interest Period for a Loan in the Utilisation Request for that Loan or (if the Loan has already

been borrowed) in a Selection Notice.
(b) Each Selection Notice for a Loan is irrevocable and must be delivered to the Agent by the Borrower not later than the Specified Time.
(c) If the Borrower fails to deliver a Selection Notice to the Agent in accordance with paragraph (b) above, the relevant Interest Period will, subject to Clause [   ] (*Changes to Interest Periods*), be [one] Month.
(d) Subject to this Clause [   ], the Borrower may select an Interest Period of [   ] or [   ] Months or any other period agreed between the Borrower and the Agent (acting on the instructions of all the Lenders). [In addition the Borrower may select an Interest Period of a period of less than [one] Month, if necessary to ensure that there are sufficient Loans (with an aggregate amount equal to or greater than the Repayment Instalment) which have an Interest Period ending on a Repayment Date for the Borrower to make the Repayment Instalment due on that date].
(e) An Interest Period for a Loan shall not extend beyond the Final Repayment Date.
Each Interest Period for a Loan shall start on the Utilisation Date or (if a Loan has already been made) on the last day of the preceding Interest Period of such Loan.

　ボロワーは、本条の定めるところに従い、LIBORが適用される期間を選択する権利を有する。
　ボロワーは、融資に先立って初回の利息計算期間の継続期間を選択し、その後の各利息計算期間については、当該期間の開始直前に選択するのが一般

的である。これにより、LIBORを参照する変動金利ローンについては、利率は各利息計算期間の開始時に事実上固定されることとなり、ボロワーは、金利リスクを管理することが可能となる。

　利息計算期間は、市場における資金調達の融通性等の観点から、1ヵ月、3ヵ月、6ヵ月の中から選択されるのが一般であるが、航空機ファイナンス等や、ローカル市場であっても国際機関がレンダーとなる場合には、ボロワーにこのような融通を与えない場合がある。この場合には、ボロワーは利息計算期間の選択により金利リスクを管理することが困難となる点に留意が必要である。（第1節 **1** 参照）

　少数の融資提供がなされる合意がある場合や単一の融資のみがなされる場合、ボロワーは、当該融資を異なる利息計算期間に分割することを望むことが多い。これは、ボロワーが、返済期日に関して自らが選択した利息計算期間に制約されず柔軟な選択を可能にするためである。

　なお、利息計算期間は、契約終了日を超えて延長されないという規定が一般的である。これは、返済とレンダーらの資金供給が連動することを確実にし、また、再投資リスクの発生を防ぐためである。

　銀行間市場において資金を調達するレンダーがいた場合、これらの資金調達は、必ずしもローン契約で選択された利息計算期間によらないことがあるため、この場合には、利息計算期間の不一致に関しては、レンダーは自身で金利リスクを負うこととなる。

3　市場混乱および代替利息 （Market Disruption and Alternative Interest Rate）

(Market disruption)
(a) Subject to any alternative basis agreed and consented to as contemplated by paragraphs (b) and (b) of Clause [　　] (*Alternative basis of interest or funding*), if a Market Disruption

Event occurs in relation to a Loan for any Interest Period, then the rate of interest on each Lender's participation in that Loan for that Interest Period shall be the percentage rate per annum which is the sum of:

(i) the Margin; and

(ii) the percentage rate per annum notified to the Agent by that Lender, as soon as practicable and in any event not later than five Business Days before interest is due to be paid in respect of that Interest Period (or such later date as may be acceptable to the Agent), as the cost to that Lender of funding its participation in that Loan from whatever source (s) it may reasonably select.

(b) In relation to a Market Disruption Event under paragraph below, if the percentage rate per annum notified by a Lender pursuant to paragraph above shall be less than [LIBOR] or if a Lender shall fail to notify the Agent of any such percentage rate per annum, the cost to that Lender of funding its participation in the relevant Loan for the relevant Interest Period shall be deemed, for the purposes of paragraph above, to be [LIBOR].

(c) In this Agreement "Market Disruption Event" means:

(i) at or about noon on the Quotation Day for the relevant Interest Period [LIBOR] is to be determined by reference to the Reference Banks and none or only one of the Reference Banks supplies a rate to the Agent to determine [LIBOR] for [dollars]/[other] for the relevant Interest Period; or

(ii) at 5 p.m. on the Business Day immediately following the

> Quotation Day for the relevant Interest Period, the Agent receives notifications from a Lender or Lenders (whose participations in the relevant Loan exceed [   ] per cent. of that Loan) that the cost to it of obtaining matching deposits in the Relevant Interbank Market would be in excess of [LIBOR].
> (d) If a Market Disruption Event shall occur, the Agent shall promptly notify the Lenders and the Borrower thereof.

> (Alternative basis of interest or funding)
> (a) If a Market Disruption Event occurs and the Agent or the Borrower so requires, the Agent and the Borrower shall enter into negotiations (for a period of not more than thirty days) with a view to agreeing a substitute basis for determining the rate of interest.
> (b) Any alternative basis agreed pursuant to paragraph (a) above shall, with the prior consent of all the Lenders and the Borrower, be binding on all Parties.
> For the avoidance of doubt, in the event that no substitute basis is agreed at the end of the thirty day period, the rate of interest shall continue to be determined in accordance with the terms of this Agreement.

　市場の混乱事由が発生した場合、それに対応して利息の額が適宜修正される旨の規定である。市場の混乱事由とは、一言でいえば、利息決定のために参照されるLIBORが、何らかの理由によって利用が不可能な状態か、あるいは、いずれかのレンダーについて、LIBOR基準金利による資金調達に支

障をきたす場合かのいずれかを指す。

　市場の混乱事由が生じた際の効果としては、レンダーとボロワーは、LIBORに代わる参照すべきレートについて、速やかに誠実協議により決定すべき旨を規定している。これは、市場の混乱事由は、レンダーおよびボロワーのいずれの責めに帰すべき事由にもよらずに発生したものであることから、どちらかが一方的にそれによって発生したコストや金利を補償すべき関係にはないためである。

> (Break Costs)
> (a) The Borrower shall, within three Business Days of demand by a Finance Party, pay to that Finance Party its Break Costs attributable to all or any part of a Loan or Unpaid Sum being paid by the Borrower on a day other than the last day of an Interest Period for that Loan or Unpaid Sum.
> (b) Each Lender shall, as soon as reasonably practicable after a demand by the Agent, provide a certificate confirming the amount of its Break Costs for any Interest Period in which they accrue.

　ブレークファンディングコストの支払い義務の規定である。これは、主として、ローンがその弁済期限前に返済される際に、ボロワーからレンダーに対して支払われるものをいう。レンダーは通常、利息収入で収益を上げており、ボロワーの一方的な理由により期限前弁済がなされ、レンダーが予定していた利息収入が得られない場合には、これを補填する必要があるからである（第1節**1**参照）。

4 コミッションおよびフィー (Commissions and Fees)

(Commitment fee)
(a) The Borrower shall pay to the Agent for the account of each Lender a fee computed and accruing on a daily basis, at the rate of [   ] per cent. per annum on that Lender's Available Commitment at close of business (in the principal financial centre of the country of the relevant currency) on each day of the Availability Period (or, if any such day shall not be a Business Day, at such close of business on the immediately preceding Business Day).

(b) The accrued commitment fee is payable:
   (i) on the last day of each successive period of three Months which ends during the Availability Period;
   (ii) on the last day of the Availability Period; and
   (iii) if a Lender's Commitment is reduced to zero before the last day of the Availability Period, on the day on which such reduction to zero becomes effective.

(Arrangement fee)
The Borrower shall pay to the Arranger an arrangement fee in the amount and at the times agreed in a Fee Letter.

(Agency fee)
The Borrower shall pay to the Agent (for its own account) an agen-

> cy fee in the amount and at the times agreed in a Fee Letter.

　コミットメント・フィーの支払いに関する規定である。コミットメントライン契約では、レンダーが、一定期間にわたって一定額の融資枠を設定することを本質とするため、かかる融資枠の設定に対するボロワーからの対価が、コミットメント・フィーという形で支払われる。

　エージェント・フィーおよびアレンジメント・フィーは、実務上は、ローン契約とは別の書面（フィー・レター等）にて指定されることが多いが、これは、金利等とは区別して手数料のみを一本化した合意書にした方がわかりやすいことや、仮にローン契約に記載してしまうと、手数料の変更が必要となった場合に、他のレンダーの承諾が必要になってしまうことなどがその主な理由である（第2章第3節**3**および**4**参照）。

第6節 追加支払義務 (Additional Payment Obligations)

　前節で解説した利息および各種フィーに加え、貸付当事者に生じた費用等について債務者の負担とされる場合がある。代表的な規定を挙げると以下のとおりである。

> (Tax gross-up)
> (a) All payments to be made by an Obligor to any Finance Party under the Finance Documents shall be made free and clear of and without any Tax Deduction unless such Obligor is required to make a Tax Deduction, in which case the sum payable by such Obligor (in respect of which such Tax Deduction is required to be made) shall be increased to the extent necessary to ensure that such Finance Party receives a sum net of any deduction or withholding equal to the sum which it would have received had no such Tax Deduction been made or required to be made.
> (b) The Borrower shall promptly upon becoming aware that an Obligor must make a Tax Deduction (or that there is any change in the rate or the basis of a Tax Deduction) notify the Agent accordingly. Similarly, a Lender shall notify the Agent on becoming so aware in respect of a payment payable to that Lender. If the Agent receives such notification from a Lender it shall notify the Borrower and that Obligor.
> (c) If an Obligor is required to make a Tax Deduction, that Obligor shall make that Tax Deduction and any payment required

> (d) Within [　　] days of making either a Tax Deduction or any payment required in connection with that Tax Deduction, the Obligor making that Tax Deduction shall deliver to the Agent for the Finance Party entitled to the payment evidence reasonably satisfactory to that Finance Party that the Tax Deduction has been made or (as applicable) any appropriate payment paid to the relevant taxing authority.

　いわゆる税グロスアップに関する規定である。税グロスアップとは、支払債務の履行に際し、債務者が源泉徴収義務を負う場合に、貸付関係者が源泉徴収後の金額として、約定どおりの金額を現に受け取ることができるように調整することをいう。例えば、100ドルの利息に対してボロワーが20%の源泉徴収義務を負う場合、貸付関係者による現実の受取額は80ドルとなるが、上記(a)の規定により、貸付関係者の現実の受取額が100ドルとなるように、貸付関係者に対する債務の額が125ドルに増額されることになる。

　税グロスアップは、JSLAの標準契約書の雛型でも規定が設けられている。すべての当事者が日本国の居住者である取引であれば、貸付関係者は、債務者から支払いを受ける費目（利息や各種手数料）について源泉徴収義務の有無について知悉していることが多く、契約締結の段階で課税関係を事前に把握することが容易であるのに対し、当事者の所在地が複数の法域に跨がる場合[27]（例えば、A国に所在する邦銀支店が、B国に所在する債務者に対して融資を実行する場合）には、その課税関係を事前に把握することが必ずしも容易ではないことから、貸付関係者からすると、税グロスアップに関する規

---

[27] 課税関係を正確に把握するためには、関係する法域の内国法を調査するのみならず、関係国間の租税条約を調査することが必要となる。

定を設けておく必要性が高いことになる。

　源泉徴収は、一般に支払債務を履行する者の義務とされており、源泉徴収を行わずに支払債務を履行した場合には支払債務を履行する者が不利益をこうむることになるため、債務者の側からすると、税グロスアップに関する規定の有無にかかわらず、支払債務の履行にあたり、源泉徴収義務の有無を注意深く確認する必要がある。また、債務者は、源泉徴収を行う場合には速やかにエージェントに通知する必要があり（上記(b)の規定）、源泉徴収を行った場合には、一定期間内にエージェントに対して納税を行った証憑を提出する必要があること（上記(c)の規定）に注意する必要がある。

> (Tax indemnity)
> (a) Without prejudice to Clause [　　] (Tax gross-up), if any Finance Party is required to make any payment of or on account of Tax on or in relation to any sum received or receivable under the Finance Documents (including any sum deemed for purposes of Tax to be received or receivable by such Finance Party whether or not actually received or receivable) or if any liability in respect of any such payment is asserted, imposed, levied or assessed against any Finance Party, the Borrower shall, within [　　] Business Days of demand of the Agent, promptly indemnify the Finance Party which suffers a loss or liability as a result against such payment or liability, together with any interest, penalties, costs and expenses payable or incurred in connection therewith, provided that this Clause [　　] shall not apply to:
> 　(i) any Tax imposed on and calculated by reference to the net income actually received or receivable by such Finance Party (but, for the avoidance of doubt, not including

>   any sum deemed for purposes of Tax to be received or receivable by such Finance Party but not actually receivable) by the jurisdiction in which such Finance Party is incorporated; or
>
>   (ii) any Tax imposed on and calculated by reference to the net income of the Facility Office of such Finance Party actually received or receivable by such Finance Party (but, for the avoidance of doubt, not including any sum deemed for purposes of Tax to be received or receivable by such Finance Party but not actually receivable) by the jurisdiction in which its Facility Office is located.
>
> (b) A Finance Party intending to make a claim under paragraph (a) shall notify the Agent of the event giving rise to the claim, whereupon the Agent shall notify the Borrower thereof.
>
> (c) A Finance Party shall, on receiving a payment from an Obligor under this Clause [　　], notify the Agent.

　融資関連書類に基づく貸付関係者に対する支払いに関し、貸付関係者が税金等の支払いその他の責任を負うこととなった場合に、ボロワーが貸付関係者に対して補償する義務を負うことを定める規定である。ただし、ボロワーは、(i)貸付関係者が現に受領したまたは受領できる金額に対する貸付関係者の設立準拠法に係る法域における課税（上記(a)(i)の場合）および(ii)貸付関係者が現に受領したまたは受領できる金額に対する貸付関係者の融資担当営業所（Facility Office）の所在する法域における課税（上記(a)(ii)の場合）については、補償義務を負わない。つまり、これらの法域以外の法域で発生した貸付関係者に対する課税額について、ボロワーの負担とされることになる。

　すべての当事者が日本国の居住者である取引であれば、貸付関係者が日本（および貸付人の設立準拠法に係る法域）以外の法域における課税関係につい

て特段の手当てを設ける必要性は大きくないが、当事者の所在地が複数の法域に跨がる場合には、貸付関係者において想定外の法域において課税を受けるリスクがあるため、かかるリスクをボロワーに負担させる必要性が大きいことになる。

(Increased costs)
(a) Subject to Clause [   ] (Exceptions) the Borrower shall, within [   ] Business Days of a demand by the Agent, pay for the account of a Finance Party the amount of any Increased Costs incurred by that Finance Party or any of its Affiliates as a result of (i) the introduction of or any change in (or in the interpretation, administration or application of) any law or regulation or (ii) compliance with any law or regulation made after the date of this Agreement. The terms "law" and "regulation" in this paragraph (a) shall include any law or regulation concerning capital adequacy, prudential limits, liquidity, reserve assets or Tax.

(b) In this Agreement "Increased Costs" means:
　(i) a reduction in the rate of return from the Facility or on a Finance Party's (or its Affiliate's) overall capital (including as a result of any reduction in the rate of return on capital brought about by more capital being required to be allocated by such Finance Party);
　(ii) an additional or increased cost; or
　(iii) a reduction of any amount due and payable under any Finance Document,
which is incurred or suffered by a Finance Party or any of its Affiliates to the extent that it is attributable to the undertaking, funding

> or performance by such Finance Party of any of its obligations under any Finance Document or any participation of such Finance Party in any Loan or Unpaid Sum.

> (Exceptions)
> Clause [   ] (Increased costs) does not apply to the extent any Increased Cost is:
> (i) attributable to a Tax Deduction required by law to be made by an Obligor;
> (ii) compensated for by Clause [   ] (Tax Indemnity) (or would have been compensated for under Clause [   ] (Tax Indemnity) but was not so compensated solely because the exclusion in paragraph (a) of Clause [   ] (Tax Indemnity) applied); or
> (iii) attributable to the wilful breach by the relevant Finance Party or its Affiliates of any law or regulation.

　契約締結日以降の法令の制定、変更等によって貸付関係者が負担した増加費用をボロワーが負担すべきことを定める規定である。「増加費用（Increased Costs）」には、融資関連書類に基づく融資の実行等によって貸付関係者またはその関連会社に生じた(i)ファシリティの運用益その他の貸付関係者およびその関連会社による投下資金全般の回収益の減少（上記(b)(i)）、(ii)追加費用または増加費用（上記(b)(ii)）、(iii)融資関連書類に基づく支払額の減少（上記(b)(iii)）が含まれる。ただし、当該規定は、(i)債務者が法令上の義務に基づき行う源泉徴収による増加費用、(ii)Tax Indemnityの規定に基づき補償される増加費用、および(iii)貸付関係者またはその関連会社の故意による法令違反による増加費用には適用されない。

　すべての当事者が日本国の居住者である取引であっても、当事者の所在地

が複数の法域に跨がる取引であっても、等しく法令の制定、変更等の可能性があり、これによって貸付関係者の負担が増加する可能性がある。そのため、JSLAの標準契約書においてもこれらの場合の増加費用をボロワーに負担させる旨の規定がある。もっとも、JSLAの標準契約書では、該当するレンダーは、その選択により、ボロワーに対し、増加費用を負担するか、当該レンダーの貸付義務を消滅させた上で（コミットメントラインの場合）債務をすべて弁済するかのいずれかを選択するよう求めることができることとされているが、APLMAのシンジケート・ローンのフォームでは、ボロワーに増加費用の負担のみを求めることとされている点[28]において相違がある。

> (Mitigation)
> (a) Each Finance Party shall, in consultation with the Borrower, take all reasonable steps to mitigate any circumstances which arise and which would result in any amount becoming payable under or pursuant to, or cancelled pursuant to, any of Clause [　　] (Illegality), Clause [　　] (Tax gross-up and indemnities) or Clause [　　] (Increased costs), including:
> 　(i) [providing such information as the Borrower may reasonably request in order to permit the Borrower to determine its entitlement to claim any exemption or other relief (whether pursuant to a double taxation treaty or otherwise) from any obligation to make a Tax Deduction; and]
> 　(ii) in relation to any circumstances which arise following the date of this Agreement, transferring its rights and obligations under the Finance Documents to another Affiliate or

---

[28] なお、レンダーが融資を継続することが違法となる場合には、コミットメントが解約され、既実行の融資については期限前弁済が強制されることになる（第4節**1**参照）。

> Facility Office.
> (b) Paragraph (a) above does not in any way limit the obligations of any Obligor under the Finance Documents.

　貸付関係者が、ボロワーと協議の上、違法性に関する条項、税グロスアップおよび補償に関する条項または増加費用に関する条項に基づくボロワーの支払額の増加またはコミットメントの解約を最小化するためのあらゆる合理的な措置をとるべきことを定める規定である。上記の各事由は、いずれも貸付関係者側に生じた事由であるが、それらによって生じる不利益がボロワーの負担となっているため、かかるボロワーの負担を最小化するための合理的な措置をとる義務を貸付関係者に負わせたものである。ここでいう合理的な措置には、ボロワーが源泉徴収義務の免除申請を行うために必要な情報を提供すること（上記(a)(i)）やレンダーの権利義務を第三者に移転すること（上記(a)(ii)）が含まれるが、これらの措置は例示列挙されたものにすぎず、これら以外にも合理的な措置に含まれる余地がある。もっとも、具体的な措置が合理的な措置に含まれるか否かは、ケースバイケースで判断する必要がある。

> (Currency indemnity)
> If any sum due from an Obligor under the Finance Documents (a "Sum"), or any order, judgment or award given or made in relation to a Sum, has to be converted from the currency (the "First Currency") in which that Sum is payable into another currency (the "Second Currency") for the purpose of:
> (i) making or filing a claim or proof against that Obligor; or
> (ii) obtaining or enforcing an order, judgment or award in relation to any litigation or arbitration proceedings,
> that Obligor shall as an independent obligation, within [　]

Business Days of demand, indemnify each Finance Party to whom that Sum is due against any cost, loss or liability arising out of or as a result of the conversion including any discrepancy between (A) the rate of exchange used to convert that Sum from the First Currency into the Second Currency and (B) the rate or rates of exchange available to that person at the time of its receipt of that Sum.

(Other indemnities)
The Borrower shall, within [   ] Business Days of demand, indemnify each Finance Party against any cost, loss or liability incurred by that Finance Party as a result of:
(i) the occurrence of any Event of Default;
(ii) the information produced or approved by any Obligor being or being alleged to be misleading and/or deceptive in any respect;
(iii) any enquiry, investigation, subpoena (or similar order) or litigation with respect to any Obligor or with respect to the transactions contemplated or financed under this Agreement;
(iv) a failure by an Obligor to pay any amount due under a Finance Document on its due date or in the relevant currency, including without limitation, any cost, loss or liability arising as a result of Clause [   ] (Sharing among the Finance Parties);
(v) funding, or making arrangements to fund, its participation in a Loan requested by the Borrower in a Utilisation Request but not made by reason of the operation of any one or more of the provisions of this Agreement (other than by reason of default or negligence by that Finance Party alone); or

> (vi) a Loan (or part of a Loan) not being prepaid in accordance with a notice of prepayment given by the Borrower.

> (Indemnity to the Agent)
> The Borrower shall promptly indemnify the Agent against any cost, loss or liability incurred by the Agent (acting reasonably) as a result of:
> (i) investigating any event which it reasonably believes is a Default; or
> (ii) acting or relying on any notice, request or instruction which it reasonably believes to be genuine, correct and appropriately authorised.

　その他にボロワーが貸付関係者の費用等を補償すべき場合に関する規定である。

　1つ目は、ボロワーに対する催告や、訴訟手続または仲裁手続のために、ボロワーから支払われる金額を他の通貨に交換する必要がある場合において、ボロワーが貸付関係者に対して、貸付関係者が負担した費用等を補償すべきことを定めた規定である。

　2つ目は、(i)失期事由が発生した場合、(ii)ボロワーが貸付関係者に提供した情報が誤解を生じさせるものであった場合、(iii)ボロワーまたはこの契約によって企図される取引に関して調査、訴訟等が生じた場合、(iv)ボロワーが融資関連契約に基づく支払債務の履行を遅滞した場合、(v)借入申込書が提出されたにもかかわらず、貸付関係者の義務違反のみに基づく事由以外の事由によって、貸付けが実行されず、当該貸付けのために貸付関係者が借入れ等を行った場合、(vi)期限前弁済の通知どおりにローンの期限前弁済が行われなかった場合等に、ボロワーが貸付関係者に対して、貸付関係者が負担した費

用等を補償すべきことを定めた規定である。

　3つ目は、ボロワーがエージェントに対して、(i)エージェントが、失期事由が発生したと合理的に考えた事由の調査、および、(ii)エージェントが、真正であり、正確であり、かつ、適切に授権されたものと合理的に考えた通知等に依拠して行動したことによってエージェントに生じた費用等を補償すべきことを定めた規定である。

(Transaction expenses)

The Borrower shall, within [　　　] Business Days of demand, pay the Administrative Parties the amount of all costs and expenses (including legal fees) reasonably incurred by any of them in connection with the negotiation, preparation, printing, execution and syndication of:

(i) this Agreement and any other documents referred to in this Agreement; and

(ii) any other Finance Documents executed after the date of this Agreement.

(Amendment costs)

If an Obligor requests an amendment, waiver or consent, the Borrower shall, within [　　　] Business Days of demand, reimburse the Agent for the amount of all costs and expenses (including legal fees) reasonably incurred by the Agent in responding to, evaluating, negotiating or complying with that request or requirement.

> (Enforcement costs)
> The Borrower shall, within [　　] Business Days of demand, pay to each Finance Party the amount of all costs and expenses (including legal fees) incurred by that Finance Party in connection with the enforcement of, or the preservation of any rights under, any Finance Document.

　シンジケート・ローン取引に関連する費用について、ボロワーの負担とする旨を定める規定である。シンジケート・ローン契約または他の覚書等で規定する例があるが、これらの費用については、ボロワーの負担とするのが通例である。

　1つ目は、"Administrative Party"が(i)この契約もしくはこの契約において言及される書面、または、(ii)この契約の締結後に締結される融資関連書類の作成等に要した費用をボロワーの負担とする規定であり、2つ目はボロワーが修正、放棄または同意を求めた場合においてエージェントがかかる求めに応じること等のために要した費用をボロワーの負担とする規定であり、3つ目は、貸付関係者が、融資関連書類に関する権利の実行等のために要した費用(弁護士費用を含む。)をボロワーの負担とする規定である。

第7節 表明保証、誓約事項 (Representations and Undertakings)

1 表明保証 (Representations)

(1) 表明保証の位置付け

　表明保証は、契約の一方当事者が相手方当事者に対し、ある一定時点（契約締結時、貸付実行時等）における一定の事実が真実かつ正確であることを表明し、かかる事実が真実かつ正確ではなかった場合に相手方当事者に生じた損害等を賠償することを定めるものである。シンジケート・ローン契約では、ボロワーのみが表明保証を行うのが通例である。

　ローン契約におけるボロワーの表明保証は、レンダーが行う与信判断の前提となる事実の真実性および正確性を確保し、確認するものであり、万が一ボロワーが表明保証した事実が真実かつ正確ではなかった場合にレンダーに生じる損害等をボロワーが負担することとなるため、一種のリスクアロケーションとしての機能を有することになる。もっとも、そのことは、契約上のレンダー・ボロワー間の損害等の負担を定めていることを意味するものにすぎず、ボロワーが表明保証を行っていることの一事をもって、レンダーが適切な与信審査を行ったことになるということまでを意味するものではない。したがって、レンダーは、ボロワーの表明保証を過信することなく、ボロワーが表明保証を行った事項についても、自ら独自に調査することや、法律意見書によって確認すること等が必要となる。

　表明保証は、上述のとおり、ある一定の時点における事実の真実性および正確性を確保するものであって、契約期間中にわたって、そのすべての時点における真実性および正確性を確保するものではない。この点において、将来の一定期間にわたる作為・不作為を求める誓約事項とはその性質を異にす

るものである[29]。したがって、ボロワーが表明保証を行った事項であっても、当該表明保証が行われた時点以後に事情が変化しないことが当然に確保されているものではないため、このような事情の変化が生じないことを確保するためには、適切な項目を誓約事項に加える等の対応が必要となることに注意する必要がある。

ボロワーの表明保証の真実性および正確性は貸付実行の条件とされ（第2節3参照）、表明保証違反は失期事由とされることが多い（第8節2(4)参照）。そのため、ボロワーにとって厳しすぎる表明保証事項は、取引の実行および継続を困難にする可能性があることから、個々の取引において適切な範囲の内容とする必要がある。例えば、ボロワーの表明保証の内容が広汎になりすぎるおそれがある場合（一例として後述する(2)(j)の場合）には、表明保証の範囲を重要な点（in all material respects）に限定することが検討されてよいし、ボロワーにおいてすべてを把握することが困難な事項（一例としては下記(2)(m)のうちの法的手続の係属のおそれ）についてはいわゆるknowledge qualifierと呼ばれる、ボロワーの知る限り（to the Borrower's knowledge）やボロワーの知り得る限り（to the best of the Borrower's knowledge）等の制限を付すことが検討されてよい。また、表明保証を行うことができる範囲は、各国の法制度によって技術的に定まってくる場合も多い。そのため、表明保証の内容を確定するにあたり、必要に応じて各国のカウンセルの助力を得ながら、個別の案件ごとに適切な内容となるように、契約書の作成・交渉に臨むことが必要となる。

(2) 個別の表明保証

以下では、海外におけるシンジケート・ローンで準拠法とされることが多

---

[29] なお、貸付けが複数回にわたる場合で貸付実行の度にボロワーが表明保証を行う場合や、契約締結時および貸付実行時以外の時点（例えば各利払日）にも繰り返しボロワーが表明保証を行う場合等には、ボロワーが表明保証を行う頻度によっては、その機能は誓約事項に近似することになる。

い、英国法準拠のシンジケート・ローンの契約書で盛り込まれることの多い、代表的な表明保証を個別に検討する。

表明保証（Representations）

> Each Obligor makes the representations and warranties set out in this [　　] to each Finance Party on the date of this Agreement.

　各債務者が、各貸付関係者に対して、契約締結日において一定の事項について表明保証を行うことを内容とするものである。なお、債務者のうち、シンジケート・ローン契約の当事者とはならない者がいる場合には、シンジケート・ローン契約における当事者となる債務者のみがシンジケート・ローン契約において表明保証を行い、その他の債務者は、自己が当事者となる他の融資関連書類において必要な表明保証を行うことになる。

(a) **地位**（Status）

> (i) It is a corporation, duly incorporated and validly existing under the laws, in the case of the Borrower, of [jurisdiction] and, in the case of the Guarantor, of [jurisdiction].
> (ii) It and each of its Subsidiaries has the power to own its assets and carry on its business as it is being conducted.

　債務者が、一定の法域下で適法に設立され、有効に存続する会社であること（上記(i)）、および、債務者とその子会社が自己の資産を所有し、現在営んでいる事業を営む権限を有することを内容とするものである。

(b) **拘束力を有する義務**（Binding obligations）

> The obligations expressed to be assumed by it in each Finance Document are, subject to any general principles of law limiting its obli-

> gations, legal, valid, binding and enforceable obligations.

　融資関連書類において債務者が負担することとされる債務が、倒産法等の債務に一般的な制約を及ぼすものによる制約に服するほかは、適法で、有効な、拘束力を有する、執行可能な債務であることを内容とするものである。これらの内容は、貸付実行の前提条件とされる法律意見書中の意見に含めることが求められることが通例であるため、シンジケート・ローン契約のドラフト作成段階で、法律意見書を発行する法律事務所に関与させることが肝要である。

(c) **他の義務に違反しないこと**（**No-conflict with other obligations**）

> The entry into and performance by it of, and the transactions contemplated by, the Finance Documents do not and will not conflict with:
> (i) any law or regulation applicable to it;
> (ii) its constitutional documents; or
> (iii) any agreement or instrument binding upon it or any of its assets.

　融資関連書類の締結および義務の履行ならびに融資関連書類において企図される取引の実行が、(i)適用法令、(ii)定款等の会社の規則、(iii)債務者またはその資産を拘束する契約または証書のいずれにも違反しないことを内容とするものである。なお、法令遵守に関する問題点については、第7節 **4**(2)(c)を参照。

(d) **能力および権限**（**Power and authority**）

> It has the power to enter into, perform and deliver, and has taken all necessary action to authorise its entry into, performance and de-

> livery of, the Finance Documents to which it is a party and the transactions contemplated by those Finance Documents.

　債務者が、自らが当事者となる融資関連書類を締結、履行および交付する権限を有しており、自らが当事者となる融資関連書類を締結、履行および交付するために必要な授権を行ったことを内容とするものである。なお、授権に関する問題点については、第7節 **4**(2)(c)を参照。

(e) **有効性および証拠としての適格性**（Validity and admissibility in evidence）

> All Authorisations required or desirable:
> (i) to enable it lawfully to enter into, exercise its rights and comply with its obligations in the Finance Documents to which it is a party;
> (ii) to make the Finance Documents to which it is a party admissible in evidence in its jurisdiction of incorporation; and
> (iii) for it to carry on its business,
> have been obtained or effected and are in full force and effect.

　債務者が、(a)自らが当事者となる融資関連書類を適法に締結し、同契約上の権利を行使し、義務を履行し、(b)自らの設立準拠法に係る法域において、自らが当事者となる融資関連書類を証拠としての適格性をもたせ、かつ、(c)自己の事業を営むために、必要または望ましい授権が行われ、かつ、効力を有していることを内容とするものである。

(f) **準拠法および執行**（Governing law and enforcement）

> (i) The choice of English law as the governing law of the Finance Documents will be recognised and enforced in its jurisdiction

> of incorporation.
> (ii) Any judgment obtained in England in relation to a Finance Document will be recognised and enforced in its jurisdiction of incorporation.

(a)融資関連書類の準拠法としての英国法の選択が、債務者の設立準拠法に係る法域において承認され、執行され、(b)融資関連書類に関連して得られた裁判所の判断が、債務者の設立準拠法に係る法域において承認され、執行されることを内容とするものである。なお、準拠法の選択については第12節**1**を、外国判決の執行については第6章の各国の該当箇所を参照。

(g) 税控除（Deduction of Tax）

> It is not required under the law applicable where it is incorporated or resident or at the address specified in this Agreement to make any deduction for or on account of Tax from any payment it may make under any Finance Document.

債務者の設立準拠法または居住地もしくこの契約において特定した住所地に係る法域において、債務者が融資関連書類に基づいて行う支払いに関し、税金を控除する必要がないことを内容とするものである。

(h) 登録が不要であることおよび印紙税が課されないこと（No filing or stamp taxes）

> Under the law of its jurisdiction of incorporation it is not necessary that the Finance Documents be filed, recorded or enrolled with any court or other authority in that jurisdiction or that any stamp, registration or similar tax be paid on or in relation to the Finance Documents or the transactions contemplated by the Finance Docu-

> ments.

　債務者の設立準拠法下では、融資関連書類を裁判所等の当局に対して登録等を行う必要がなく、融資関連書類または融資関連書類で企図される取引に関して印紙税等の税金が課されることがないことを内容とするものである。

(i) **失期事由の不存在**(No dafault)

> (i) No Event of Default is continuing or might reasonably be expected to result from the making of any Utilisation.
> (ii) No other event or circumstance is outstanding which constitutes a default under any other agreement or instrument which is binding on it or to which its assets are subject which might have a Material Adverse Effect.

　(i)失期事由が継続しておらず、貸付けの実行により失期事由が発生することが見込まれないこと、および、(ii)債務者またはその資産を拘束するその他の契約または証書に基づく失期事由を構成し、重大な悪影響を及ぼし得る事由が存在しないことを内容とするものである。

(j) **誤解を招く情報の不存在**(No misleading information)

> (i) Any factual information contained in [　　] was true and accurate in all material respects as at the date it was provided or as at the date (if any) at which it is stated.
> (ii) Any financial projections contained in [　　] have been prepared on the basis of recent historical information and on the basis of reasonable assumptions.
> (iii) Nothing has occurred or been omitted from [　　] and no information has been given or withheld that results in the infor-

> mation contained in [　　　] being untrue or misleading in any material respect.
> (iv) All information (other than [　　　]) supplied by the Borrower was true, complete and accurate in all material respects as at the date it was given and was not misleading in any respect.

 (i)一定の文書に記載された事項が一定の時点においてすべての重要な点において真実かつ正確であること、(ii)一定の文書に記載された財務に関する予測が直近の実績に基づいており、かつ、合理的な前提条件に基づいて作成されたこと、(iii)一定の文書に記載された情報を重要な点において不正確または誤解を招くものとするような情報が加えられ、または、省略されていないこと、および、(iv)債務者が提供した情報（一定の文書に記載された事項を除く。）が一定の時点においてすべての重要な点において真実かつ正確であり、いかなる点においても誤解を招くものではないことを内容とするものである。

(k) **財務書類**（Financial statements）

> (i) Its financial statements most recently supplied to the Agent were prepared in accordance with GAAP consistently applied save to the extent expressly disclosed in such financial statements.
> (ii) Its financial statements most recently supplied to the Agent give a true and fair view and represent its financial condition and operations during the relevant financial year save to the extent expressly disclosed in such financial statements.
> (iii) There has been no material adverse change in its business or financial condition since [　　　].

(i)エージェントに提供された直近の財務書類が、当該財務書類において明示されたものを除き、GAAP（Generally Accepted Accounting Principles）に従って作成されたものであること、(ii)エージェントに提供された直近の財務書類が、当該財務書類において明示されたものを除き、真実かつ公平な見解を提供したものであって、関連する事業年度における財務状況を反映したものであること、および、(iii)債務者の事業または財務の状況に関し、一定の時点から重大な変化がないことを内容とするものである。

(l) **同順位性（Pari passu ranking）**

> Its payment obligations under the Finance Documents rank at least pari passu with the claims of all of its other unsecured and unsubordinated creditors, except for obligations mandatorily preferred by law applying to companies generally.

融資関連書類上の債務者の債務は、会社一般に適用ある法令上当然に優先債務を除く債務者の他のすべての無担保かつ非劣後の債権者の債権と少なくとも同順位であることを内容とするものである。なお、パリパス条項の内容については、第7節**4**(1)を参照。

(m) **法的手続の係属およびそのおそれの不存在（No proceedings pending or threatened）**

> No litigation, arbitration or administrative proceedings of or before any court, arbitral body or agency which, if adversely determined, might reasonably be expected to have a Material Adverse Effect have (to the best of its knowledge and belief) been started or threatened against it.

重大な悪影響を及ぼすことが予想される、裁判所、仲裁機関もしくは政府

機関による、または、これらによる訴訟、仲裁、行政手続が開始しておらず、開始するおそれもないことを内容とするものである。

(n) **権限を有するサイン権者**(Authorised Singnatories)

> Any person specified as its authorised signatory under [　　] or [　　] (Information: miscellaneous) is authorised to sign Utilisation Requests (in the case of the Borrower only) and other notices on its behalf.

権限を有するサイン権者として記載された者が借入申込書その他の通知に債務者（借入申込書についてはボロワー）のためにサインする権限を授与されていることを内容とするものである。

(o) **繰り返し**(Repetition)

> The representations set out in [　　] and [　　] are deemed to be made by each Obligor by reference to the facts and circumstances then existing on the date of each Utilisation Request and the first day of each Interest Period.

一定の事項について、債務者が、借入申込書の日および各利息計算期間の初日において、繰り返し表明保証を行ったものと見做すことを内容とする規定である。

(p) **その他**

上記の事項は、個々の案件の特性にほとんど影響を受けることなく規定されることが想定される事項であるが、上記の表明保証のほかにも、個々の案件の特性によって、ケースバイケースで表明保証が加えられることがある。例えば、不動産の取得資金の融資のケースであれば、対象となる不動産に関する事項が追加されることが想定される。

2 誓約事項（Undertakings）

(1) 誓約事項の位置付け

　日本国内のローン実務では、長らく有担保での取引が一般的であった。そのため与信判断における重点は、ボロワー等から提供される担保、中でも不動産の価値の評価に置かれていた。ローン契約の内容も、このような担保評価中心の与信判断を反映して、ボロワーの事業形態等にかかわらず、比較的シンプル・画一的であり、各条項も抽象的・一般的な内容となる傾向にあった。これに対して、国際的なローン実務では、担保の取得・管理が法制度上または実務上困難であることも多く、無担保にてローンが実行されることも珍しくはなく、その結果、その与信判断においては、日本以上に、ボロワーごとの財務状況・事業の内容およびその継続性・安定性の評価に重点が置かれる傾向が見られる。かかるローン契約においては、与信判断の前提となった事実関係を確保・維持することを目的として、ボロワーに対して、貸付実行時の前提条件・表明保証、実行後の誓約事項、失期事由等において、案件ごとの特殊性に合わせた詳細な条件が課せられる。このような形態のローンは、一般にコベナンツファイナンスとも呼ばれている。

　上記のうち、前提条件・表明保証については、レンダーの与信判断の前提となったボロワーの財務状況等に係る事実について、契約締結時・貸付実行時といった特定の時点における真実性および正確性を確保し、確認することを目的とする。これに対して、誓約事項（Undertakings/Covenants）は、期中の継続的な信用リスク[30]管理のツールとして、つまり、レンダーがボロ

---

[30] なお、信用リスクについて、金融庁は、「信用供与先の財務状況の悪化等により、保有する資産（オフバランス資産を含む。）の価値が減少ないし消失し、銀行が損失を被るリスクをいう」と定義している。（金融庁「主要行等向けの総合的な監督指針」・前掲注16・Ⅲ－2－3－2－1－1参照）。

ワーに対して与信を行っている間（つまり、タームローンではローンに係る債務が完済されるまで、リボルビングローン等においては、レンダーが貸付けの実行義務を負う期間が終了し、かつ、当該ローン契約に基づく一切の債務の履行が完了するまで）継続的に、その判断の前提となったボロワーの財務状況・事業活動を維持・継続させ、利息・元本の返済能力を担保する目的にて規定される。コベナンツファイナンスにおける誓約事項の設計を考える上で非常に重要なのは、そのバランスである。誓約事項を必要以上に厳しくすることは、かえって、ボロワーの事業運営に対する枷となり、期中のローン管理の負担の増加（ボロワーからの通知・交渉等の増加といった事務面での負担を含む。）やローンの回収への重大な悪影響の発生といった事態を招く可能性がある。失期事由の項目（第8節**2**(5)参照）にて解説されるように、クロスボーダー・ローンでは、クロスデフォルト条項が一般的に設けられる結果、厳しすぎる誓約事項への抵触がデフォルトの連鎖を招き、ボロワーそのものの破綻につながるリスクも存在する。そのため、誓約事項の持つ一種のアラート機能に着目し、ボロワーに適時・適切な情報提供を動機付け、レンダーによる早期のリスクの把握、適時の対応を可能とする実効性のあるモニタリング・リスク管理体制を構築する反面、ボロワーが適度にコントロールされたリスクのもとで存分にその能力を実現できる、バランスのとれた規定作りが重要である。

近年は日本においてもシンジケート・ローン、プロジェクトファイナンス、不動産流動化、LBOローンなど、英米の実務に由来する高度かつ複雑な金融ストラクチャーの導入・定着も進み、コベナンツファイナンスの発想やそこで使用されるネガティブ・プレッジやパリパスなどのファイナンス用

語・概念などもよく知られるようになっている[31]。そのため、最近の日本国内のシンジケート・ローンにおいてもクロスボーダー・ローンに準じた詳細な条項を設ける例も多く見られる。ただし、文言が同一・類似しているからといって、その意図する内容が完全に同じものとは限らないことに注意が必要である。適用される法制度・概念の違い、地域・対象国の歴史的・社会的・経済的差異、政治・法制度・経済の安定性の違い等[32]により、一見、同じ内容に見える条項でも、カバーする内容・範囲、その規定が設けられる意図やその条項が対処するリスクの大きさなど、その裏側に潜む実質的な意味や意図が日本国内の取引とは異なる可能性がある。これらの点を念頭に置いた上で、必要に応じて各国のカウンセルの助力も得ながら、契約書の作成・交渉に臨む必要があろう。

(2) 誓約事項の構成

個別の条項の解説に入る前に、誓約事項の構成について簡単に触れておこう。日本のローン契約では、誓約事項が1つの条項にまとめて規定されることが多いが、海外のローン契約では、その機能や効果に着目して、いくつかの条項に分けられることが一般的である。アジアにおけるシンジケート・ローン契約では、その機能に着目して、情報提供義務（Information Undertakings）、財務コベナンツ（Financial covenants）および一般誓約事項

---

[31] 金融庁も、信用リスクの早期把握・早期対応のための手段として、コベナンツの機能に着目している（「信用リスクの早めの認知、早めの対応といった観点から、例えば、コベナンツ、シンジケーションローンや債権流動化などの活用により、信用リスクに応じて与信量を制御できるような管理態勢が構築されているか」金融庁「主要行等向けの総合的な監督指針」・前掲注16・Ⅲ－2－3－2－2(4)参照）。

[32] 例えば、筆者がある案件でカンボジアの弁護士から取得したメモランダムでは、その留保事項（Qualification）において、法令が公表されているとは限らないこと、政府が法令の文言・合理的な解釈と異なる運用を行うことがあり、かつかかる運用がたびたび変更されること、裁判所の判決や政府機関の決定が公表されていないことが記載されていた。法令すら公表されていない可能性がある点は、日本人にはなかなか想像しづらいところかもしれない。

(General Undertakings) の3つの条項に区分して規定されることが一般的である[33]。また、アセットファイナンスなどの取引では、財務コベナンツと併せて（または、これに代わり）担保コベナンツ（Security Covenants）と題する規定が設けられる例も見られる。

以下、個別に内容を見てみよう。
(a) **情報提供義務**（Information Undertakings）
本誓約は、文字どおり、レンダーによるボロワーの財務状態等のオフサイトモニタリングのために必要な情報を、ローン関連契約の効力が存続する限り（so long as any amount is outstanding under the finance documents or any commitment is in force）、定期的に、一定の事由発生時に、または、レンダーの求めに応じて適宜に、提出させることで、レンダーとボロワー、株主または他の債権者との間の情報の非対称性をなくし、レンダーのタイムリーかつ他の利害関係人に遅れることのない検討・対応を実現することを目的とする。
(ⅰ) 財務諸表その他の定期的な情報提供
ボロワーの財務状態を知る上で最も基礎的な資料がその財務諸表であることは、国内外にて変わらない。そのため、通常、本項目の最初の条項では、財務諸表の提出を求めるため、以下のような規定が設けられることが一般的である。

---

33 これに対して、米国におけるシンジケート・ローン契約では、積極的誓約事項（Affirmative Covenants）と消極的誓約事項（Negative covenants）の2つの条項に区別されることが多く、その違反時の取扱いに違いがあると一般的に考えられている。すなわち、積極的誓約事項の違反については、一定の治癒・猶予期間が設けられ、当該期間内に治癒されない場合が失期事由として設定されるのに対して、消極的誓約事項の違反についてそのような期間を設けることは、レンダーとして受け入れづらいと一般的には考えられている（Simpson Thacher & Bartlett, Model Credit Agreement with Commentary, at 77（1993）参照）。

> (Financial Statements)
> The Borrower shall supply to the Agent in sufficient copies for all the Lenders:
> (a) as soon as the same become available, but in any event within [   ] days after the end of each of its financial years its audited consolidated financial statements for that financial year; and
> (b) as soon as the same become available, but in any event within [   ] days after the end of the first half of each of its financial years its unaudited consolidated financial statements for that financial half year.

　ボロワーに対して、各会計年度または各半期ごとに、それぞれ、監査済みまたは監査のなされていない連結財務諸表の提出を求める規定である。なお、ボロワーのディレクターに対して、かかる財務諸表がその作成日におけるボロワーの財務状態を公正に表している旨の証明を求めることも一般的に行われている。

　財務諸表は、法人の財務状況を知る上で基本的な資料であり、財務コベナンツの計算が正しくなされているかを確認する上でも非常に重要である。いかなる頻度・期限での提出を求めるかは、現地の法令の規制、実務上の負担等も考えながら、設定することになる。ボロワーの法人形態によっては、監査が法律上義務付けられていない場合も考えられるが、その場合に自主的な監査まで求めるかは、ボロワーおよび所在国に対する信頼性や費用対効果も踏まえて判断することになろう。

　また、上記規定例では、連結財務諸表の提出を想定しているが、この点は、レンダーの与信がいかなる前提でなされているかに合わせて調整することになるものと思われる。ボロワー単体のほか、レンダーの与信の対象

になった重要な関係会社のものを求めることも考えられ、また、保証人が存在する場合には、保証人の財務諸表の提出も求めることが考えられる。ただし、国によっては関係基準・法制度の未整備により、連結ベースでの財務諸表の作成が行われていない可能性もあり、その場合には現地の会計士等も交えて、連結ベースでの与信を行うことが適切かといった点も含めて、対応を検討する必要がある。

　また、財務諸表や財務コベナンツ等の作成・算定を行う際に準拠すべき基準について定めることが必要となる。各国のGAAP（Generally Accepted Accounting Principles）に従うよう規定されることが多いが、近年は、IFRS（International Financial Reporting Standards）を利用する例も見られる。この点に関連して、日本国内のローンではあまり見られないが、会計基準に変更があった場合の対応を事前に定めておくことが好ましい。期中に変更された会計基準に従うと、レンダーが与信のベースとした資料との一貫性・整合性を保てず、継続的モニタリングの観点から支障が生じるおそれもあるが、一方で、変更前の基準に機械的に従う場合（かかる取扱いはFrozen GAAPと呼ばれることもある。）には、ボロワーは旧基準・新基準それぞれに従った財務諸表を作成しなければならず、負担が重くなる可能性がある。いかなる対応が必要かは、ローン期間の長さや対象となる国の会計基準の持続可能性等にもよるところであるが、一定の留意は必要であろう[34]。

---

[34] 実務上用いられる折衷的な対応としては、財務諸表自体は新基準に用いて作成した上で、旧基準に基づいた場合の違いについて明示させること、基準が変わった場合の協議条項を設けるといったものが考えられる。他方、レンダーが会計基準の変更の可能性や変更された場合にも緩和する方向での改正がなされる可能性が低いと評価ができるのであれば、特に変更があった場合の規定を設けないことも考えられ、実際にそのような例も存在する。

> (Compliance Certificate)
>
> The Borrower shall supply to the Agent, with each set of financial statements delivered pursuant to Clause [　　], a Compliance Certificate:
>
> (i) confirming that no Default is continuing (or, if a Default is continuing, specify the Default and the steps being taken to remedy the same); and
>
> (ii) setting out (in reasonable detail) computations as to compliance with Clause [　　] as at the date as at which those financial statements were drawn up.

　財務諸表とともに、ボロワーのディレクターまたはオーディターが署名・作成した、"Compliance Certificate" と題する書面の提出が求められることが一般的である。内容としては、財務コベナンツで求められる指標ごとの計算内容・結果を示した上で財務コベナンツの遵守を証明するとともに、関連契約上の義務違反が発生していないことを証明（義務違反が発生している場合には、その内容およびその対応についての説明）をさせるものが多い。なお、実務上、上記(i)の失期事由の不存在証明に係る規定が契約本文では記載されず、契約書に添付されている同書面のフォームでのみ記載されていることも多いが、疑義を避けるため、両者を整合させることが望ましいと思われる。

　また、ボロワーの規模・案件の性質によっては、翌期の予算の提出を求めることもあり、その場合には、以下のような条項を設けることが考えられる。

> (Projection)
>
> The Borrower shall supply to the Agent in sufficient copies for all

> the Lenders, as soon as the same become available, but no later than [   ] days prior to the end of each of its financial years, the projections by the Borrower of the operating budget and cash flow budget of the Group for the succeeding financial year.

　アセットファイナンス、プロジェクトファイナンス等SPVを使用する案件では、予算の成立にレンダーの承諾を要求することも考えられる。その場合には、対象期間が開始する前にレンダーの承諾を取得できない場合の対応（承諾が取得されるまで前年度の期間のものに従うか、出費について都度レンダーの承諾を取得させるのか等）について手当てする必要がある。

　上記のような一般的な書類に加えて、各案件の性質、レンダーの与信方針によっては、追加の書類の提出が求められることもある。例えば、プロジェクトファイナンスや開発案件であればそれらの進捗状況の報告を求められることになるであろうし、不動産ファイナンスであれば、賃貸借・リース活動の状況報告や鑑定（Valuation）の定期的な取得などが要求されるであろう。

(ⅱ)　適時の情報提供等

　レンダーが適切に債権保全を図るためには、上述した定期的な報告だけでなく、ボロワーの財務状況・運営状況等に悪影響を与える事由（またはそのおそれ）が発生した場合等に、適時・迅速な報告を求めることで、定期報告のギャップを埋める必要がある。かかる適時報告に係る契約書の規定は、デフォルトの発生とその他の事由に分けられることが多い。

　まず、デフォルト以外の様々な事由に関する情報提供の条項例を見てみよう。

> (Information Miscellaneous)
> The Borrower shall supply to the Agent (in sufficient copies for all the Finance Parties, if the Agent so requests):

(a) all press release, notices of meetings of the Shareholders, [material] documents dispatched by the Borrower to its shareholders (or any class of them) or its creditors generally at the same time as they are released or dispatched;

(b) promptly upon becoming aware of them, the details of any litigation, arbitration or administrative proceedings which are current, threatened or pending against any member of the Group, and which might, if adversely determined, have a Material Adverse Effect;

(c) promptly, such further information regarding the financial condition, business and operations of any member of the Group as any Finance Party (through the Agent) may reasonably request[, except to the extent that the disclosure of such information would breach any laws regulation, stock exchange requirement or contractual duty of confidentiality provided the Borrower shall use all reasonable endeavours to procure the release of such information];

(d) promptly, notice of any change in authorised signatories of the Borrower signed by a director or company secretary of such Borrower accompanied by specimen signatures of any new authorised signatories; and

[(e) copy of any agreement, deed or document amending, varying or supplementing [　　], as soon as practicable after the same has been executed by the relevant parties.]

　案件の性質によって内容は様々だが、ここでは、比較的一般的に規定される、(a)公表された、もしくはボロワーの株主・他の債権者に提供された情報、(b)訴訟等に係る情報、(c)レンダーから請求のあったボロワーの財

96　第3章　シンジケート・ローン契約の構成

務、事業、運営状況に係る情報、および(d)ボロワーの認証された署名の変更について、規定している。それらに加えて、例えばストラクチャードファイナンス等において規定されることの多い、(e)関連する契約の変更についても開示対象に加えている。

　具体的な項目や情報の範囲（重要なものに限るか等）は交渉次第であるが、実務上議論になりやすいのは、ボロワーが上場会社の場合と、閉鎖会社の場合の株主に対して提供された情報の取扱いである。まず上場会社の場合はインサイダー取引規制との関係、インサイダー取引防止の観点から、準拠法や関連する上場規則等に基づいた適時開示等以上の情報提供について難色を示される可能性がある。その場合には、上記(c)において加えた角括弧書のフレーズのような、一定の調整を加えることが必要となる。また、本条項に限った話ではないが、ボロワーが上場会社の場合には、関連する証券取引所の適時開示システム等により開示された情報については、相対での情報提供は不要とするのが通常であり、その場合には、エージェントに対して、上記開示を行ったことを速やかに通知させることになろう。

　他方、ボロワーが閉鎖会社の場合には、特に、株主に提供した情報に係る開示の範囲が問題になりやすい。閉鎖会社の場合、株主自身が日常的に経営・業務に関与するため、その範囲が膨大になる可能性があるためである。そのような場合には、「重要な（material）」などの留保を付すことも考えられる。

(Notification of default)
(a) The Borrower shall notify the Agent of any Default (and the steps, if any, being taken to remedy it) promptly upon becoming aware of its occurrence.
(b) Promptly upon a request by the Agent, the Borrower shall confirm in writing that no Default is continuing (or if a Default

> is continuing, specifying the Default and the steps, if any, being taken to remedy it).

　デフォルト発生時の報告について定めた規定では、1項において適時報告が定められるとともに、2項においてレンダーが求める場合のデフォルト不存在の証明義務についても規定されることが通例である。前述の遵守証明書においてデフォルトの不存在について証明義務を負わせる場合には、本規定が各定期報告の間に何らかの懸念が発生した場合を補完することになる。

　本項自体は特段問題となる規定ではないが、本項に関連してドラフト作成時に注意すべき点がある。かかる通知は、デフォルトという債権保全との関係で非常に重大な事態について、レンダーが早期に把握し、レンダー主導の早期回収フェーズに移行すべきかという判断を適時に行うため非常に重要である。他方で、既にデフォルトに陥っているボロワーにとっては通知をすべきモチベーションはなく、そのためボロワーの協力が得られないリスクも否定できない。この点についてボロワーに通知のインセンティブを与えるため、例えば、本通知の義務違反自体を個別の失期事由に設定し猶予期間の設定を短くする、あるいは、かかる義務違反があった場合には、猶予期間等が設けられている失期事由についても、猶予を認めず即時デフォルトに陥るように設計すること等も考えられる。

　上記のようなオフサイトモニタリングのための規定のほかに、レンダーに帳簿等の検査（オンサイトモニタリング）の権限を付与する例も存在する。

> (Inspection of books and records)
> The Borrower shall:
> (a) keep books and records which accurately reflect in all material respects all its business, affairs and transactions; and

> (b) permit the Agent or the Security Agent or any of their respective representatives, at reasonable times and intervals, and upon reasonable notice (provided that prior to the occurrence of an Event of Default the consent of the Borrower is required (such consent not to be unreasonably withheld or delayed), during office hours to visit any of its offices, to inspect any of its books and records and to discuss its financial matters with its officers and auditors. The cost and expense of each such visit shall be borne by the Borrower.

　上記の条項例では、ボロワーに対して帳簿等の適切な作成・保存を求めるとともに、(一定の条件のもと)レンダーに対して各帳簿の検査権限を与えている。アセットファイナンスなどSPVを利用する取引では比較的よく見掛ける条項ではあるが、一般の事業会社等に対する貸付けの場合には、ボロワー(特に上場会社については、上記のインサイダーの観点からも)からの反発が強いことが予想される。どの範囲で許容するかはボロワーとの交渉次第であり、上記の例では、失期事由の発生前にはボロワーの承諾(不合理留保・拒絶禁止の留保付き)を要することで調整が図られている。

　その他、本項では、銀行・エージェントがボロワーに対して、またはエージェントが参加行に対して行うKYC(Know your customer)手続、いわゆる本人確認・ネガティブチェックに対する協力義務に係る規定が必ず設けられる。条項それ自体は特に議論となる性質のものではないが、運用面では日本以上に注意が必要である。アジアの中には、政治・社会状態が必ずしも安定していない国もあり、かつ香港・シンガポールなど金融ハブとして機能する国も存在し、当該国または地域内外での金銭の移動が活発である。そのため、マネーロンダリング等の潜在的なリスクが日本よりも相対的に高く、それを受けて、求められる本人確認の範囲・程度の要求水準も厳しくなる傾向にある。実務上の負担も日本と比べて重くなる傾向に

あるため、取引にあたってKYC体制の整備も非常に重要である。

3 財務コベナンツ（Financial Covenants）

財務コベナンツ（Financial Covenants）は、ボロワーの財務状態またはローンの引当てとなる財産に関して、様々な視点から設定された数値基準（threshold）を用いて、ボロワーの財務状況・引当財産の健全性を客観的かつ一義的に判断することを目的として設定される。どのような財務基準を設け、かつどの程度の水準で設定するかは、レンダーの与信の基準、ボロワーの事業の態様、引当てとなる財産の種類等、案件の性質ごとに異なる。また、財務コベナンツの目的・効果をどのように考えるかによっても異なり得る。例えば、その違反・抵触を直接的に失期事由と結び付けることも考えられるが、その場合には安易にクロスデフォルトを招き、本末転倒とならないよう水準の設定には十分に注意が必要であろう。他方、財務コベナンツのアラート機能に重点を置くのであれば、その効果として追加担保の提供義務（マージンコール）、配当停止・リザーブの追加積み立て、キャッシュスイープによる期限前弁済等を定めることで、ボロワーの財政悪化に応じてストラクチャーを調整し、ストラクチャーの立て直しの時間的な猶予を確保することも考えられる。そのため、財務コベナンツを設定する際には、効果・目的も踏まえた上での基準の設定が非常に重要になってくる。

財務コベナンツとしてよく用いられる指標として、Gearing Ratio、Minimum Tangible Net Worth、Interest Cover Ratio、Liquidity Ratio[35]などが考えられるが、そのほかにも、アセットファイナンスなどで用いられる、担

---

35 例えば、日本銀行が2008年に公表した「円建てクロスボーダー・シンジケートローン契約書参考書式」（邦文・英文）（https://www.boj.or.jp/announcements/release_2008/itaku0804c.htm/）では、Consolidated EBITDAやConsolidated Working Capitalが指標として採用されている。

保価値に着目したSecurity Cover Ratioなど、与信のポリシー・案件の性質に応じて、様々なバリエーションが考えられるところである。以下、いくつかの指標に関して、簡単に解説を試みる。なお、以下で紹介する規定は、ボロワーおよびその子会社（Subsidiaries）による連結ベースでの判断を前提にしているが、ボロワー単体で考えるのか、連結で考えるのか（またはその範囲）は、レンダーの与信判断に従って調整することになる。また、開発案件など案件の性質によっては、事業年度に応じて段階的に異なる水準を設定することもある。

(1) 有形純資産 (Tangible Net Worth)

> (Minimum Tangible Net Worth)
> Consolidated [Tangible] Net Worth shall not at any time be less than [   ]／ The Borrower shall ensure and procure that its [Tangible] Net worth will be positive at all times.

純資産（Net Worth）は、株主資本（Shareholders funds、Shareholders Equity）、すなわち会社の総資産から負債を控除した数値であり、バランスシート上の会社の価値を表す。純資産がマイナスになれば債務超過であり、倒産原因となり得るため、純資産を一定以上に保つことは会社の財務の健全性を保つために必要である。シンジケート・ローン契約では、財務指標の1つとして、かかるバランスシート上の会社の価値に着目した指標が用いられるが、上記規定案のように、純資産に代わり、有形純資産を使用するとより厳しい水準が課せられることになる。有形純資産とは、純資産からのれんを含む無形資産を除外した概念をいう。いかなる債務を無形資産として控除の対象にするかは、用いられる会計基準も踏まえて決める必要があるが、オフバランス金融がある場合の取扱いなどにも注意する必要がある。レンダー・ボロワーの交渉の結果、控除すべき負債から株主ローン等一定の劣後債務を

除外した指標が使用されることもあるが、そのような場合には"Adjusted Tangible Net Worth"と称される。

(2) ギアリング・レシオ (Gearing Ratio)

> (Gearing Ratio)
> Consolidated Total Liabilities shall not at any time exceed [　　] per cent. of Consolidated [Tangible] Net Worth.

　ギアリング (Gearing) は、日本では聞き慣れない用語であるが、レバレッジと同義である。すなわち、株主資本（エクイティ）に対する債務（デット）の割合[36]をいい、満期の到来した債務に対するボロワーの支払能力を測る指標である。上記の例では、純資産に代わり有形純資産が利用されており、より厳しい指標となっている。ギアリングの設計においては、劣後債務（トランシェが分かれている場合の劣後部分や株主が出す劣後化された株主ローン・劣後債）をどこまで勘案するのかが問題となる。なお、連結ベースのギアリング・レシオの算定において、劣後債務を除外する場合には、その対象をボロワー自身が負うものに限定し、子会社が負うものを除外する必要があることには注意が必要である。親会社たるボロワーの債権者は、子会社の資産に対して（担保権が設定されない限り）直接リコースできない（子会社からボロワーに対して支払われる配当等にのみリコースできる）ため、子会社の債権者（劣後債権者を含む）との関係では、実質的に劣後した立場（かかる構造を、構造的劣後（Structural Subordination）という。）にあるためである。

---

[36] なお、Gearingが、デットの引当財産に対する掛け目 (Aggregate Leverage、LTV) の意味として用いられることもあるが、本書では、後述の担保コベナンツとの区別も意識して、エクイティとの関係においてGearingという用語を用いる。

Tea Break
ギアリング？　アジアの英語と英国英語

　日本のファイナンス、かつ英語に精通している人でも、Gearingとの用語には馴染みがない人も多いかもしれない。日本で教えられる英語は主として米国英語であり、また、日本のファイナンス実務で使用されている「カタカナ」概念も米国から由来するものが多い。これに対して、アジアには過去に英国の植民地であった国も多いという歴史的背景から、現在でも法制度には英国の影響が強い国＊も多い。かかる背景事情もあり、契約書も英国英語により作成されているものが多く、日本人で英語に精通している人でも、アジアのシンジケート・ローン契約その他の英語に触れたときに、読みづらさや違和感を覚えるという話はよく聞く。

＊　アジアの金融の中心である香港やシンガポールは、法制度としてコモンローを採用しているだけでなく、現在でも英国における裁判所の判断が、これらの国の裁判との関係でも説得的効力（簡単にいうと、裁判所が自国の法令を解釈する際の根拠として判決等にも引用できる効力）を有するものと取り扱われている。

　Gearing（ギアリング）という用語は、その典型例であり、米国や日本では、同一の概念をleverage（レバレッジ）と称する。そのほかにも、ファイナンス取引に携わる上で、英国英語と米国英語の違いを目にする場面は、日付の表記順の違い（米国では「月日(,)年」の順番になる。これに対して、英国英語では、「日月年」）、発音（例えば、別紙を意味するScheduleは、英国英語では「スケジュール」ではなく、「シェジュール」「シャジョール」と発音する）、スペル（例えばauthorize/amortization（米）とauthorise/amortisation（英）やendeavor（米）とendeavour（英）のように、zがsであったり、英国英語の単語で付されるuが米国式では消えてしまうなど）、好まれる用語（「～を除く」を意味する

用語として、英国英語では、expectと同様に、saveが頻繁に使用される、また、米国でensure/causeが使用される場合に、procureが多用されるなど）と多岐にわたる。また、前出の誓約事項の構成に係る記載で述べたように契約の章立て等の構成も、英国実務と米国実務では異なっている。もちろん、英国英語か米国英語かは形式的な話であり、この違いを無視しても実害はあまりないが、英語面や契約の構成等の形式面でも関係者にとって自然な作りとすることができれば、事務的な負担を減らすことができ、よりスムーズに案件を進めることができるなど有益な一面も存在すると思われる。なお、文書作成ソフトのスペルチェックも両者で使い分けることができるため、アジアの取引や日付の表記等から英国英語で作成された書面であることがわかった場合には、あらかじめ英国英語に切り替えて臨むとよいだろう。

(3) インタレスト・カバー・レシオ（Interest Cover Ratio）

(Interest Cover Ratio)
Consolidated EBITDA in respect of any Relevant Period shall be or shall exceed [　　] times Consolidated Net Finance Charges for that Relevant Period.

インタレスト・カバー・レシオは、ボロワーが、一定期間における収益（EBITDA or EBIT）から、利息・アモチ（アモタイゼーション、定期的な元本の一部弁済）等の債務の支払いを行う余裕がどの程度あるのかを表す指標である。デット・サービス・カバレッジ・レシオ（DSCR：Debt Service Coverage Ratio）と同義である。名称のとおり、利息その他の金融債務の支払いに着目したものであるが、シンジケート・ローンでは、金融債務だけでなく、ボロワーが負担する費用全般を対象として同趣旨の指標を設定することもあ

る。その場合、当該指標を、Fixed Charge Cover Ratioなどという。

なお、上記の規定例では、収益としてEBITDAが使用されているが、支払利息・減価償却費を考慮しない税引前利息たるEBITを使用する例も存在する。

(4) 流動性比率（Liquidity Ratio）

> (Liquidity Ratio)
> Current Liabilities shall not at any time exceed [   ] per cent. of Current Assets.

流動性比率は、カレント・レシオ（Current Ratio）とも呼ばれ、ボロワーの流動性、すなわち、ボロワーが直近12ヵ月以内に支払わなければならない債務に対して、手元にどの程度の現金（およびそれに準じる程度に換価が容易なもの）が存在するのかを表す指標である。有形純資産、ギアリング・レシオがバランスシート上の価値に着目した、一種の静的な指標であるのに対して、流動性比率は、ボロワーの事業に係る日々のキャッシュフローに着目した動的な指標と言える。

ボロワーの財務の健全性を見る際、大きく分けて2つの視点が存在する。1つは、債務超過か否か、すなわちバランスシートに着目した視点であり、"Balance-Sheet Solvency"といわれる。もう1つは、日々の債務を支払うために必要な現金が手元に存在するのかという視点であり、"Cash-Flow Solvency"などと称される。Cash-Flow Solvencyが保たれない状態、すなわち債務超過ではないにもかかわらず、利息その他の日々の支払いができない状態が、いわゆる「黒字倒産」である。流動性比率は、このCash-Flow Solvencyを測る指標である。

(5) セキュリティ・コベナンツ（Securities Covenants）

不動産ファイナンスなどのアセットファイナンスにおいては、"Security Covenants"等として、担保の掛け目（LTV; Loan to Value）に着目した指標が設けられることが多い。

(Security Value/Security Margin)

(a) The Borrower shall ensure and procure that the ratio of Total Loans to Total Security Value will not at any time exceed [   ] to 1.

(b) If the ratio in paragraph (a) above is exceeded, within [   ] days of the Agent giving notice of this to the Borrower, the Borrower shall:

  (i) prepay or repay the outstanding Loan (together with accrued interest on the amount prepaid or repaid and, subject to any Beak Cost under Clause [   ] (Break Costs), without prepayment fee, premium or penalty); and/or

  (ii) increase the Total Security Value, without limitation, by way of deposit of sufficient funds into the [   ] account,

so that immediately after such prepayment, repayment or increase, the ratio of Total Loans to Total Security Value does not exceed [   ] to 1.

ボロワーが、ローン債務の元本の担保価値に対する割合（Security Marginともいわれる。）を一定以上に保つことを誓約した上で、違反の場合には直ちにデフォルトとするのではなく、返済による元本の低減、または追加担保の設定、リザーブの追加の積み立て等を行うことで、かかる割合を基準値に抵触しない水準まで下げることを認める規定である。

本指標を設定するにあたり、担保の評価（Valuation）をいかなる方法で行うか、追加担保としての財産をどこまで許容するかについて、交渉を行う必要がある。

また、かかる規定を設ける場合、ボロワーから一定期間ある水準を下回る場合などに担保解除を認める規定を設けるよう要求されることもある。

4　一般誓約事項（General Undertakings）

一般誓約事項は、情報提供義務・財務コベナンツに分類される事項以外の誓約全般を対象とする。そのため、その対象範囲は広く関係者の交渉・調整に時間がかかる事項の1つである。

その中でも、Pari Passu（パリパス）条項およびNegative Pledge（ネガティブ・プレッジ）条項は、無担保での融資が一般化しているクロスボーダー・ローンの実務において、伝統的に非常に重要な条項であると考えられている。本書では、紙面の都合上、すべての条項について詳細な検討を加えることはできないが、パリパス条項、ネガティブ・プレッジ条項を中心に、頻繁に設けられる条項や国内取引とは異なる留意が必要な条項のうちいくつかのもの（Authorisations、Compliance with Laws、Disposal、Acquisition、Loans and guarantees、Financial Indebtedness、Change of Control、Insurance、Further Assurance）について、紹介・解説を試みる。

(1) パリパス条項（Pari Passu Ranking）

Pari Passuとは、ラテン語において「足並みをそろえて」を意味し、ファイナンス実務では、債務が同順位であることを表す用語として一般的に使用されている。後述するネガティブ・プレッジ条項が債務に対する担保提供を規律するのに対して、パリパス条項は、通常、無担保債務の関係を調整することを意図した規定である。条項は、フォーマット化されており、次のような内容となる。

> **(Pari Passu Ranking)**
> The Borrower shall procure that its payment obligations under the Finance Documents rank and continue to rank at least pari passu with the claims of all of its other unsecured and unsubordinated creditors, except for obligations mandatorily preferred by law applying to companies generally.

　会社に一般的に適用される法令に基づき優先的な地位が付与される債務を除き、ボロワーに対して、本契約上の支払債務について、ボロワーが負担する他のすべての無担保および非劣後の債務と少なくとも同順位であることを常に維持することを義務付ける規定である。

　上述のとおり、クロスボーダー・ローン実務では、ローンが無担保取引となることが多いことは広く知られている。これは、担保対象物件の所在国その他の適用法令のもとで担保権の設定・対抗要件具備の要件・有効性、（現実的な）担保実行の可能性が必ずしも明確・安定したものでない場合があることや、遠隔地にある担保の管理の負担が大きいこと等が主たる理由と考えられている。このように担保権による優先的な回収を期待できない場合には、その回収（特にボロワーの財政破綻時）において、少なくとも他の債権者と同じ順位でボロワーの財産からの分配を期待して、ローンが実行されることになるため、かかる期待を保護する必要がある。かかる目的に基づき無担保債務の債権者の間の権利関係の調整を試みるのが、このパリパス条項である。前記第7節**1**(2)(1)のとおり、表明保証においてもパリパスに関する条項が規定される。両規定の趣旨は同様であるが、表明保証の場合には、契約締結時点、貸付実行時点など特定の時点の状態を対象とする一方、誓約事項の場合には、ローンが存続する限り継続してボロワーを拘束するという相違がある。

　このようにパリパス条項は、主として倒産手続において自己よりも優先的

な取扱いを受ける者が現れることを牽制する目的で設けられるものであり、国際的なシンジケート・ローン契約では典型的な条項であるが、以下のとおり、ほかにも詳細な誓約事項が設けられるシンジケート・ローン契約との関係で、パリパス条項が単独で機能する場面はそれほど広くはないと思われる。すなわち、一般的な債権よりも優先的な順位の債権が発生する場面として、①その性質上、優先的な地位が法令上（通常、倒産法制）当然に認められている債権[37]、②担保提供を受けた債権、③合意により劣後化された債権が想定される。そのうち、②は通常ネガティブ・プレッジ条項の守備範囲であり、パリパス条項の対象ではない。また、劣後化させる債権の債権者の同意がない限り、③の事態も発生しない。そのため、パリパス条項が具体的に機能する場面は、残る①ということになる。もっとも、上記の条項例からもわかるように、アジアのクロスボーダー・ローン契約では、一般的に適用される法令に基づき当然に優先的な効力が与えられる債権については、その発生が許容されることが多い[38]。このように考えると、他の詳細なコベナンツの規定で手当てがされるローン契約ではパリパス条項が仮に規定されていない場合でも、直接的にレンダーの利益を害するわけではないこともあるだろう。例えば、LMAのローン契約のフォームでは、パリパス条項が表明保証のみに設けられており、誓約事項には記載されていないようであるが、これも上記のような理由によるものかもしれない。

　ただし、ボロワーが、国その他のソブリンに該当する場合には、パリパス条項が違った意味合いを持つことに留意が必要である。すなわち、ソブリンは、法令の制定により、新たに債権債務の優先劣後関係を法的に創出するこ

---

[37] 例えば、諸外国においても、税務債権や賃金債権は、他の債権よりも優先的な順位が付与されていることが多い。

[38] もちろん、案件によっては、①の範囲をさらに限定的に定めることもあるが、筆者の経験上、そのような場合には、パリパス条項とは別に、その種類の債務の負担（または、その原因となる行為）を明示的に禁止・制限する条項が設けられることが多いと思われる（例えば、ボロワーがSPCであり、かつ雇用を行うことが想定されない場合には、別途雇用の禁止を明確に誓約させることが一般的であろう。）。

とが可能である。したがって、パリパス条項は、かかる優先劣後関係の創出を禁止する意図で設けられることになる。この場合、かかる事態が除外規定に含まれないよう、その文言には注意が必要である[39]。

Tea Break
ラテン語と法律用語

　現代では一般的に使用されることのない古典用語や難解な言い回しを用いて、その専門家以外には「読みづらい」とも思える文章を作成することが一種の教養を表すとの考えは、日本国外でもよく見られる。特に、法律業界ではその傾向は強く、英語圏では、法律専門家にしか理解できないような難解な用語・言い回しを"Legalese"（リーガリーズ）と呼ぶ。契約書で助動詞としての"shall"が頻繁に用いられるのは日本でもよく知られているが、同様に、ラテン語（よくイタリックで表記される）も"legalese"の典型とされている。近年は、英語圏でも、政府文書や法律文書における英語の簡易化・現代化（Plain English）を推奨する動向が見られ、また、特にクロスボーダーの取引では、英語圏以外の関係者が参加することもあり、契約書作成にあたり、ラテン語の使用を可能な限り避ける傾向が見られるように思われる[40]。もっとも、法律業界でのラテン語の使用の歴史は古く、端的に代替することが難しい用語もあるため、完全に撤廃されることは今

---

[39] 上記条項例の但書きでは、除外対象が、"by law applying to companies generally"（会社に一般的に適用される法令）と規定されており、個別の債務を狙い撃ちする法令はその対象にはならないと考えられる。もっとも、実体としては個別の債務を狙い撃ちしながらも、一般的な法令の形をとる可能性もあり、かつ明確化の観点からも、具体的な文言は、現地カウンセルも交えて検討することが必要となると考えられる。

[40] 例えば、LMAやAPLMAのシンジケート・ローン契約でのフォームでは、プロラタ・パリパスなどファイナンス実務で一般に定着しているものを除いて、ラテン語の使用は基本的に避けられているように思われる。

後も考えづらい。また、クロスボーダー・ローンの与信判断や交渉の過程で検討対象となる書類・契約書や法律家の意見書・メモで、ラテン語を見掛ける機会も少なくないため、よく使用される用語について一定の理解があると、取引を進める上で便利である。他方、契約書で使用されるラテン語について一般的な英和辞典を参照するだけでは、内容がよくわからないことも多い。

　そのため、以下ファイナンス分野において比較的よく見掛けるラテン語を紹介した上で、概ねこのような理解でいればよいという意味・使用方法を記載しておくので、適宜参考されたい。

- albeit＝althoughと同じく逆説を表す。
- bona fide＝「誠実な・善良な」（good faith）や「真正な」または「善意」という意味を表す。
- de facto＝「事実上の」という意味で、法令等で定められているものではないが、慣習化されている権利などを表す用語として使用される。
- inter alia（米）/inter alios（英）＝among other thingsと同義であり、明記したものが、複数存在するもの（法律の要件、例示、契約書の当事者）の一部であることを明確にするために使用される。
- ipso facto/per se＝直訳すると、前者は「事実の存在それ自体で」、後者は「それ自体、本質的に」という意味となるが、法律文書では、ほぼ互換できる意味で使用され、無効などの法的効果について述べる文脈で、ある行為が当然に一定の効果を伴うことを表す。
- per diem＝日割計算を表す。
- prima facie＝直訳すると「一見したところ…らしい」という意味になるが、証拠の効力について述べる文脈でよく使用さ

> れ、日本でいう推定、すなわち反証がなければ証拠として十分な効力を有するものを表す。
> mutatis mutandis＝契約書などにおいて、他の条項を準用する際に、「文脈に合わせて適宜用語等を読み替えて」という意味で使用される。

(2) ネガティブ・プレッジ（Negative Pledge）

(a) 目的・違反時の効果

上述のとおり、無担保での貸付けが一般化しているクロスボーダー・ローンの実務において、他の債権者に対して担保提供を禁止する条項、いわゆるネガティブ・プレッジ条項の重要性は高い。自らが無担保でローンを提供している場合、レンダーとしては少なくとも債権者間での割合的な回収に期待するが、他の債権者への担保提供がかかる期待を阻害するものであることは理解しやすいだろう。また、仮に自らが担保提供を受けている場合でも、準拠法のもとで後順位担保権者が単独で担保実行の申立てを行うことが認められるときは、安易に同一の担保物件に対する後順位担保権の存在を許容してしまうと、後順位担保権者が単独で担保実行を申し立てることにより、先順位の担保権もかかる担保実行手続の処理に巻き込まれるおそれがあるので、先順位担保権者が希望しない時期に回収フェーズに移行せざるを得ないリスクが存在する。そのため、有担保でのローン提供においても、先順位の担保権者の債権管理の制約となるリスクを避ける目的で、ネガティブ・プレッジ

条項を設ける意義はある[41]。

　では、ネガティブ・プレッジ条項に違反した場合、レンダーとしてどのような救済手段をとることができるだろうか。実は、この点については、日本法よりも、より広範な救済手段がレンダーに認められる可能性がある。すなわち、日本法のもとでは、その違反時には、他の誓約事項と同様、レンダーは、対応する借入債務の期限の利益の喪失、債務者に対する損害賠償を請求できる反面、違反して設定された担保権自体を排除したり、かかる担保権を取得した第三者に対して損害賠償その他の請求を行うことは難しい[42]と考えられる。他方、英国法のもとでは、ネガティブ・プレッジ条項の存在を知りながら担保権を取得した者に対して、かかる条項の存在を理由として、当該担保権に優先する、またはこれと同順位となる担保権の主張や損害賠償の請求が可能ではないかという点について検討がなされている[43, 44]。このように、英国法またはその他の適用法令のもとでの解釈によっては、ネガティ

---

[41] もっとも、クロスデフォルト条項のもとでは、担保提供の有無にかかわらず、劣後債務のデフォルトにより優先債務もデフォルトになり得るため、かかる問題は、ネガティブ・プレッジ条項のみの問題ではない（クロスデフォルト条項の除外規定や、必要に応じて債権者間協定での対応が必要となる。）。ただ、クロスデフォルト条項に基づきデフォルトさせるか否かはレンダーの裁量が認められている反面、後順位担保権者による担保実行の申立ての場合、回収フェーズに強制的に移行させられる点で、必ずしも、両者のリスクを同一に論じることはできないと思われる。

[42] Tea Break「ネガティブ・プレッジ条項の違反時に期待される第三者に対する法的効果」121頁でも触れているが、日本の対抗要件制度のもとでは、善意者だけでなく、悪意の者も基本的に保護されるため、たとえ担保権を取得した第三者がネガティブ・プレッジ条項の存在を知っていたとしても、その者に対して、物権的な請求（優先する担保権の設定や設定された担保権の排除）も、債権的な損害賠償請求も難しいと考えられる。

[43] LMAのシンジケート・ローン契約のフォームについて解説を行ったSue Wright, International Loan Documentation（Palgrave Macmillan 2006）でも、その149頁において、ネガティブ・プレッジ条項の違反時に期限の利益喪失ができるが、それではレンダーが保護されないことを述べた上で、次のように述べ、悪意の第三者との関係では、レンダーがより広く保護される可能性を示唆している（"The position may be different if the person taking security knew, or should have known, that that security was given in breach of the negative pledge"）。

[44] なお、レンダーが担保提供を受ける場合には、かかる観点から、表明保証において担保設定等を妨げる誓約等が存在しない旨の条項は、重要となる。

ブ・プレッジ条項について日本法よりもレンダーに対してより有利な効果が認められる可能性がある。筆者の知る限り、この論点に関して、英国法やアジアの法曹実務において判例・通説により確立した法理論が存在するわけではないため、あくまで実務的に「期待」する程度に留まるが、日本国内におけるシンジケート・ローン実務との（少なくとも感覚的な）違いとして、認識しておくことは有益であろう。この点は、非常に複雑な法的検討を要する論点でもあるため、紙面の都合上、本文で詳細な解説を行うことは避けるが、Tea Break「ネガティブ・プレッジ条項の違反時に期待される第三者に対する法的効果」(121頁) でもう少し詳しく概要を説明している[45]。興味のある方は、当該Tea Breakを参照されたい。

それでは、以下規定例を見てみよう。まずは、担保提供を禁止する箇所について、解説する。

(b) **条項の内容**

> (Negative Pledge)
> (a) The Borrower shall not, and shall procure that no other member of the Group will, create or permit to subsist any Security over any of its assets.
> (b) The Borrower shall not, and shall procure that no other member of the Group will:
>   (i) sell, transfer or otherwise dispose of any of its assets on terms whereby they are or may be leased to or re-acquired by any member of the Group;

---

[45] なお、日本において、ネガティブ・プレッジ条項の効果について詳細な議論がなされた文献は少ないが、米国におけるネガティブ・プレッジ条項に係る学説・判例の動向にも触れながら、日本法のもとでのネガティブ・プレッジ条項の意義・効果を論じるものとして、道垣内弘人「ネガティブ・プレッジ条項の効力」谷口知平先生追悼論文集『(2)契約法』312頁（信山社、1993年）、松岡久和「クロスデフォルト条項・ネガティブプレッジ条項の民事法検討」ジュリ1217号2頁が参考となる。

> sell, transfer or otherwise dispose of any of its receivables on recourse terms;
> (ii) enter into any arrangement under which money or the benefit of a bank or other account may be applied, set-off or made subject to a combination of accounts; or
> (iii) enter into or permit to subsist any other preferential arrangement having a similar effect;
>
> provided that the arrangement or transaction is entered into primarily as a method of raising Financial Indebtedness or of financing the acquisition of an asset.

　前半では、ボロワー自らの担保提供とともに、ボロワーのグループ[46]についても同様に担保提供を禁止している。グループをどこまで対象範囲に含めるかは、与信の前提次第となる。なお上記(a)で"Permit to subsist"（存続することの許容）とあるのは、日本での先取特権のように、当事者の担保設定の合意を要さず法律上当然に発生する担保権であっても、本条項の対象に含めるためである。

　後半の(b)は、担保提供自体ではないが、実質的に担保提供と同様の効果を有する行為を禁止する条項である。かかる行為を、「準担保」(Quasi-Security。Quasiは、クウェイザイ、クアージ、クアーシなどと読み、「準じた」という意味のラテン語である。）の禁止と呼ばれることもある。上記の条項例では、キャッチオール条項とともに、リースバックや再取得が可能な売却等の処分、リコース条項付き（譲渡債権の支払いに不履行が発生した場合に売主に遡及できる条項）の債権譲渡、相殺等が可能とされる預金口座等の設定を、禁止対象として明記している。

　かかる条項の内容は、"Security"をどのように定義付けするかにもよる

46　グループ（Group）の定義は、第1節 **1** を参照。

ところであるが、この点について上記条項例では、比較的シンプルに以下のような定義を設ける前提で作成されたものである。

> "Security" means a mortgage, charge, pledge, lien, encumbrance, hypothecation, security assignment or other security interest securing any obligation of any person or any other agreement or arrangement having a similar effect.

"Mortgage"（モーゲージ）、"Charge"（チャージ）、"Pledge"（プレッジ）、"Lien"（リーエン）、"Encumbrance"（エンカンバンス、エンカンブランス）、"Hypothecation"（ハイポセケーション）といった担保権（あるいは担保契約）の総称として使用されることの多い用語や英国法系の国で担保として使用されることの多い"Assignment"（アサインメント）の例示に加えて、漏れのないよう、その他の債務を担保する担保権一般およびこれに準じるものといったキャッチオール文言を加えた定義となっている。なお、以下で除外規定について紹介してるが、SPCを利用した証券化等の取引など詳細な除外規定を設ける必要のない取引などでは、担保権の定義自体において"Quasi-Security"をカバーする比較的詳細な内容[47]とした上で、ネガティブ・プレッジ条項は、シンプルに(a)に近い規定に留める例も見られる。

---

47 例えば、"other security interest or preferential arrangement of any kind or nature whatsoever, including, without limitation, any conditional sale or other retention of title agreement and any financing lease having substantially the same effect as any of the foregoing"といった規定が加えられる。

Tea Break
担保権を巡る用語の難解さ
―いかなる訳語を当てるか？

　法律概念についてどのような英単語・日本語を用いるかは非常に悩ましい問題である。もともと英語と日本語の違いが存在するのは当然として、それに加えて、法体系の違い、各国において「英語」の違いに由来して、同一の英単語であっても、使われる文脈や国によっては、異なる意味で使用される可能性がある。なかでも担保権を巡る用語も、各国のファイナンスの歴史とともに独自の発展・展開がなされたことを背景に、日本法にない類型の担保権が存在したり、各地域によって用語の使用方法や選び方に違いが見られるなど、複雑な様相を呈している。

　例えば、担保権を意味する定義語としても、本文で紹介した"Security"のほかに、"Security Interest"や"Encumbrance"という用語も使用される。これに加えて、"Lien"、"Charge"、"Mortgage"といった用語が使用されることもあるが、これらの用語は、担保権の総称としての意味に加えて、狭義ではそれ自体がある特定の類型の担保権を意味する（第6章参照）。また、一般的な英和辞書等の中には、"Mortgage"について抵当権と和訳する例も見られるが、"Mortgage"は英国法および英国法に由来する法体系では、担保権者側に対象物件の所有権が移転する類型の担保権（日本でいう譲渡担保型の担保権）を意味することが多く、また、その対象は必ずしも不動産に限られない[48]という点で、日本の抵当権とは異なる。また、英文契約において見られる"Lien"（リーエン）も、日本人には非常にわかりづらい概念である。英和辞典では、先取特権と訳されていることもある

48　「譲渡抵当」との訳語が当てられることがあるのは、そのためである。

が、"Lien" は、もともとは、物上代位性のない一種の法定担保として留置権に近い概念であり、それが時代の変遷とともに発展、変化し、現在では、先取特権型の担保権に近い形態や、合意でも設定できる形態などに広く派生しており、日本語で一義的に定義することは難しい。

　また、担保権自体ではないが、"Debenture"（ディベンチャー）という単語も文脈によって違う意味を有する。すなわち、"Debenture" は、社債などのデット性の有価証券一般（債券）を意味する用語として用いられることも多いが、シンガポール、マレーシアなど一定の国では、一定の担保権の設定契約が "Debenture" と称される[49]。

　上記のように、契約書で使用される用語は一般的な辞書を引くだけでは理解できないことも多く、そのため、特定の単語について一定の意味があることを当然の前提として使用するのは誤解や当初想定していた意味と異なる解釈がなされる可能性がある。契約書その他の文書の作成や外国の当事者と交渉・質問のやりとりを正確かつスムーズに行うためには、適切な定義を設けることや、無理に、また安易に「ひとこと」で説明しようとせず、その意図するところをある程度丁寧に説明する意識が重要となる。

　もっとも、ボロワーの通常の事業活動の過程で法律上当然に発生する担保権が存在することも想定される。そのため一律かつ全面的に上記条項を適用してしまうと、ボロワーの事業運営に著しく支障をきたす可能性もあるため、ボロワーの事業活動を必要以上に制約することのないよう、ネガティ

---

[49] もともとは、債務の存在を確認（acknowledge）する証書（一般的な辞書では、債務証書との訳語が当てられることがある）を意味する用語であるが、かかる国では、"Debenture" に、担保権の設定条項が組み込まれることが常態化していることがその背景にあると考えられる。

ブ・プレッジ条項について、適切な除外規定を設けることが必要となる場合が多い。一例を挙げると、以下のような規定ぶりとなる。

(c) Paragraphs (a) and (b) above do not apply to:
 (i) any Security listed in Schedule [   ] (Existing Security) except to the extent the principal amount secured by that Security exceeds the amount stated in that Schedule;
 (ii) any netting or set-off arrangement entered into by any member of the Group in the ordinary course of its banking arrangements for the purpose of netting debit and credit balances;
 (iii) any lien arising by operation of law and in the ordinary course of trading provided that the debt which is secured thereby is paid when due or contested in good faith by appropriate proceedings and properly provisioned;
 (iv) any Security over or affecting any asset acquired by a member of the Group after the date of this Agreement if:
  (A) the Security was not created in contemplation of the acquisition of that asset by a member of the Group;
  (B) the principal amount secured has not been increased in contemplation of, or since the acquisition of that asset by a member of the Group; and
  (C) the Security is removed or discharged within [   ] months of the date of acquisition of such asset;
 (v) any Security over or affecting any asset of any person which becomes a member of the Group after the date of this Agreement, where the Security is created prior to the date on which that person becomes a member of the

Group, if:

　　(A) the Security was not created in contemplation of the acquisition of that person;

　　(B) the principal amount secured has not increased in contemplation of or since the acquisition of that person; and

　　(C) the Security is removed or discharged within [　　] months of that person becoming a member of the Group;

(vi) any Security created pursuant to any Finance Document;

(vii) any Security over property to be acquired pursuant to the provisions of Finance Documents provided that the Security is given to secure financing for the purchase of that property; or

(viii) any Security or securing indebtedness the principal amount of which (when aggregated with the principal amount of any other indebtedness which has the benefit of Security given by any member of the Group other than any permitted under paragraphs (i) to (vii) above) does not exceed [　　] (or its equivalent in another currency or currencies).

　上記の条項例では、許容される担保権として、①別紙で明示された既存の担保権、②決済などの通常の銀行取引において設定されるネッティングや相殺の取り決め、③通常の業務活動の過程において、法律上当然に設定される

リーエン[50]で、期限において支払われるもの、または適切な手続によって誠実に（good faith）争われているもの、④契約締結後の担保付きの財産の取得または担保付きの債務を負担する者が子会社等になる場合に、一定の期間以内に当該担保が解除・消滅することを条件とした、当該担保権、⑤融資関連書類に基づき設定された担保権、⑥融資関連契約で許容された財産取得目的の調達資金のために当該取得財産に対して設定される担保権、⑦ボロワーおよび子会社の総額ベースで一定額以下の債務のために設定される担保権が許容されている。

Tea Break
ネガティブ・プレッジ条項の違反時に期待される第三者に対する法的効果

　近年、日本国内でもコベナンツファイナンスで構成されるシンジケート・ローン契約が増加する傾向にあり、日本国内の取引であっても、ネガティブ・プレッジ条項を見掛ける機会も少なくない。日本法のもとでネガティブ・プレッジの法的効果を分析した場合、基本的に他の誓約条項と異なる特別な効果は認められない。すなわち、ネガティブ・プレッジ条項もボロワーとの間の債権的合意にすぎず、ボロワーが本条項に違反して第三者（かかる第三者を以下「担保取得者」という。）に対して設定した担保権も有効に成立し、対抗要件を具備してしまうため、たとえ当該第三者がネガティブ・プレッジ条項の存在を知っていたとしても、かかる担保権を排除することは原則として認められない。また、かかる対抗要件制度のもとで保護される担保取得者に対して、債権侵害を理由として損害賠償を請求することも難しい

---

[50] リーエンの概要については、Tea Break「担保権を巡る用語の難解さ―いかなる訳語を当てるか？」（117頁）も参照されたい。

と考えられている[51]。そのため、違反した場合の効果としては、シンジケート・ローン契約の条項に基づくローン債務の期限の利益の喪失による早期回収や、ボロワーに対する義務違反に基づく損害賠償請求が考えられる。もっとも、ネガティブ・プレッジ条項に違反してまで資金調達が必要な場面では、既にボロワーの財産状態が相当程度悪化している場合も多く、このような状況下で第三者に対する担保権設定によりボロワーの財産の大半の価値が掌握されてしまうと、期限の利益の喪失による早期回収や損害賠償請求による法的救済が実質的に極めて困難となる可能性も高い。そのため、日本実務でのネガティブ・プレッジ条項は、その違反時における事後的な救済を期待して設けられるというよりも、あくまで誓約事項を通じてボロワーに心理的プレッシャーをかけることによりボロワーが過剰債務に陥ることを防止するという予防的な効果に主眼が置かれていると評価できる。

他方、クロスボーダー・ローン実務では、ネガティブ・プレッジ条項について、ボロワーに対する債権的な誓約の枠を超えて、担保取得者あるいはその者に設定された担保の効力に対する一定の効果に期待してかかる条項が設けられると説明されることがある。紙面の都合上この点について詳細に解説することはできないが、アジアのファイナンス取引で頻繁に目にする"Equitable Interest"の概念も関係するところでもあるので、概要について、以下簡単に解説する。

英国をはじめとするコモンローの国では、ある権利が認められるた

---

[51] 日本の対抗要件制度のもとでは、原則として悪意の第三者も保護される（法律用語としての「悪意」とは、一般用語とは異なり、ある事実または状況を知っている状態を意味する。）。このため、仮に不動産の二重譲渡がなされた場合に、後続の権利取得者が対象不動産が既に処分されていることを知っていたとしても、そのような第三者に対して債権侵害を理由として損害賠償を求めることは難しいというのが判例（最二小判昭30.5.31（民集9巻6号774頁））の立場である（学説上は強い批判もある。）。かかる判例のもとでは、ネガティブ・プレッジ条項に違反した第三者への担保権設定がなされた場合に、かかる第三者に対して、担保権が設定されたことにより回収できなくなった債権相当額の損害賠償（いわゆる債権侵害）を求めることは難しいと考えられる。

めに判例法(制定法がある場合には制定法も)で必要と考えられる要件の一部を欠いた場合でも、その法の趣旨に鑑み支障のない範囲で、一定の権利が認められ、救済される余地がある。後者の法的な根拠を"Equity"(エクイティ)といい(衡平法を意味する)、かかるエクイティに基づき認められる権利は、"Equitable Interest/Right"(以下「エクイティ上の権利」という。)と称される[52]。担保権の領域でも一定の範囲でエクイティ上の権利(エクイティ上の担保権)が認められているが、そのうちの1つの類型が、担保権が第三者に対する対抗要件(perfection)を備えていない場面で認められることである。すなわち、この場合、既に担保提供がなされていることを知りながら担保対象財産に担保権その他の権利を取得した者に対しては、既存の担保権者は、自らの担保権の存在を主張することができる権利がエクイティ上の権利として認められ得ると考えられているようである。

　かかるエクイティ上の権利の存在を背景として、上記ネガティブ・プレッジ条項についても、その条項の存在を知りながら担保権を取得した者に対して、同様のエクイティ上の権利を主張できないかとの議論が英国では存在する。この点については、少なくとも単に担保権の設定を禁止するという消極的な合意に対してエクイティ上の権利は発生しないという意見が強いようであるが、"Automatic Security Negative Pledge"と称される条項、すなわち違反した場合に自動的に同順位または先順位の担保権が設定される旨の規定が設けられた場

---

[52] なお、このような記載をすると、エクイティ上の権利が、非常に特殊・例外的な権利との印象を持ちやすいが、長い判例の歴史の中で確立された権利も多く存在し、その権利を前提に取引が進められることも多いため、必ずしも日本の公序良俗違反、権利濫用などの一般条項と同列に論じることができるものではないことに注意が必要である。

合[53]には、契約締結時点で停止条件付きでエクイティ上の担保権等が設定され、後続の担保取得者に対してかかる権利の存在を取得できるのではないかという意見も存在するようである[54, 55]。また、悪意の担保取得者に対する損害賠償の可能性については、日本よりも肯定的に論じられているようである。

　最終的にアジアのクロスボーダーのシンジケート・ローン契約に基づき上記のような第三者に対する効果が認められるかは、適用される法制度およびその解釈次第であり、かつかなり複雑な法的検討が要求される難しい論点である。少なくとも筆者の知る限り、アジア諸国においてこの点について通説・判例といえる見解が存在する国はないと

---

[53] このような条項として、例えば "If the Borrower creates or permits to subsist any Security contrary to the above, all the obligations of the Borrower hereunder shall be automatically and immediately secured upon te same assets equally and ratably with the other obligations secured thereto"（Encyclopaedia of Banking Law, para K [2010] 参照）との規定が考えられる。

[54] 英国のファイナンス実務ではかかる "Automatic Security Negative Pledge" が頻繁に利用されているとの見解も見られるが、LMAやAPLMAもそのシンジケート・ローンのフォームでは、かかる条項は採用していない。筆者の経験上も、アジアのシンジケート・ローンでは、あまり見受けられない。なお、道垣内教授の文献（道垣内・前掲注45・327～328頁）では、自動的に担保権設定を認めるアファーマティブな条項を設けた場合に、第三者への担保設定それ自体が債務不履行とはならない旨の見解が述べられている。この点は規定をどのような文言・内容とするのかによるところでもあるが、少なくともネガティブ・プレッジに期待する牽制効果が薄れるという側面は認められるかもしれない。このように、一概に、アファーマティブな条項がレンダーの利益となるとはいえない可能性もある。

[55] なお、米国でも同様の議論がなされており、この点についていくつかの判例も存在するようである。なお、米国のローン実務でも、ネガティブ・プレッジ条項の違反時に自動的に優先順位・同順位の担保権を設定する義務を負わせる、または設定されたものとみなす旨の条項（米国実務では、かかる条項は、それぞれ、"Conditional Negative Pledge"、"Affirmative Pledge" と称され、そのような条項のないもの（Absolute Negative Pledge）との対比において議論されている。）を加える試みもなされている。この点の動向を含めた米国でのネガティブ・プレッジ条項に係る議論については、前掲の道垣内教授の文献（道垣内・前掲注45）が詳しく検証を加えている。同文献によると、米国実務では、どのような形態にするかにかかわらず、ネガティブ・プレッジ条項の対第三者効力について否定的な見解が強いようである（道垣内・前掲注45・322、327頁参照）。

思われる[56]。そのため、上記の効果に依拠して与信判断を行うことができる性質のものではなく、時間の限られた実際の交渉においてこの点について詳細な議論・交渉を行うことにどれだけ実益があるかは疑問もある[57]。もっとも、この点について概要を把握しておくことは、エクイティの概念や日本との実務的な感覚の違いの理解の一助にもなるものと思われる。

(c) **権限授与、法令の遵守**（Authorisations/Compliance with Laws）

(Authorisations)
The Borrower shall promptly:
(a) obtain, comply with and do all that is necessary to maintain in full force and effect; and
(b) supply certified copies to the Agent of,
any Authorisation required to enable it to perform its business in-

---

[56] なお、この点について本格的な議論を行う場合には、論点は多岐にわたる。例えば、ネガティブ・プレッジ条項の準拠法のもと（そもそも、その準拠法を決定する際に、いかなる基準によるのか（担保権の準拠法と同じように考えるのか）という点から各国の国際私法のもとでの議論となり得るが）で、①エクイティという概念、または対抗要件を備えていない担保権の設定者が保護される可能性はあるのか、②"Automatic Security Negative Pledge" とすることで上記の保護に違いがあるのか、③②が必要として、具体的内容としてどのような内容か（担保対象物件の特定性が求められる程度、停止条件の定め方や設定される担保権の順位（優先順位か、同順位の担保とするかなど）は適切か）、④①および②で認められる権利はどのような性質・内容のものか（英国実務では、エクイティ上の担保権ではなく、フローティング・チャージ（フローティング・チャージの説明は、第6章第1節**4**(2)参照）が認められ、第三者の発生によって確定・結晶化するという意見もあるようである。この場合、⑤との関係で、誓約時、すなわち契約締結時に必要な登録をしなければ、無効となってしまう可能性がある）、⑤ネガティブ・プレッジ条項のもとで認められる権利について、会社法等のもとでの登録が要求されるか、されるとしてどのタイミングでの登録が要求されるのかといった点が検討すべきポイントとして挙げられる。
[57] 道垣内・前掲注45・327頁でも、「時間と経費をかけてネガティブ・プレッジ条項を整えることをやめるべきだとする」米国実務での意見も紹介されている。

> cluding, without limitation, obligations under the Finance Documents and to procure the legality, validity, enforceability or admissibility in evidence in its jurisdiction of incorporation of any Finance Document.
>
> (Compliance with Laws)
> The Borrower shall comply in all respects with all laws to which it may be subject, if failure so to comply would materially impair its ability to perform its obligations under the Finance Documents.

　前半は、ボロワーがその融資関連契約に基づく義務の履行を含む事業の実行を可能とするため、および融資関連契約の適法性、有効性、執行可能性およびその設立準拠法における証拠をしての適格性を確保するために、必要な一切の許認可等を取得・維持し、その認証された写しをエージェントに交付すべき義務を定め、後半は、ボロワーの融資関連契約の履行能力に重大な悪影響を及ぼし得る法令について遵守すべき義務を定めている。いずれも、日本国内のローン契約であっても通常規定される条項であり、ある意味で当然の内容を定めたものともいえる。

　もっとも、かかる条項によって具体的などのような許認可等や法令が想定されるのかという点には、一定の留意が必要である。その法制度や地域の特性によって、日本とは異なる制度やリスクが存在することから、これらの誓約を通じて、レンダーがモニタリングする際に注意しなければならない点も異なり得るためである。

　まず、"Authorisations" との関係では、外国為替制度を含む中央銀行の規制のもとで、義務の履行に際して現地通貨の送金や外貨の購入について、現地の中央銀行から特別の許可・承諾を取得しなければならない可能性がある点に留意が必要である。その承諾が必要な場合には、その手続に、一定期間を要するなど、実務的な負担が相当程度発生するおそれもある。こういっ

た点も考慮に入れた上で、スケジュールを含めた期中のワークフローを考える必要がある。なお、ボロワーの所在国自体の財政が悪化した場合に、当該国が外貨へのアクセスを制限することで国外への資金の流出を防止するリスクが理論上は存在するが、アジアの国の中には相対的にかかるリスクが高い国も含まれていること[58]も念頭に置いておくべきであろう。

　また、ボロワーが政府機関その他のソブリンである場合には、債務負担のために対応する予算が設定されることがボロワーの設立準拠法上求められることが通常である。そのため、毎年返済のために必要な予算を適用法令のもとで適切に設定させることが必要となる。この点については、文言上は、上記の"Authorisations"や法令遵守に係る誓約規定でもカバーされているが、非常に重要な点であるため、別条項を設けることが望ましいだろう。

　また、法令遵守との関係でも、アジアの地域特性に応じた留意点が存在する。まず、シンガポールを除き、アジアの各国において、汚職のまん延が大きな社会問題であると考えられている[59]。また、マネーロンダリングやテロリストに関与するリスクも日本国内の取引よりも高い状況にあると考えられている。高度のリスクがあると考えられる分野については、必要に応じて、関連する法令や規制等を特定して明確に規定する、あるいは別条項を設けるといった方法で、ボロワーに対する牽制力をより高めることも必要になり得る。

---

[58] Standard&Poor's Rating Services, Sovereign Rating And Country T&C Assessments（2014）(https://www.standardandpoors.com/servlet/BlobServer? blobheadername3=MDT-Type&blobcol=urldata&blobtable=MungoBlobs&blobheadervalue2=inline%3B+filename%3DTC_Assessments_2_7_14.pdf&blobheadername2 =Content-Disposition&blobheadervalue1=application%2Fpdf&blobkey=id&blobheadername1=content-type&blobwhere=1244377821483&blobheadervalue3=UTF-8) 参照。

[59] 汚職に関する調査レポートも複数存在する。例えば、Jones Days「汚職行為防止法に関する調査2013　〜東南アジア編〜」(http://jonesday-tokyo.jp/publications/Anti-Corruption%20Regulation%20Survey%202013_South%20East%20Asia%20(Japanese%20Translation).pdf)。

(d) 財産の処分・取得（Disposal/Acquisition）

ボロワーによる財産の処分・取得は、その事業運営・財務状況に大きな影響を与える可能性がある。そのため、会社の規模、事業の性質、ボロワーの財務状態などによっては、ボロワーによる財産の処分・取得を禁止・制限する必要がある。

> (Disposal)
> (a) The Borrower shall not, and shall procure that no other member of the Group will, enter into a single transaction or a series of transactions (whether related or not) and whether voluntary or involuntary to sell, lease, transfer or otherwise dispose of any asset.
> (b) Paragraph (a) above does not apply to any sale, lease, transfer or other disposal:
> 　(i) made in the ordinary course of trading of the disposing entity on arm's length term;
> 　(ii) of obsolete assets or assets no longer required for the purpose of its business; or
> 　(iii) where the higher of the market value or consideration receivable (when aggregated with the higher of the market value or consideration receivable for any other sale, lease, transfer or other disposal by members of the Group, other than any permitted under paragraphs (i) and (ii) above) does not exceed [　　　] (or its equivalent in another currency or currencies) in any financial year.

まず、財産の処分を制限する条項である。上記の規定例では、ボロワーおよび子会社等による財産の（賃貸も含む。）処分（強制的なものを含む。）を原

則として禁止した上で、通常の業務の一環として公正（アームズレングス）な条件で行われるもの（例えば、棚卸資産の売却等）、事業運営において不要となった資産の処分のほか、各会計年度ごとに総額（市場価格または処分価格）ベースで一定金額（threshold）に収まる処分を許容している。

> (Acquisitions)
> (a) The Borrower shall not, and shall procure that no other member of the Group will, acquire any company, business, assets or undertaking or make any investment on normal commercial terms.
> (b) Paragraph (a) above does not apply to an acquisition or investment:
>   (i) which is in respect of assets or businesses in the same nature and of the same scope as the Group's business as conducted on the date of this Agreement; and
>   (ii) the value of which acquisition or investment (when aggregated with the value of all other acquisitions and investments permitted under this Clause and made in the same financial year) does not exceed [   ],
> provided that such acquisition or investment does not result in a breach of any Authorisation or of any other provision of Financial Documents.

次に財産の取得に係る条項であるが、かかる取得が許認可等の付与条件や本契約や融資関連契約に違反しない範囲で行われるものであり、契約締結時点でのボロワーグループの事業の性質・対象に一致する財産の通常の取引条件の取得で、かつ各事業年度ごとの総額ベースで一定額（threshold）に収まる取引が許容されている。

(e) 信用の供与（Loans and guarantees）

> The Borrower shall not, and shall procure that no member of the Group will, make or allow to subsist any loans, grant any credit or give or allow to remain outstanding any guarantee or indemnity (except as required under any of the Finance Documents) to or for the benefit of any person or otherwise voluntarily assume any liability, whether actual or contingent, in respect of any obligation of any person.

金融機関等を除くと、他の会社に対する融資の実行や第三者の債務のための保証債務の負担は、通常の事業活動としては想定されないことが多く、第三者の信用リスクを追加で負担するものとして、ボロワーの財務状況に悪影響を及ぼす可能性がある。そのため、上記の条項例では、ローンの提供、保証、補償などの信用の供与や、第三者の債務（条件付きのものを含む。）の引受けを全面的に禁止している。なお、事業会社でもグループ内でキャッシュマネジメントシステムを採用している場合などは、それは除外することになろう。また、子会社に対する追加出資を一定範囲で許容する場合には、株主ローンの形で拠出することも許容することが多いため、本条での手当てが必要になると思われる。

(f) 金融債務の負担（Financial Indebtedness）

> (a) The Borrower shall not, and shall procure that no other member of the Group will, incur or permit to remain outstanding any Financial Indebtedness.
> (b) Paragraph (a) above does not apply to:
> 　(i) any Financial Indebtedness incurred pursuant to any Finance Documents; or

> (ii) any Financial Indebtedness the principal amount of which (when aggregated with the principal amount of any other Financial Indebtedness incurred by any member of the Group except any permitted under paragraph (i) above) does not exceed [   ] (or its equivalent in another currency or currencies) in each financial year.

　ボロワーが過剰債務を負担することを制限する目的の規定である。債務負担については上述のFinancial Covenantsにおいても制限されることになるが、その内容や効果に鑑み、より直接的に債務負担を制限することが必要と考えられる場合には、個別の規定を設けることになる。上記では、融資関連契約に基づき負担する債務のほか、各会計年度ごとに元本総額が一定額を超えない金融債務の負担を許容している。

(g) **支配権の変動**（Change of Control）

> The Borrower shall procure that the Shareholder remains as the major shareholder with shareholding of no less than [   ] % of the issued and voting share capital of the Borrower at all time.

　いわゆる、COC条項と呼ばれる条項であり、ボロワーの事業運営に対して実質的な支配・コントロールを及ぼしている者が存在し、かつレンダーの与信においてこの点が重要な判断要素となる場合やSPC案件のようにストラクチャー上、一定の株主構成が倒産隔離措置等の関係で当然の前提となっている場合に、これらの変更を禁止する規定である。上記規定例では、大株主の存在が与信の前提となっている場合に、その株主の影響力が一定の水準（threshold）を下回らないようにすることを誓約させている。また、同様の趣旨から、ボロワーのビジネスに欠かせない者がDirector等に留まることを要求する規定（Key Person条項などと称される）が設けられることもある。

(h) 保険 (Insurance)

> The Borrower shall (and shall procure that each other member of the Group will) maintain insurances on and in relation to its business and assets with reputable underwriters or insurance companies against those risks, and to the extent, usually insured against by prudent companies located in the same or a similar location and carrying on a similar business.

ボロワーが自ら、またはその子会社等をして、同一・同種の地域において同種事業を行う会社がその事業・財産について通常付すべき保険を、定評のある保険会社等から調達すること（またはさせること）を求める条項である。いかにコベナンツを詳細に定めたとしても、ボロワーの事業・財産について、不測の事態が生じ、大きな損害が発生する可能性を完全に除去することは不可能である。かかるリスク（発生の可能性・発生した場合の被害の規模）に対して、費用対効果の観点から効果的な保険を付保することができるかどうか、そのような付保がなされているかどうかは、与信の観点からも非常に重要であるため、適切な保険の加入を明示的に誓約させることも多い。

(i) 追加措置 (Further Assurance)

> The Borrower shall from time to time on request by the Agent (or by any other Finance Party through the Agent) do or procure the doing of all such acts and will execute or procure the execution of all such documents as any Finance Party may reasonably consider necessary for giving full effect to each of the Finance Documents or securing to the Finance Parties the full benefits of all rights, powers and remedies conferred upon the Lender in any of the Finance Doc-

> uments.

　ファイナンス関連契約において想定しているレンダーの権利・救済手段を有効とするために必要な追加措置を行うことを誓約させる規定である。日本のファイナンス契約では担保契約などで同様の規定を見掛けることもある、一種のキャッチオール条項である。もっとも、アジア各国では、法制度が必ずしも確定・安定していない国も多く、政治主体の変更により法律またはその解釈の変更があり、かつ改正前に実行された取引もかかる変更から除外されないリスクは、比較的高く、本条項を設ける意義も相対的に高いと評価することが可能だろう。

第8節 失期事由（Event of Default）

1 日本の期限の利益喪失事由との違い

　期限の利益喪失事由として、失期事由（Event of Default）が規定されている。ボロワーが負っている債務の期限の利益を喪失させる事由として共通するが、いくつか海外シンジケート・ローン案件において留意すべき点がある。

(1) デフォルト（Default）と失期事由（Event of Default）

　まず、デフォルトと失期事由の用語の使い方を確認する必要がある。典型的なローン契約においては、それぞれ以下のとおり定義される。

> "Default" means an Event of Default or any event or circumstance specified in Clause [　　] (Events of Default) which would (with the expiry of a grace period, the giving of notice, the making of any determination under the Finance Documents or any combination of any of the foregoing) be an Event of Default.

> "Event of Default" means any event or circumstance specified as such in Clause [　　] (Events of Default).

　日本語ではデフォルトという用語を、債務の不履行が発生し、かつ、治癒期間等を徒過している状態を指して使っているケースも散見されるが、デ

フォルトには上記の定義のとおり、時の経過や通知等により失期事由を構成する事由（潜在的デフォルト事由）が含まれることになる。デフォルトと失期事由という用語はローン契約中に本条以外の至る箇所に出てくるため、その意味については正確に理解しておく必要がある。

(2) 当然失期事由と請求失期事由

日本のローン契約においては、レンダーからの失期通知がなくても当然に期限の利益を喪失する当然失期事由とレンダーからの失期通知により初めて期限の利益が喪失する請求失期事由が区別されて規定される。しかしながら、クロスボーダーのシンジケート・ローンにおいては、請求失期事由のみ規定されていることが多い。具体的には以下の主旨の条項が入っている。

> On and at any time after the occurrence of an Event of Default which is continuing the Agent may, and shall if so directed by the Majority Lenders, by notice to the Borrower:
> (a) cancel the Total Commitments, at which time they shall immediately be cancelled;
> (b) declare that all or part of the Loans, together with accrued interest, and all other amounts accrued or outstanding under the Finance Documents be immediately due and payable, at which time they shall become immediately due and payable; and/or
> (c) declare that all or part of the Loans be payable on demand, at which time they shall immediately become payable on demand by the Agent on the instructions of the Majority Lenders.

上記規定により、失期事由が発生した場合、エージェントは、自らの判断で以下の全部もしくは一部を行うか、または多数レンダー（Majority Lenders）の指示があれば以下の全部もしくは一部を行う必要がある。

(a) 総コミットメント額（Total Commitments）を解約すること
(b) ローンならびに利息および費用の期限の利益を直ちに失わせること
(c) 多数レンダーの指示に従ったエージェントの請求によりローンの弁済期が到来する状態にすること

　海外シンジケート・ローンにおいても当然失期事由を入れることは可能であるが、そのようなケースは極めて少ない。むしろ、日本の当然失期限事由という規定自体が珍しい規定であるといえる。当然失期限事由は、日本の銀行取引約定書に一般的に組み込まれる日本では非常に一般的な規定であるが、かかる規定の背景には、銀行取引約定書が制定された当時、最高裁判所（最二小判昭32.7.19（民集11巻7号1297頁））は相殺と差押えの優先順位に関して制限説[60]の立場をとっていたため、当該要件を充足するために、預金の差押等の時点までに貸付債権等の弁済期が到来したことにして相殺の対抗を可能にしようとする意図があったとされる。しかしながら、現在、最高裁（最大判昭45.6.24（民集24巻6号587頁））は、無制限説[61]の立場を採用したため、かかる観点からは当然失期事由を規定する実質的な意義は失われている[62]。このため、ボロワーが日本法人であったとしてもローン契約において当然失期事由を入れる必要性は必ずしもないものの、慣習上、あるいは、一定の重大な事由に関して当然に期限の利益を喪失させるということに合理性がないわけではないことから、日本の案件では最高裁が無制限説の立場を採用した後も、当然失期事由が定められている場合が多い。

60　受働債権の弁済期より、自働債権たる貸付債権等の弁済期が先に到来する場合は（自ら受働債権に係る期限の利益を放棄するだけであるから）、自働債権の債権者たるレンダーは相殺をもって差押債権者等に対抗することができるという見解。
61　受働債権の差押等の前に自働債権を有している限りにおいて、自働債権と受働債権の弁済期の先後を問わず、自働債権の債権者は相殺をもって差押債権者等に対抗できるという見解。なお、現在審議中の民法改正法案においても、無制限説を前提とした規定を設けることが提案されている。
62　鈴木禄彌編『新版注釈民法(17)債権(8)』330頁〔鈴木禄彌＝山本豊〕（有斐閣、1993年）。

なお、英国法上の相殺の効力に関しては第11節 **2** を参照。

2 個別の失期事由（Event of Default）

上記 **1** で述べたとおり、当然に期限の利益が喪失される事由を設けるか否かという点で、日本と海外のシンジケート・ローンの実務は異なるが、より重要なことは、どのような事象を失期事由とするかという点である。以下では、海外におけるシンジケート・ローンで準拠法とされることが多い、英国法準拠のシンジケート・ローンの契約書で盛り込まれる代表的な失期事由を個別に検討する。

なお、失期事由を定める際のポイントは、どの時点で債権回収に支障が生じるかを判断し、それより前の段階で債権回収フェーズに移行できるようにする点にあることから、倒産法制を中心としたボロワーの所在地の法制度やボロワー自身の属性にも影響されるところであり、個別案件ごとに、ケースバイケースで判断していく必要があることには留意が必要である。

(1) 支払不履行（Non-payment）

> The Borrower does not pay on the due date any amount payable pursuant to a Finance Document at the place at and in the currency in which it is expressed to be payable unless:
> (a) its failure to pay is caused by (i) administrative or technical error, or (ii) a Disruption Event; and
> (b) payment is made within (i) (in the case of paragraph (a) (i) above) [　　] Business Days of its due date, or (ii) (in the case of paragraph (a) (ii) above) [　　] Business Days after the Disruption Event ceases to exist.

ボロワーが、いずれかの支払期限において、融資関連書類に従った、支払場所、支払通貨による支払いを怠った場合を失期事由とする趣旨の規定である。契約上定められた期限に支払いを行うことができないのは、ボロワーの支払能力が悪化していることを示す典型的な兆候であるから、代表的な失期事由であるということができる。

　ただし、支払不履行がボロワーの支払能力の悪化を意味しない場面も想定し得るところであり、そのような場面を除く趣旨で、(a)(i)事務的または技術的な不具合、または(ii)混乱事由（Disruption Event）による不払いの場合で、かつ、(b)(i)((a)(i)の場合）当該支払期限から一定の期間内、または(ii)((a)(ii)の場合）当該混乱事由が消滅してから一定の期間内に、支払いを行った場合は失期事由には該当しない旨の規定を置くことがある。(a)の場合は、システムトラブル等の事務的・技術的な問題で支払いが遅れたというような場合にまで債務不履行とするのはボロワーが受ける不利益が大きすぎるのに対し、レンダーの立場からも、ボロワーの支払能力が低下していないのであれば、あえて期限の利益を喪失させる実益に乏しいことから、失期事由を構成しないこととされる。同様に、混乱事由が生じたような場合は（なお、混乱事由の内容については第1節**1**を参照）、ボロワーは、債務を履行したくても履行できない状態にあると理解できることから、(b)の場合も(a)の場合と同様の趣旨で、失期事由を構成しないこととされる。なお、日本のシンジケート・ローンの実務でよく行われているように、支払不履行について、一定期間（数営業日程度）の治癒期間を設けることも考えられるところである。このような規定内容とする場合、レンダーの立場からは、支払不履行が支払能力の悪化を意味するような場面でも、一定期間の経過を待たないと期限の利益を喪失させることができないこととなり、その分債権回収フェーズに入ることが遅れることになることから、慎重な判断が必要となる。

(2)　財務コベナンツ（Financial Covenants）

　第7節**3**で解説されているとおり、ボロワーの支払能力をモニタリング

し、種々の対応ができるようにする趣旨で、財務コベナンツが設けられることがある。財務コベナンツを遵守できないことは、ボロワーの支払能力が悪化していることを意味することから、財務コベナンツを失期事由とすることとなる。具体的には、シンプルに、以下のような規定を設けることが考えられる。

> Any requirement of Clause [   ] (Financial covenants) is not satisfied.

(3) その他の義務の不履行（Other obligations）

契約によって、また、取引によって異なるところではあるが、第7節**4**で解説されているとおり、支払義務および財務コベナンツの遵守義務以外の義務も設けられる。その違反が直ちにボロワーの支払能力の悪化を意味するわけではない義務も存在するところであるが、義務の履行を促すための1つのサンクションとして、契約上定められた義務の違反と期限の利益喪失という効果とを結び付けることが多い。具体的には、以下のような規定を設けることが考えられる。

> (a) The Borrower does not comply with any provision of the Finance Documents (other than those referred to in Clause [   ] (Non-payment) and Clause [   ] (Financial covenants)).
> (b) No Event of Default under paragraph (a) above in relation to Clause [   ] will occur if the failure to comply is capable of remedy and is remedied within:
>   (i) (in relation to item [   ]) [   ] Business Days
> …

> of the earlier of (A) the Agent giving notice to the Borrower and (B) the Borrower becoming aware of the failure to comply.

　ボロワーが、融資関連書類のいずれかの条項（重複を避けるため、既に失期事由とされている支払不履行および財務コベナンツは除かれる。）に違反した場合を失期事由とした上で、義務内容に応じて個別に、(A)エージェントがボロワーに対して通知をした日および(B)ボロワーが当該違反を認識した日のいずれか早い方の日から一定期間の治癒期間を設けることが多い。

(4) 表明保証違反（Misrepresentation）

　表明保証は、貸付実行時点における事実関係を確定し、適切に融資審査をした上で貸付実行を行うための1つの手段となるが、第7節**1**(1)で解説されているとおり、表明保証が真実かつ正確であることは、貸付実行の前提条件となる。そのため、仮に、貸付実行時点で表明保証に誤りがあったような場合には、本来であれば貸付けは実行されなかったはずであり、レンダーの立場からは、貸し付けた金銭をすぐに回収すべきこととなる。そのため、表明保証違反は失期事由とされることが多い。具体的には、以下のような規定を設けることが考えられる。

> Any representation or statement made or deemed to be made by the Borrower in the Finance Documents is or proves to have been incorrect or misleading in any material respect when made or deemed to be made.

　融資関連書類でなされたまたはなされたと見做されるボロワーの表明保証のいずれかが、当該表明保証のなされた時点またはなされたと見做される時点において、重要な点で、不正確もしくは誤解を生じさせるものであったか、または不正確もしくは誤解を生じさせるものであったことが証明された

場合を失期事由とする趣旨の規定である。日本におけるシンジケート・ローンの実務と同様であるが、不正確であるという客観的な基準で判断し得る点に加え、「誤解を生じさせるものである」という主観的な判断を要する点までも対象とした規定とするかという点や、表明保証違反が発見された際にその治癒期間を設けるか、といった点が契約交渉の対象となり得ると考えられる。

(5) クロスデフォルト（Cross default）

(a) Any Financial Indebtedness of any member of the Group is not paid when due nor within any originally applicable grace period.

(b) Any Financial Indebtedness of any member of the Group is declared to be or otherwise becomes due and payable prior to its specified maturity as a result of an event of default.

(c) Any commitment for any Financial Indebtedness of any member of the Group is cancelled or suspended by a creditor of any member of the Group as a result of an event of default.

(d) Any creditor of any member of the Group becomes entitled to declare any Financial Indebtedness of any member of the Group due and payable prior to its specified maturity as a result of an event of default.

(e) No Event of Default will occur under this Clause [   ] if the aggregate amount of Financial Indebtedness or commitment for Financial Indebtedness falling within paragraphs (a) to (d) above is less than [   ] (or its equivalent in any other currency or currencies).

一定の企業グループ内に属するエンティティ（ボロワーを含む。）（以下「ボロワー関係者」という。）について生じた一定の事由を、ボロワーの失期事由とする趣旨の規定である。(a)は支払不履行、(b)は期限の利益喪失、(c)は債権者による融資確約の取消し、または停止、(d)は失期事由の発生を、それぞれクロスデフォルト事由とするものである。(e)は、金額の下限を設け、僅少な債務について生じた(a)から(d)までの事由により、ボロワーまで期限の利益を喪失してしまわないようにする工夫である。

このような規定の対象にボロワー以外の関係者を加えることが必ず必要となるわけではないが、日本企業がアジアの国に設立した子会社に対する貸付けを行う場合や、日本企業が関与するアジアにおけるプロジェクトに資金を提供するプロジェクトファイナンスなどにおいては、当該日本企業の存在が重要であると考えられることから、当該日本企業に上記(a)から(d)までの事由が生じたような場合に、子会社やプロジェクトに対する貸付けも期限の利益を喪失するように、クロスデフォルト条項を設けておくことも考えられるところである。

(6) 倒産状態（Insolvency）

ボロワーの支払能力が悪化したことを示す最も典型的な事象は倒産である（ただし、倒産してしまった後では、債権回収に支障が生じる可能性が高い。）。そのため、倒産に至る前の倒産状態になったことをもって、期限の利益を喪失させることができるようにするのが一般的な考え方ではないかと思われる。具体的には、以下のような規定を設けることが考えられる。

> (a) A member of the Group is or is presumed or deemed to be unable or admits inability to pay its debts as they fall due, suspends making payments on any of its debts or, by reason of actual or anticipated financial difficulties, commences negotiations with one or more of its creditors with a view to rescheduling

> any of its indebtedness.
> (b) The value of the assets of any member of the Group is less than its liabilities (taking into account contingent and prospective liabilities).
> (c) A moratorium is declared in respect of any indebtedness of any member of the Group.

(a)ボロワー関係者が、支払不能に陥り、支払不能であると見做され、または支払不能であることを認めた場合、いずれかの支払いを停止した場合、または、現実のもしくは予想される財務状態の悪化を理由として、1つ以上の債権者との間で、その債務の支払期限の延長に係る交渉を開始した場合、(b)ボロワー関係者が、債務超過となった場合（偶発的債務および将来発生することが予想される債務を考慮する。）、(c)ボロワー関係者の支払債務について、モラトリアムが宣言された場合を、それぞれ失期事由とする趣旨の規定である。

何をもって倒産状態とするかは、ボロワーの所在地国の倒産法制に影響される部分が大きい。例えば、日本においては、上記(c)のモラトリアムという制度は設けられていないことから、日本の企業をボロワーとする貸付けの場合には、当該規定は意味を持たないこととなる。どの程度現地の法制度を調査するかは、案件の重要度に応じて、ケースバイケースで判断せざるを得ないと思われるが、重要な案件については、案件の法律顧問を通じて、現地の法律事務所に現地の倒産法制の調査を依頼し、どのような事由が倒産原因として法定されているかを確認した上で、上記の規定内容を調整するのが望ましいと思われる。

なお、詳細は案件実施時に、それぞれの国の法律事務所に確認する必要があると思われるが、例えば、タイにおいては、債権者申立ての場合は、債務者が倒産状態にあり、かつ、200万バーツ（個人の場合は100万バーツ）以上の負債があることが倒産申立ての要件とされているなど、国によって倒産法制

も様々である。

(7) 倒産手続（Insolvency proceedings）

上記(6)で検討したとおり、ボロワーが倒産状態に陥った時点で期限の利益を喪失させられるようにしておくことで、回収困難な状況に陥る前に、債権回収フェーズに移行することができる。もっとも、レンダーが、ボロワーの財務状況を適時適切に把握できるとは限らないことから、レンダーが把握できていない状況で、ボロワーに係る倒産手続が開始されてしまう可能性も否定できない。そこで、倒産手続の開始あるいは申立てそのものも失期事由としておく必要がある。具体的には、以下のような規定を設けることが考えられる。

> Any corporate action, legal proceedings or other procedure or step is taken in relation to:
> (a) the suspension of payments, a moratorium of any indebtedness, winding-up, dissolution, administration, provisional supervision or reorganisation (by way of voluntary arrangement, scheme of arrangement or otherwise) of any member of the Group, provided, however, that this item (a) shall not apply to any winding-up petition which is frivolous or vexatious and is discharged, stayed or dismissed within [   ] days of commencement;
> (b) a composition or arrangement with any creditor of any member of the Group;
> (c) the appointment of a liquidator, receiver, administrator, administrative receiver, compulsory manager, provisional supervisor or other similar officer in respect of any member of the Group or any of its assets; or
> (d) enforcement of any security over any assets of any member of

> the Group,
> or any analogous procedure or step is taken in any jurisdiction.

　まず、(a)で、ボロワー関係者について、支払停止、モラトリアム、清算、解散、管理、暫定的管理または更生（任意の債務整理および法的制度による債務整理の双方を含む。）が申し立てられた場合を失期事由とする（ただし、当該手続の申立てが、根拠のないものまたは訴権を濫用したものである場合で、当該手続が開始されてから[　　]日以内に却下され、停止され、または棄却された場合は、失期事由とはならない。）。

　また、(c)で、ボロワー関係者またはその財産について、清算人、管財人（receiver、administrator、administrative receiver）、強制管理人、暫定的管理人または他の類似の管理人が選任された場合を失期事由とする。

　そして、ボロワー関係者の債権者との和解が成立した場合（(b)）やボロワー関係者の財産上の担保権が実行された場合（(d)）も失期事由とする。

　基本的には、この種の取引で準拠法に選ばれることが多い英国法をベースに、幅広く類似の手続をカバーすることができるような文言となっているが、特に(a)や(c)は、ボロワーの所在地の倒産法制に整合した規定内容とする方が望ましいため、案件の重要度に応じて、場合により、ボロワーの所在地の倒産法制を調査し、それに合わせて、条項の内容を調整することも考えられるところである。

(8)　債権者の申し立てた手続（Creditors' process）

> Any expropriation, attachment, sequestration, distress or execution affects any asset or assets of a member of the Group having an aggregate value of [　　] and is not discharged within [　　] days.

ボロワー関係者の一定金額以上の価値を有する財産に影響を及ぼす、収用、差押え、没収などの手続が行われた場合で、一定期間内に却下されなかった場合を失期事由とする趣旨の規定である。日本法で考えれば、仮差押え、保全差押え、差押えなどがこれに該当すると考えられる。

　ボロワーの債権者がこれらの手続を執った場合は、当該債権者による債権回収に支障が生じている可能性が類型的に高く、そのため、レンダーによる貸付金の回収には支障が生じていない場合であっても、近い将来貸付金の回収に支障を生じる事態に至る可能性が類型的に高いことを考慮して、失期事由とする趣旨の規定である。

(9)　ボロワーの保有者の変更（Ownership of the Borrower）

> The Borrower is not or ceases to be a subsidiary of the [　　].

　ボロワーが、特定の会社の子会社でなくなった場合を失期事由とする趣旨の規定である。実際にローン契約を締結する際には、何をもって「子会社」とするかを定義するのが望ましいと思われる。

　この規定は、例えば、アジアの国において、日本企業と現地企業が合弁（Joint Venture）で会社を設立し、金融機関が、かかる合弁会社に対する金銭の貸付けを行う場合に、審査基準の1つとして、日本企業が合弁会社の議決権の過半数（Majority）を有していることが条件となっていたような場合に（日本企業の信用力もある程度考慮して、与信審査をするような場合。なお、現実には、日本企業の信用力を考慮するのであれば、保証（Guarantee）を取得しておくのが望ましいと思われる。）、日本企業の保有する議決権が過半数でなくなった（すなわち、日本企業の子会社でなくなった。）場合には、貸付実行時の前提を欠くこととなることから、このような場合には期限の利益を喪失させられるようにしておく趣旨の規定である。

(10) 違法性（Unlawfulness）

> It is or becomes unlawful for the Borrower to perform any of its obligations under the Finance Documents.

　これは、ボロワーによる融資関連書類に定めるいずれかの債務の履行が違法となった場合を失期事由とする趣旨の規定である。このような場面では、近い将来、ボロワーが債務を履行できなくなる可能性が高いため、直ちに全額回収できるようにしておく必要があるために、このような規定が設けられている。
　（本条項は「ボロワーにとって」債務履行が違法となった場合について定めるものであるが、「レンダーにとって」債務履行が違法となった場合については第4節**1**参照。）

(11) 拒絶（Repudiation）

> The Borrower repudiates a Finance Document or evidences an intention to repudiate a Finance Document.

　ボロワーが、融資関連書類の効力を争い、または争う意思を明らかにした場合を失期事由とする趣旨の規定である。このような場面では、もはやボロワーによる任意の弁済を期待することはできないため、期限の利益を喪失させ、担保権の実行や強制執行を行うことができるようにする趣旨である。

(12) 対外債務に係るモラトリアム
　　　（Moratorium on External Indebtedness）

> The government of [Country Name], central bank of [Country

> Name]or any governmental agency of [Country Name] declares a moratorium, standstill or similar suspension of payments in respect of its External Indebtedness or the External Indebtedness of any person incorporated, domiciled, resident or situated in [Country Name].

　ボロワーの所在地国の政府、中央銀行または政府高官が、当該国または当該国で設立され、本拠を有し、居住し、または置かれている自然人または法人の対外債務について、モラトリアム、債務停止、または類似の支払停止を宣言した場合を失期事由とする趣旨の規定である。このような場面では、もはやボロワーによる任意の弁済を期待することはできないため、期限の利益を喪失させ、(少なくとも契約上は) 担保権の実行や強制執行を行うことができるようにする趣旨である。

　2002年にアルゼンチンが対外債務についてデフォルトに陥った例が有名であるが、近時の例では、ギリシャやウクライナが財政危機に直面した例も見られるところである。

(13)　重大な悪影響（Material adverse effect）

> Any event or series of events occurs which has a Material Adverse Effect.

　重大な悪影響を及ぼす事象が発生した場合を失期事由とする規定である。重大な悪影響の詳細については、第1節**1**参照。

第9節 債権譲渡・更改（Assignment and Transfer by Novation）

1 債権者による譲渡等（Assignments and transfers by the Lenders）

> A Lender (the "Existing Lender") may:
> (a) assign any of its rights; or
> (b) transfer by novation any of its rights and obligations,
> under the Finance Documents to another bank or financial institution or to a trust, fund or other entity (the "New Lender").

　レンダー（以下「既存レンダー」という。）は、他の銀行、金融機関、信託、ファンドその他のエンティティ（以下「新規レンダー」という。）に対し、融資関連書類上の(a)権利を譲渡し、または(b)更改（Novation）により、権利および義務を移転することができる旨を定める規定である。シンジケート・ローンは、元々リスクを複数の金融機関で分担するローン形態であるが、金融機関によって、自らのポートフォリオの改善等の理由で自らが保有するシンジケート・ローンに係る貸付債権を譲渡する必要が生じることもあることから、それを可能とする規定を設けるのが一般的である。

2 譲渡等の条件（Conditions of assignment or transfer）

> (a) The consent of the Borrower is not required for any assignment or transfer by a Lender.

> (b) A transfer will be effective only if the procedure set out in Clause [ ] (Procedure for transfer) is complied with.
> (c) An assignment will be effective only if the procedure and conditions set out in Clause [　　] (Procedure for assignment) are complied with.

　(a)レンダーによる譲渡または移転については、ボロワーの承諾は不要とし、(b)移転は、下記**3**で解説する規定に従った場合にのみ、その効力を有し、(c)譲渡は、下記**4**で解説する規定に従った場合にのみ、その効力を有する旨の規定である。ボロワーの承諾を不要とするとともに、譲渡のための手続を設けることで、シンジケート・ローンに係る貸付債権が譲渡等された際の権利関係が不明確となることを防いでいる。

　なお、海外におけるシンジケート・ローンは、基本的に英米法をベースとした契約内容となっているところ、英米法においては、債権譲渡について対抗要件主義が採用されておらず、また、日本法で見られるような契約上の地位の移転という概念がなく、日本法の更改に当たる"Novation"を用いて移転を行う建付けとなっている点には留意が必要である。例えば、日本法では、債権譲渡の対抗要件として、確定日付ある証書によるボロワーに対する通知またはボロワーの承諾が必要となり、実務上は、ボロワーの承諾書に確定日付を付す方法で対抗要件具備を行うことが多いが、日本法と同様または類似の法制度を有する国においては、譲渡（assignment）と更改による移転（transfer by novation）で債権者の変更を実現するという契約内容が、法制度と必ずしも整合していないということがあり得る（少なくとも、日本法とは整合的ではない。）。そのため、案件ごとに、債権者の地位の変更にどのような手続が必要となるかを慎重に確認し、必要となる手続を適切に履践する必要

があることには留意が必要である[63]。なお、国際私法上、債権譲渡の対抗要件の具備方法については、ボロワーの所在地法によるという法制（かつての日本もそうであった。）と債権の発生原因となっている契約の準拠法によるという法制（現在の日本がそうである。）との両方があり得るところであるから、国際私法について、後者の法制度を採用している国にボロワーが所在している場合は、債権譲渡の対抗要件の具備方法について気にする必要はないものの、前者の法制度を採用している国にボロワーが所在している場合は、ボロワーの所在地国の債権譲渡法制を確認しておく必要があることになる。

3 移転の手続（Procedure for transfer）

(a) A transfer is effected in accordance with paragraph (c) below when the Agent executes an otherwise duly completed transfer certificate ("Transfer Certificate") delivered to it by the Existing Lender and the New Lender. The Agent shall as soon as reasonably practicable after receipt by it of a duly completed Transfer Certificate appearing on its face to comply with the terms of this Agreement and delivered in accordance with the

---

63 法制度が国によって異なり得ることを考慮し、"The procedure set out in this Clause [ ] shall not apply to any right or obligation under any Finance Document (other than this Agreement) if and to the extent its terms, or any laws or regulations applicable thereto, provide for or require a different means of transfer of such right or obligation or prohibit or restrict any transfer of such right or obligation, unless such prohibition or restriction shall not be applicable to the relevant transfer or each condition of any applicable restriction shall have been satisfied." といった内容の規定を設けることも一考に値する（ただし、対抗要件の具備は、新規レンダーが自らの権利を確保するために必要不可欠であることから、どのような対抗要件具備方法を採用する必要があるかは、シンジケート・ローン組成時にきちんと確認し、契約内容として盛り込んでおくのが肝要であると思われる。）。

terms of this Agreement, execute that Transfer Certificate.
(b) The Agent shall not be obliged to execute a Transfer Certificate delivered to it by the Existing Lender and the New Lender unless it is satisfied that it has completed all "know your customer" and other similar procedures that it is required (or deems desirable) to conduct in relation to the transfer to such New Lender.
(c) On the transfer date:
  (i) to the extent that in the Transfer Certificate the Existing Lender seeks to transfer by novation its rights and obligations under the Finance Documents, each of the Borrower and the Existing Lender shall be released from further obligations towards one another under the Finance Documents and their respective rights against one another shall be cancelled (being the "Discharged Rights and Obligations");
  (ii) each of the Borrower and the New Lender shall assume obligations towards one another and/or acquire rights against one another which differ from the Discharged Rights and Obligations only insofar as that the Borrower and the New Lender have assumed and/or acquired the same in place of that the Borrower and the Existing Lender; and
  (iii) the Agent, the New Lender and other Lenders shall acquire the same rights and assume the same obligations between themselves as they would have acquired and assumed had the New Lender been an Original Lender with the rights and/or obligations acquired or assumed by it as

> a result of the transfer and to that extent the Agent and the Existing Lender shall each be released from further obligations to each other under this Agreement.

　移転（Transfer）は、エージェントが、適切に完成された移転証書（以下「移転証書」という。）を既存レンダーおよび新規レンダーから受領し、これに署名した時点で、その効力が生じることとなる。エージェントは、一定の事項が明記され、適切に完成され、ローン契約に従って交付された移転証書を受領した場合、実務上合理的に可能な限り速やかに、当該移転証書に署名する必要がある[64]。すなわち、移転の手続は、移転証書のやりとりで行うことを基本としている。

　移転を実行する日においては、(i)移転証書で既存レンダーが更改により移転することを企図した範囲で、ボロワーおよび既存レンダーは、互いに、融資関連書類上の債務（以下「既存債権債務」という。）から免責され、(ii)ボロワーおよび新規レンダーは、ボロワーおよび新規レンダーが、ボロワーおよび既存レンダーに代わり、引受け、および／または取得した範囲で、互いに、既存債権債務とは異なる債務[65]を負担し、権利を取得し、(iii)エージェント、新規レンダーおよび他のレンダーは、移転の結果、互いに、新規レンダーが当初のレンダーであったと仮定した場合に取得および負担することとなる権利および義務と同様の権利および義務を取得および負担し、エージェントおよび既存レンダーは、互いに、ローン契約上負担する義務を免責されると整理される。この点注意が必要であるのが、Novation（更改）を行った場合の担保権の取扱いである。日本法上は、特段の合意が行われない限り、

---

[64] ただし、エージェントは、当該新規レンダーへの移転に関連して実施することが求められる（あるいは、実施することが望ましい）本人確認手続およびその類似の手続が完了した後でない限り、既存レンダーおよび新規レンダーから受領した移転証書に署名する義務を負わない。
[65] 既存債権債務とは異なる債務であるという点が重要である。

更改により既存の債権債務が消滅し、新たな債権債務が発生すると整理されているため、更改の方法により債権者の変更を行うと、既存の債権に付されていた債権が附従性により消滅してしまうことになりかねない。そのため、日本のシンジケート・ローンのセカンダリーマーケットにおいては、基本的に債権譲渡と契約上の地位の移転とを組み合わせた方法により、債権者の変更が行われている。同様に、国によっては、安易にNovationの方法により債権者の変更を行うと、設定していたはずの担保が消滅してしまうということになりかねないため、ボロワーの所在地国の国際私法上、契約の準拠法として指定されている法律（多くは英国法であると思われる。）によるNovationの効果が発生するのではなく、ボロワーの所在地国の法律によってその効力が判断されることになるようなケースでは、Novationに相当するものとしてどのような制度があるのか、その効果はどのようなものであるかを慎重に確認し、債権者の変更をどのような方法で行うか検討する必要がある。

4　譲渡の手続（Procedure for assignment）

> (a) An assignment may be effected when the Agent executes an otherwise duly completed Assignment Agreement. The Agent shall as soon as reasonably practicable after receipt by it of a duly completed Assignment Agreement appearing on its face to comply with the terms of this Agreement and delivered in accordance with the terms of this Agreement, execute that Assignment Agreement.
>
> (b) On the assignment date:
>   (i) the Existing Lender will assign absolutely to the New Lender the rights under the Finance Documents expressed to be the subject of the assignment in the Assign-

>
> ment Agreement; and
>
> (ii) the Existing Lender will be released by the Borrower and the other Finance Parties from the obligations owed by it (the "Relevant Obligations") and expressed to be the subject of the release in the Assignment Agreement.
>
> (c) An assignment will only be effective on:
>
> (i) receipt by the Agent of written confirmation from the New Lender (in form and substance satisfactory to the Agent) that the New Lender will assume the same obligations to the other Finance Parties as it would have been under if it was an Original Lender; and
>
> (ii) performance by the Agent of all necessary "know your customer" or other similar checks under all applicable laws and regulations in relation to such assignment to a New Lender, the completion of which the Agent shall promptly notify to the Existing Lender and the New Lender. The Agent shall not be obliged to execute an Assignment Agreement delivered to it by an Existing Lender and the New Lender unless it is satisfied that it has completed all "know your customer" and other similar procedures that it is required (or deems desirable) to conduct in relation to the assignment to such New Lender.

　基本的には、移転に係る手続と同様であるが、譲渡（assignment）については、エージェントが（移転証書ではなく）債権譲渡契約に署名した時点で、譲渡の効力が生じるものと整理される。具体的には、新規レンダーが既存レンダーと同様のローン契約上の義務を負う旨の書面を提出するとともに、エージェントが本人確認手続を完了すると、エージェントが債権譲渡契

約に署名し、譲渡の効力が生じる。なお、債権譲渡契約の受領後、実務上可能な限り速やかにエージェントが署名しなければならないとされる点は、移転の場合と同様である。

　譲渡日においては、既存レンダーの権利は、完全に、新規レンダーに譲渡され、関連する債務を免責されることとなる。

第10節 貸付関係者（The Finance Parties）

1 エージェントおよびアレンジャーの役割（Role of Agent and Arranger）

シンジケート・ローン契約の当事者は、ボロワー側（ボロワーのほか、保証人やボロワーの親会社など）とレンダー側に分類される。このうち、レンダー側は「貸付関係者」（Finance Parties）と呼ばれ、通常、レンダー（Lender）のほか、エージェント（Agent）とアレンジャー（Arranger）が含まれる。エージェントとアレンジャーは同一人であることが多く、かつ、通常はレンダーの1人でもあるが、それぞれの立場ごと区別されて規定される。APLMAの一部の雛型においては、エージェントおよびアレンジャーを総称して"Administrative Party"と呼ぶ。

2 エージェントの選任

エージェントは、シンジケート・ローン契約において、融資関連書類に関するレンダー側の当事者のエージェントとして選任される。なお、エージェントは自身もレンダーであるのが通常である。エージェントの具体的な権限等は融資関連書類の様々な条項において規定される。

3 エージェントの義務

エージェントの義務には例えば以下のようなものがある。機械的・事務的なものが多いが、判断を伴う場合であっても、重大なものではないものに限られたり、裁量に制約が加えられたりするのが通常である。

- ボロワーとの合意により「融資関連書類」の定義に含まれる新たな文書を追加すること
- スクリーンレートの決定に際して、Reuter等の提供するスクリーンの所定のページから必要な金利情報が得られない場合におけるボロワーとの協議を経て関連するレートを表示する他のサービスを指定すること
- 初回貸付実行の前提条件として定められた証憑を受領することや（例えば多数レンダーの承諾を条件として）前提条件が充足されているか否かを判断すること
- ボロワーから借入申込書を受領すること
- ボロワーから適時開示を行った旨の通知を受領すること
- ボロワーまたは参加行に対するKYC手続を行うこと
- デフォルト通知を受領し全貸付関係者にその旨を通知すること
- レンダーに対する元利金やコミットメント・フィーの不払いを認識した際にその旨を他の貸付関係者に通知すること
- 失期事由が発生した場合に、自らの判断で、または多数レンダーの指示に従い、解約等の一定の対応を行うこと
- 移転または譲渡に際して、移転証書または債権譲渡契約を受領し、これに署名すること
- 当事者間での書類送付に際してこれを受領し原本または写しを転送すること（その内容を確認する義務は負わない。）

なお、エージェントの法的責任その他の留意事項については、第2章第3節**4**を参照。

4 アレンジャーの役割

アレンジャーの役割はシンジケート・ローンの組成であり、ボロワーからその対価であるアレンジメント・フィーの支払いを受けるためにシンジケート・ローン契約の当事者として規定される。

なお、アレンジャーの法的責任その他の留意事項については、第2章第3節**3**を参照。

5 信認義務の排除

英国法においては、一般に代理人（agent）は本人に対して信認義務（fiduciary duties）を負い、その結果、注意義務、忠実義務（利益相反行為の禁止）、再委託の禁止等に服するのが原則である。そこで、エージェントおよびアレンジャーについては、上記のような役割に照らし、シンジケート・ローンにおいて信認義務を負わない旨が規定されるのが通常である。

> (a) Nothing in this Agreement constitutes the Agent or the Arranger as a trustee or fiduciary of any other person.
> (b) Neither the Agent or the Arranger shall be bound to account to any Lender for any sum or the profit element of any sum received by it for its own account.

これを踏まえ、エージェントおよびアレンジャーが行うことが許容されることが具体的に規定されることが多い。例えば、①エージェントおよびアレンジャーはボロワーや保証人との間で取引を行うことができる旨や、②エージェントは、(a)一定の情報に依拠し、(b)特段の通知がない限り（デフォルトが生じていないなど）一定の前提のもとで行為し、(c)弁護士その他の専門家

を利用し、(d)従業員や代理人を通じて行為し、および(e)当該シンジケート・ローン契約に基づいて受領したと合理的に考える情報を他の当事者に対して開示することができる旨が規定される。ここには信認義務が排除されていなければその違反を構成し得る行為が多く含まれている。

このような規定は、英国法に近い香港法やシンガポール法を準拠法とする契約書にも見られる。

他方で、上記の議論は、日本法を準拠法とする場合には当てはまらない。確かに、日本銀行が2008年4月24日に公表した「円建てクロスボーダー・シンジケートローン契約書参考書式」は日本法を準拠法としつつArticle 11.1(b)において同様の規定を設けているが、日本法には私法上、信認義務という概念が存在しないため、契約書においてこれを排除する趣旨の規定を置いたとしても趣旨が必ずしも明確ではないという問題がある。むしろ、日本法を準拠法とする場合は、エージェントは委任または準委任に係る受任者として善管注意義務を負う場合が考えられることを踏まえ（民法644条、656条）、JSLAの雛型のように、エージェントは明示的に定められた義務以外の義務を負わない旨を規定しておくことが適切であると思われる。

6 多数レンダー（Majority Lenders）の指図

通常、エージェントによる権利、権能、権限または裁量の行使または不行使は、多数レンダーの指図により決定され、エージェントは、当該指図に従う限り、その行為について責任を負わない。多数レンダーの指図は全貸付関係者を拘束するものであり、エージェントがこれに従うことにより、多数レンダーの利益に適う統一的な権利、権能、権限または裁量の行使または不行使が確保されることとなる。

関連して、エージェントは、多数レンダーの指図があってもあらかじめ生じ得る費用等についての担保が提供されるまでは当該指図に従わないことができる旨や、指図がない場合には全レンダーの利益に適うと考えるように行

為すべき旨、法的手続または仲裁手続における代理権限は有しない旨などが規定される。

7　貸付関係者間の調整
（Sharing among the Finance Parties）

　ボロワー（または保証人）による貸付関係者に対する債務の支払いは、シンジケート・ローン契約に定められた一定の支払手順（後記第11節**1**参照）に従って行われなければならない。したがって、ある貸付関係者（回収貸付関係者）が支払手順に従わずにボロワー（または保証人）から弁済、相殺その他の方法により債権回収をしてしまった場合に貸付関係者間での調整を行うための規定が置かれる。

　貸付関係者間の調整の仕組みは、例えば、次のようなものである。(a)貸付関係者がエージェントに当該回収の内容を通知し、(b)これを受けたエージェントがシンジケート・ローン契約所定の支払手順に従った場合におけるあるべき分配額を算出し、(c)エージェントの請求に従って回収貸付関係者は当該支払手順に従った場合における自身の分配額を控除した金額をエージェントに支払い、(d)エージェントは当該金額を他の貸付関係者に分配する。これによって、支払手順に従った回収額の分配が実現されることとなる。

第11節 管理（Administration）

1 支払手順（Payment Mechanics）

　ボロワー（または保証人）またはレンダーによる他の当事者に対する支払いは、原則としてエージェントに対してなされる。この場合の支払方法や支払場所についても、シンジケート・ローン契約において一定の定めがなされる。

> Each payment received by the Agent under the Finance Documents for another Party shall be made available by the Agent as soon as practicable after receipt to the Party entitled to receive payment in accordance with this Agreement (in the case of a Lender, for the account of its Facility Office), to such account as that Party may notify to the Agent by not less than five Business Days' notice with a bank specified by that Party in [　　]).

　エージェントは受領した金額を、上記のような規定に従い、速やかに当該支払いを受領すべき当事者に送金する。ボロワーによるローンの返済であれば、エージェントは受領した返済額をエージェントにおいてレンダーとして記録している者に対して、分配額を算出の上、送金することとなる。
　他方、ボロワーに対する支払いについては、ボロワーによるローンの返済等に充当できるよう規定を設けておくことも適切である。
　エージェントは、実際に受領した額のみをそれを受領すべき当事者に送金すればよいが、仮に、かかる送金後に対応する金額を受領していなかったこ

とが判明した場合には、当該送金を受けた当事者はエージェントに返金することとなる（クローバック）。

エージェントが（例えばボロワーから）支払いを受領した額が、弁済されるべき額全額に不足する場合には、当該支払いを行った者がどのように指定していようと、一定の順序（ウォーターフォール）に従って充当すべき旨が規定される。一般的には、費用、利息、元本の順序であり、同順位間ではプロラタで充当される。

なお、ボロワー（または保証人）による支払いについては、相殺によって支払額を減額することは許されず、満額の支払いが求められるのが通常である。

2 相殺（Set-Off）

A Finance Party may set off any matured obligation due from the Borrower under the Finance Documents (to the extent beneficially owned by that Finance Party) against any matured obligation owed by that Finance Party to the Borrower, regardless of the place of payment, booking branch or currency of either obligation. If the obligations are in different currencies, the Finance Party may convert either obligation at a market rate of exchange in its usual course of business for the purpose of the set-off.

他方、貸付関係者については、上記の例のようにボロワー（または保証人）から（例えば預金債務との）相殺によって回収することができる旨が規定されることが多い。

3 変更および権利放棄（Amendments and Waivers）

　場合によっては、融資関連書類の条項について変更（amendment）または権利放棄（waiver）を行うことが適切となることもある。契約内容の変更は全当事者の合意によって得ることが原則ではあるものの、シンジケート・ローン契約については多数のレンダーが想定されることから、状況に応じた合理的な意思決定を確保すべく、貸付関係者の意思決定は多数決によって定められることが多い。上記のような変更または権利放棄も、一定の重要なもの（多数レンダーの定義や支払猶予など）を除き、多数レンダーとボロワー（および保証人）の同意さえあれば可能であるとされることが多い。ただし、エージェントまたはアレンジャーの権利義務に関わるものについてはそれぞれの同意も別途必要とされる。

第12節 準拠法および執行（Governing Law and Enforcement）

ここでは、準拠法と紛争解決に関する定めが置かれる。JSLAの雛型における準拠法および管轄に相当する部分であるが、ソブリン向けの融資の場合には主権免除の放棄に関する定めも置かれることとなる。

1 準拠法（Governing Law）

> This Agreement, and all non-contractual obligations arising from or in connection with this Agreement, are governed by English law.

紛争を訴訟によって解決する場合、裁判所は、当該紛争に関わる様々な法律関係ごとに、その準拠法（当該法律関係に適用すべき国・地域の法）を当該裁判所の帰属する国・地域（法廷地）の抵触法（私法上の種々の法律関係について適用すべき準拠法を指定する法規範。国際私法ともいう。）に従って判断し、これを適用することとなる。例えば、A国の裁判所は、ある契約の成立の有無を判断するに際しては、まずは法廷地たるA国の抵触法に従って当該契約の成立要件を規律する準拠法がどこの国・地域の法であるかを判断し、仮にそれがB国法であった場合には、B国法における契約の成立要件に関するルールを適用して当該契約の成立の有無を判断するのである。

契約の成立や効力（すなわち当該契約に基づく債権の内容）を規律する準拠法を一般に契約準拠法というが、多くの国・地域においても、当事者による契約準拠法の指定は原則として自由である（例えば本邦の場合、法適用通則法7条）、したがって、国際取引のための契約書において契約準拠法を指定することは必須であるといってよい。上記の例では、本契約は…英国法を準拠

法とする（This Agreement…are governed by English law）として英国法を契約準拠法として指定している。なお、APLMAでは、契約準拠法ごとに雛型を分けており、英国法のほか、香港法、シンガポール法およびオーストラリア法（いずれの州法かは任意）についても雛型が用意されている。

　多くの国において契約準拠法の指定は原則として当事者の自由に委ねられているとはいえ、法廷地の強行法規のうち一定のものについては当事者の準拠法指定にかかわらず適用があるとされることがあり（絶対的強行法規）、また、一部の国・地域の抵触法は、その取引と指定された契約準拠法との関連性を要求している。したがって、契約書において準拠法および裁判管轄を定める際（第12節 **2**(1)参照）および実際に紛争となり法廷地を選択する際にはこれらの点に留意を要する。

　国・地域によっては、契約上の債権だけでなく法定債権（契約によってではなく法律の規定に基づき発生する債権。すなわち、不法行為や事務管理、不当利得等に基づく債権。）についても、一定の範囲で当事者による事前指定を認めている（例えば、EUのローマⅡ規則（Rome Ⅱ Regulation）[66] 14条1項b号）。上記の例が"all non-contractual obligations arising from or in connection with this Agreement"（本契約に基づきまたは関連して生じるすべての契約外債務）に言及しているのは、この契約に関連して発生する法定債権についても準拠法を事前に指定する趣旨である。法定債権の準拠法の事前指定を認める国・地域において訴訟を行うことが想定される場合には、このように法定債権も含めて準拠法を指定することが考えられる。他方、日本の法適用通則法は法定債権の準拠法の事前指定を認めておらず、同法20条は、法定債権の準拠法について「…当事者間の契約に基づく義務に違反して不法行為が行われたことその他の事情に照らして、明らかに前三条の規定により適用すべき法

---

[66] 正式名は、契約外債務の準拠法に関する2007年7月11日欧州議会及び理事会規則（EC）864/2007号（ローマⅡ）（Regulation（EC）No 864/2007 of the European Parliament and of the Council of 11 July 2007 on the law applicable to non-contractual obligations（Rome Ⅱ））。

の属する地よりも密接な関係がある他の地があるときは、当該他の地の法による。」としており、契約上の義務違反をも構成する不法行為については（当事者による不法行為準拠法の事前指定の有無を問わず）裁判所が当該契約の準拠法をもって当該不法行為の準拠法と判断する余地を認めるというアプローチを採用している。

準拠法条項においては、その契約書を当該準拠法に従って解釈すべき旨の文言も併せて規定されることがある。

Tea Break
準拠法の指定方法

世界には、英国や米国、カナダ、オーストラリア、マレーシア、中華人民共和国のように、法体系が異なる複数の地域によって構成される国がある。英国は、①イングランドおよびウェールズ、②スコットランドならびに③北アイルランドの3つの地域で法体系を異にしており、さらに、海外領土（ケイマン諸島や英領バージン諸島など）および王室属領（ジャージー、ガーンジーおよびマン島）にもそれぞれ独自の法体系が存在する。このうちイングランドおよびウェールズの法（本書の他の箇所では便宜的にこれを「英国法」と呼んでいる。）は、英米法系に属するすべての法体系の母法であり、アジアにおけるシンジケート・ローン取引において契約準拠法として指定されることが多い。また、米国やカナダ、オーストラリア、マレーシアにおいても、州ごとにそれぞれ独自の法体系がある。他方、中華人民共和国は、本土とは別に、香港特別行政区とマカオ特別行政区はそれぞれが独自の法体系を有している。もちろん、台湾も独自の法体系を有する。

本文に述べたように、準拠法というのは特定の法律関係に対して適用すべき国・地域の法であるから、契約準拠法の指定にあたっては、法体系が異なる複数の地域によって構成される国については、そのよ

うな地域の法を指定する必要がある。すなわち、「イングランドおよびウェールズ法」(the laws of England and Wales/English law) や「ニューヨーク州法」(the laws of the State of New York/New York law) のような指定をすべきであって、「英国法」(the laws of the United Kingdom) や「米国法」(the laws of the United States) のような指定をすべきではない。他方、中華人民共和国については、契約準拠法を「中華人民共和国法」(the laws of the People's Republic of China) と指定した場合には、本土の法体系が指定されたものと解されよう。

なお、シャリーア（イスラム法）は特定の国・地域の法体系ではないため、これを契約準拠法として指定することは適切ではない。

2 執行（Enforcement）

(1) 裁判管轄（Jurisdiction）

> The courts of Singapore shall have exclusive jurisdiction to settle any dispute arising out of or in connection with this Agreement.

準拠法に続いて裁判管轄も規定されるのが通常である。

すなわち、当該契約に関連して紛争が生じた場合に、どの裁判所において訴えを提起することができるかが規定されるのである。

裁判管轄は、理論的には、大きく、国際裁判管轄と国内裁判管轄に分類される。国際裁判管轄は、どの国の裁判権に服するかを指定するものであり、国内裁判管轄は、ある国の中で具体的にどの裁判所の管轄とするかを指定するものである。いずれも、当事者の合意によって指定することが許容されていることが多い（日本の場合、国際裁判管轄については民事訴訟法3条の7、国内裁判管轄については同法11条。）。

裁判管轄の合意は、国際裁判管轄の合意にせよ、国内裁判管轄の合意にせよ、専属的管轄の合意と付加的管轄の合意に分類することが可能である。専属的管轄の合意は指定されたもの以外についておよそ管轄を排除する趣旨のものであり、付加的管轄の合意は指定されたもの以外の管轄を排除しない趣旨のものである。シンジケート・ローン契約の場合には、ボロワー（および保証人）によっては専属的管轄の合意であるが貸付関係者については付加的管轄の合意であるとされることもある。貸付関係者にとっては、ボロワーが財産を有する場所その他の事情に応じて柔軟に法廷地を選択することができることが有利だからである。

　上記の例は "The courts of Singapore shall have exclusive jurisdiction…"（シンガポールの裁判所は…専属的管轄を有するものとする）と規定しており、これはシンガポールの専属的国際裁判管轄を指定する趣旨である。他方、"The Tokyo District Court in Japan shall have exclusive jurisdiction…"（日本国の東京地方裁判所は…専属的管轄を有するものとする）と規定することにより、日本国の専属的国際裁判管轄を合意するとともに、東京地方裁判所の専属的国内裁判管轄を合意することもある。

(2) 仲裁合意

　裁判管轄の合意をすることに代えて仲裁合意をすることも考えられる。仲裁とは、裁判所に代えて両当事者の選択する仲裁人と手続によって紛争解決を図る手続であり、その結果として仲裁人により示される仲裁判断には判決と同様の効力が与えられる。仲裁合意がなされた場合には、原則として裁判所に訴えることはできない。

多数の国の仲裁法制は、ニューヨーク条約（New York Convention）[67]によって標準化が図られており、その中には外国仲裁判断の承認・執行に関する規定も含まれている。したがって、仲裁合意をする場合には、ニューヨーク条約締約国を仲裁地（実際に仲裁を行う場所ではなく、適用すべき仲裁法制に係る国・地域をいう。）として選択することが通常である。

Tea Break

シンガポールの仲裁制度

(1)　シンガポールにおける仲裁とファイナンス取引

　シンガポール政府は、アジアにおける国際紛争解決センターになることを目指し、国際仲裁を推進している。特にシンガポール国際仲裁センター（(Singapore International Arbitration Centre)（SIAC））はASEAN諸国の国際仲裁案件を数多く取り扱っており、アジアの紛争解決のハブとなりつつある。また、シンガポール国内の法的紛争についても建設絡みの紛争を中心に仲裁が積極的に利用されており、仲裁手続は、裁判手続と同等またはそれ以上に、実務上、重要な紛争解決手段となっている。

　最近まではファイナンス取引において仲裁条項が入れられるケースはあまりなかったように思われる。これは紛争解決の費用という面では一般的に裁判所の手続の方が安いと考えられること、最終的な執行のことを考えると債務者所在地国の裁判所の判決を取得することが簡便と考えられること、さらに、（先例がほとんどないこともあり）ファ

---

[67]　正式には、外国仲裁判断の承認及び執行に関する条約（Convention on the Recognition and Enforcement of Foreign Arbitral Awards）。1958年6月10日にニューヨークの国際連合国際商事仲裁会議において締結され、1959年6月7日に発効した。なお、締約国については、国際連合国際商取引法委員会（UNCITRAL）のウェブサイト内のページ（http://www.uncitral.org/uncitral/en/uncitral_texts/arbitration/NYConvention_status.html）で確認することができる。

イナンス取引について精通している適切な仲裁人が選定されるか疑問の余地があったことが要因として考えられる。しかしながら、クロスボーダーのファイナンス取引が増えてきた中で、コモンローの国を除くアジア諸国では外国裁判所の判決の執行が原則としてできないことに加え、インドネシア、ベトナムなど一部の国では、裁判所ですら汚職のリスクがあるため、金融機関として、紛争解決を現地裁判所に任せることに躊躇せざるを得ない状況となっている。他方、仲裁判断については、ニューヨーク条約に基づき外国での執行が期待できる点で、外国裁判所の判決の執行と比べて困難が少なく、執行のための現地裁判所の関与を最小化することができる。このような背景から、特にアジアにおけるクロスボーダーのファイナンス取引においては、国際仲裁が選択されるケースが増えてきている。

(2) 国内仲裁と国際仲裁

シンガポールには、仲裁法（Arbitration Act）と国際仲裁法（International Arbitration Act）が存在し、国内仲裁については仲裁法が適用され、国際仲裁については国際仲裁法が適用される。これは国内仲裁においては、裁判所の影響をより強く及ぼした方が国内仲裁手続の発展および当事者の利益に適うと考えられた一方で、国際仲裁については、モデル法（UNCITRAL（United Nations Commission on International Trade Law）（Model Law））に準拠し、シンガポール裁判所の裁量を最小化することが国際仲裁ハブとしての地位を強化することにつながると考えたことによる。

国際仲裁は、国際仲裁法5条2項において、(i)仲裁合意の締結時において、少なくとも当事者の一方がシンガポール以外の国において営業所を有する場合、(ii)仲裁合意による仲裁地が当事者が営業所を有する国以外である場合、(iii)主たる義務の履行地もしくは係争対象に最も関連する場所が当事者が営業所を有する国以外である場合、または(iv)

当事者が紛争対象が複数国に跨がることを明示的に合意した場合のいずれかを満たす場合と定義されている。なお、上記定義中の営業所は、当事者が営業所を複数有する場合には、仲裁合意に最も関連する営業所を意味する。国際仲裁に該当する場合、国際仲裁法第 2 章の適用がある。逆に、国際仲裁以外の仲裁であって、かつ、仲裁地がシンガポールである仲裁が国内仲裁であり、仲裁法が適用される。

　国内仲裁においては裁判所の関与がより広く認められているが、国際仲裁においては当該関与は制限されている。仲裁判断に対して、国内仲裁の場合には、仲裁判断の取消（set aside）（仲裁法48条）に加えて、法律問題については控訴が可能である（仲裁法49条）。他方で、国際仲裁の場合、仲裁判断に対して法律問題があったとしても控訴ができず、後記(3)の仲裁判断の取消を申し立てることができるにすぎない（国際仲裁法24条、モデル法34条）。

(3)　国内仲裁判断と外国仲裁判断

　シンガポール国内で仲裁判断が行われれば国内仲裁判断であり、それ以外の国で仲裁判断が行われれば外国仲裁判断である。国際仲裁であってもシンガポールで仲裁判断が行われれば国内仲裁判断である点に留意が必要である。

　国内仲裁判断は、終局かつ拘束力を有する（仲裁法44条、国際仲裁法19条、モデル法32条 1 項）が、裁判所による取消（set aside）の対象となり得る（仲裁法48条、国際仲裁法24条、モデル法34条）。かかる取消事由には、仲裁管轄権の不存在、仲裁手続の違法、公序良俗違反などがある。

　外国仲裁判断には、国際仲裁法第 3 章が適用され、ニューヨーク条約の加盟国との関係では、ニューヨーク条約が適用される。現在、ニューヨーク条約には、日本およびシンガポールを含むアジアのほとんどの国が加盟しており、加盟国間における外国仲裁判断の執行が、

少なくとも条約レベルでは可能となっている。これは外国裁判所の判決の執行の可否は執行所在地国の裁判制度によることと対照的である。

ニューヨーク条約の加盟国における仲裁判断（同国における国内仲裁判断を含む）は、シンガポールにおいて外国仲裁判断として、シンガポールの国内仲裁判断と同様の方法で執行することができる（国際仲裁法29条1項、19条）。ニューヨーク条約加盟国における外国仲裁判断をシンガポールにおいて執行する場合、シンガポールの裁判所の承認が必要となるが、かかる承認を拒絶できる場合は、仲裁管轄権の不存在、仲裁手続の違法、公序良俗違反などの事由に限定されている（国際仲裁法31条2項、4項）。シンガポールでは上記事由を法の趣旨に則り限定的に解釈しており、外国仲裁判断の執行に係る裁判所の関与は限定的である。

3　訴状受取代理人

国際的なシンジケート・ローン契約においては、訴状受取代理人（process agent）を指定する条項が置かれることがある。訴状受取代理人とは、当事者本人に代わって訴状を受け取る権限をあらかじめ授与された代理人をいう。訴状送達は被告本人に対して行うのが原則であるが、被告が外国に所在する場合には被告への訴状送達に大きな時間を要することがあるため、訴状受取代理人の設置は訴状送達の迅速化を図るためには有用である。日本の民事訴訟法においては認められていないが、この制度を認める国・地域は多い。

国際的なシンジケート・ローン契約においては、訴状受取代理人の制度を認める国・地域の裁判管轄を合意する場合に、当該国・地域で訴えを提起した場合の訴状送達の迅速化を図るため、ボロワー（および保証人）に当該

国・地域における訴状受取代理人を指定させることが見られる。

4 主権免除の放棄

　国の中央政府や地方政府、中央銀行などのいわゆるソブリンをボロワーまたは保証人とするシンジケート・ローン契約においては、主権免除の放棄が規定されることが多い。

　一般に、いわゆるソブリンについては、同意がない限り、外国において、民事訴訟や民事執行、保全処分の対象とならないという「主権免除」が認められている。歴史的には紛争の種類を問わず主権免除を有するものとされていたが（絶対的免除主義）、近時は、一定の紛争については主権免除を認めないとの立場（いわゆる相対的免除主義）が一般化しており、2004年締結の国連国家免除条約[68]（未発効）もかかる立場を採用している。同条約を国内法化した国においては、商業的取引に基づく債務については民事訴訟に係る主権免除を認めておらず（日本の場合、外国等に対する我が国の民事裁判権に関する法律8条）、かつ、非商業目的以外の目的に使用される（ことが予定されている）財産については民事執行に係る主権免除を認めていない（日本の場合、同法18条1項）。他方、主権免除は一般に自ら放棄することは可能である（日本の場合、同法5条1項および17条2項が契約書における主権免除の放棄を認めている。）。

　そこで、ソブリンをボロワーまたは保証人とするシンジケート・ローン契約においては、貸付関係者の権利を可能な限り保全し、かつ、無用な争いを可能な限り予防する観点から、民事訴訟、民事執行および保全処分について主権免除の放棄を明示的に規定しておくことが多く見られる。

---

[68] 正式には、国及びその財産の裁判権からの免除に関する国際連合条約（United Nations Convention on Jurisdictional Immunities of States and Their Property）。2004年12月2日にニューヨークの国際連合総会において採択された。

第13節 別紙（Schedules）

1　当初レンダー（The Original Lenders）

当初レンダーがその各コミットメント金額とともに記載される。

2　前提条件（Conditions Precedent）

1　Obligors
(a)　A copy of the constitutional documents of each Obligor.
(b)　A copy of a resolution of the board of directors of each Obligor:
　(i)　approving the terms of, and the transactions contemplated by, the Finance Documents to which it is a party and resolving that it execute the Finance Documents to which it is a party;
　(ii)　authorising a specified person or persons to execute the Finance Documents to which it is a party on its behalf; and
　(iii)　authorising a specified person or persons, on its behalf, to sign and/or despatch all documents and notices (including, if relevant, any Utilisation Request and Selection Notice) to be signed and/or despatched by it under or in connection with the Finance Documents to which it is a party.
(c)　A specimen of the signature of each person authorised by the

resolution referred to in paragraph (b) above.

(d) A certificate of an authorised signatory of the relevant Obligor certifying that each copy document relating to it specified in this schedule is correct, complete and in full force and effect as at a date no earlier than the date of this Agreement.

2　Legal opinions

(a) A legal opinion in relation to English law from [the name of law firm]addressed to the Arranger, the Agent and the Original Lenders.

3　Other documents and evidence

(a) A copy of any other Authorisation or other document, opinion or assurance which the Agent considers to be necessary or desirable (if it has notified the Borrower accordingly) in connection with the entry into and performance of the transactions contemplated by any Finance Document or for the validity and enforceability of any Finance Document.

(b) The Original Financial Statements of each Obligor.

(c) Evidence that the fees, costs and expenses then due from the Borrower pursuant to Clause [ ] (Fees) and Clause [　] (Costs and expenses) have been paid or will be paid by the first Utilisation Date.

　1(a)各債務者の定款等の組織体の根本規範、(b)各債務者の取締役会による融資関連書類の条件、融資関連書類の署名者への授権、融資関連書類に基づく通知等を発行する者への授権に関する承認決議の議事録、(c)融資関連書類等の署名者に係る署名鑑、(d)本別紙に掲げられた各書類が正確・完全で効力を有する旨の債務者の権限者の証明書、2(a)貸付関係者を名宛人とした弁護士の英国法（本契約の準拠法である）に関する法律意見書、3(a)融資関連書

類の締結もしくは融資関連書類に基づく義務の履行または融資関連書類の適法性・有効性維持のために必要な政府承認、(b)各債務者の財務諸表、(c)貸付関係者に対して支払うべきアップフロント・フィーやコミットメント・フィー等が初回貸付実行日までに支払われていることの証憑等、融資関連書類、初回貸付実行の申込みにあたってボロワーがレンダーに対して提出すべき各種証憑を列挙している。

　レンダーが与信判断の前提とした事実または条件を証する書類であり、融資関連書類を締結しこれに基づく義務を履行することについての債務者らの会社法上の権能・権限に関する書類、貸付けに関連して締結される融資関連書類、債務者らの財務状況に関する書類等が要求される。資金使途を一定のものにするプロジェクトファイナンス等のリミテッドリコースやノンリコースのローンの場合には、これに加えて、プロジェクト関連契約や政府許認可、法務・技術・保険等に関する各アドバイザーの作成した監査報告書、融資関連書類等に関する弁護士の法律意見書等、要求される書類は多岐にわたる。いずれも原本または公証その他の原本証明付写しであることが要求される。

SYNDICATED LOAN

第 **4** 章

保証付シンジケート・ローン

第1節 保証取得の方法と準拠法

1 保証取得の方法

　海外シンジケート・ローンにおいても親会社その他スポンサーから保証を取得することは少なくない。実際、LMAやAPLMAをはじめ、海外シンジケート・ローン契約書の雛形においては、保証人がローン契約の当事者となり、ローン契約に基づき保証人としての義務を負う建付けとなっているものが比較的多い。保証の規定をローン契約に埋め込むことには、ローン契約の定義、表明保証、各種誓約事項、一般条項などに関して、ボロワーと共通のパッケージを用いることにより、ローン契約との平仄を図りつつ、ドラフト作業の簡略化ができるというメリットがある。また、後述するとおり、保証書の準拠法にもよるが、契約の拘束力を生じさせるために原則として約因（consideration）が要求されるコモンローの国においては、ローン契約の当事者に保証人を加え、保証条項を組み込むことによって、約因がないとされる事態を防ぐことが可能となる。

　もっとも、クロスボーダー案件において、保証条項がローン契約に組み込まれるケースはあまり多くない。これにはいくつか理由が考えられる。例えば、保証人の事業あるいはポリシー上、現地ボロワーと同等の表明保証、誓約事項などを行うことが困難な場合があり、スポンサー側の交渉力が強い場合、保証人が指定する保証書を前提とした保証契約を作成せざるを得ない場合がある。また、日系案件についていえば、日本ではローン契約において保証条項を組み込むというプラクティスはなく、保証書を別途、徴求することが一般的である。さらに、クロスボーダーの案件では、ボロワーと保証人の設立準拠法が異なるケースが多いところ、保証契約の準拠法を保証人の設立

準拠法と同一とすることが多い結果、ローン契約と保証契約の準拠法が一致しないことから、ローンと保証を同一書面の契約とすることに支障がある場合もある。

2　保証と準拠法

　前記のとおり、保証契約の準拠法は、保証人の設立準拠法と同一とするケースが少なくなく、ボロワーが日系の現地法人などであれば、その親会社から徴求される保証書の準拠法は日本法である場合も多い。もっとも、レンダー側の要請次第では、日本の親会社に対して、英国法やシンガポール法といった外国法準拠での保証が求められる可能性もある[69]。また、非日系の案件であれば、保証の準拠法は外国法となるのが通常である。日本法上の保証も英国法などのコモンロー上の保証（guarantee）も基本的な概念として大きく異なることはないが、コモンロー下における特有の問題もあるため、ここでいくつか紹介する。

(1)　約因（Consideration）

　約因は、英国法などのコモンローにおける契約の成立要件の1つであり、これを欠いた合意は、捺印証書（Deed）[70]と呼ばれる特別の方式によって締結された契約を除いて、原則として拘束力を生じない。約因は、契約により各当事者が約束または負担する対価であり、無償贈与などは、受贈者による対価の約束または負担が存在しないため、約因がなく、捺印証書によらなければ契約に拘束力が生じない。

---

[69] 日本の親会社が提供する保証の準拠法を外国法に指定することは可能である（法適用通則法7条）。
[70] 捺印証書とは、合意事項を書面に記載し、署名（sign）、捺印（seal）および交付（deliver）するという一定の方式に従って作成された証書をいう。コモンローの国では通常、捺印証書が存在するが、上記要件に関しては、国ごとに、かなり簡略化されている場合が多い。

コモンロー上、第三者が担保提供者として人的または物的担保を提供する場合には、当該第三者は、通常、担保提供によって直接利益を受ける者ではないため、約因の有無が問題となる。かかる問題に対処するための最も安全な方法は、保証契約を捺印証書により締結する方法である。これにより、約因の有無を問わず、保証契約に拘束力を生じさせることが可能である。ただし、捺印証書の要件は、同じコモンローでも内容が国によって若干、異なり得るため、捺印証書を作成する際には、当該準拠法の資格を有する弁護士のアドバイスをもらう必要がある。

もっとも、約因の有無を厳密に検討すれば、第三者が、保証（物的担保の場合を含む。）を提供する場合に、約因が存在しないが故に、保証契約の拘束力が否定されるケースは稀有である。これは以下のとおり約因はコモンロー上比較的緩やかに認定されることによる。

まず、通常の保証取得のケースを想定した場合、債権者であるレンダーは、ボロワーに対して貸付義務を負うか、あるいは、保証の提供を受けることを前提として、貸付けを実行する。かかる貸付義務および貸付けの実行は、ボロワーに対するものであり、保証人に対するものではないが、コモンロー上、約因は契約の各当事者が約束または負担する必要がある一方で、それによって利益を受ける者は当事者以外の者であってもよいとされるため、当該貸付義務および保証を前提とした貸付実行は、レンダーが保証提供を受けるための有効な約因を構成すると考えられる。他方で、保証契約締結前に既に貸付けが実行されており、レンダーが貸付義務を負っていない状況において、第三者から当該既存の貸付債務について保証を徴求するようなケースには、約因を過去の貸付行為に求めなければならない場合がある。この場合、いわゆる、過去の約因（past consideration）が問題となる。コモンロー上、過去の行為ないし結果それ自体は、有効な約因を構成しないとされていることから、貸付けを既に実行し、レンダーが貸付義務を負担しているという過去の行為だけでは、その後保証の提供を受けるための有効な約因を構成

しない[71]。このため、原則として、捺印証書により保証契約を締結する必要がある。他方、保証契約締結時にレンダーが貸付義務を負う場合やレンダーが保証契約の締結以後、貸付けを実行するような場合には、有効な約因があるといえるため、必ずしも捺印証書により保証契約を締結する必要はない。すなわち、シンジケート・ローン案件において、約因について留意すべきは、基本的にはローン契約の締結およびローンの実行完了後に、保証人から保証を徴求するようなケースなどに限定されることになる。

なお、日本法準拠の契約については、そもそも、日本法上は契約の成立のために約因は必要ないため、問題とならない。

(2) 連帯保証と"Joint and Several Guarantee"

日本法上、保証債務とは、主たる債務と同一の内容を有し、主たる債務が履行されない場合に、これを履行することによって、債権者に主たる債務が履行されたと同一の利益を与えようとするものをいい、保証債務は専ら主たる債務の履行を担保する手段とされるという主従の関係（附従性）がある[72]。コモンロー上の"guarantee"は、"a promise by one person to answer for the debt, default or miscarriage of another"[73]（ある者が第三者の債務、不履行または誤配についての責任を取ることを約束すること）をいい、日本と同様に、主たる債務者の責任の二次的責任であること、保証義務が主たる債務者の不履行により生じることなどが中核的要素となる。このため、基本的な概念として、保証と"guarantee"は同義と考えることができる。

日本のプラクティスにおいては、単純な保証が差し入れられるケースはあまりなく、一般的には債権者側にとって有利な連帯保証が取られる。外国に

---

71 なお、かかる場合であっても、債権者が当該保証債権に係る訴訟提起を控えること（Forbearance to Sue）を約束する場合には、有効な約因があると考えられている。
72 我妻栄『新訂債権総論（民法講義Ⅳ）』449頁（岩波書店、1964年）。
73 英国1677年詐欺防止法（Statute of Frauds 1677）4条、シンガポール民事に関する法（Civil Law Act）6条(b)号など。

おいても複数の保証人からの保証は、"joint and several guarantee"とされることが多いが、日本法上の連帯保証と"joint and several guarantee"（しばしば、連帯保証と翻訳されるにもかかわらず）は、法律上の効果に差異がある点に注意しなければならない。

　この点を理解するためには、コモンロー上の"joint"、"several"および"joint and several"の概念の理解が不可欠である。コモンロー上、保証人が複数存在する場合において、保証人の保証債務は、"joint"、"several"または"joint and several"のいずれかに分類される。

　まず、"several guarantee"は、文字どおり個別の保証であり、例えば、100万円を保証する"several guarantor"が2名存在する場合の保証合計額は200万円（100万円×2名）となる。"several guarantor"はそれぞれ独立しており、債権者は、各保証債務の範囲内でそれぞれに対して個別に請求および訴訟提起を行うことができる。

　他方で、"joint guarantee"は、不可分の保証であり、100万円を保証する"joint guarantor"が2名以上存在したとしても、保証合計額は100万円となる。さらに、コモンロー上、債権者は、"joint guarantee"の履行請求訴訟を提起する場合には、原則としてすべての"joint guarantor"を被告としなければならず、"joint guarantor"の一部を被告としなかった場合には、後にその者に対しての保証請求はできなくなる。また、"joint guarantee"には"survivorship"と呼ばれる性質があり、"joint guarantor"の1名が死亡した場合には、当該"guarantor"の義務は遺産（estate）を構成せず、他の"guarantor"に承継される。

　"joint and several"は、上記"joint"および"several"の両方の特徴が組み合わされており、100万円を保証する"joint and several guarantor"が複数名いたとしても保証金額は100万円であるが、債権者は保証債務が履行されるまで、それぞれに対して個別に請求および訴訟提起を行うことができる。また、"survivorship"の性質がないため、"joint and several guarantors"の義務は被相続人の遺産を構成する。保証人が複数いる場合におい

て、実務上、取得されることが最も多い保証の形態である。

　ここで注意すべき点は、上記の連帯（joint and several）はあくまで共同保証人の各保証債務相互の関係における連帯であり、主たる債務者の負っている債務との間の連帯ではないという点である。日本の連帯保証は、主たる債務者として連帯して債務を負担した場合をいうため、保証人は連帯保証であるという性質上、いわゆる催告の抗弁や検索の抗弁を失うが、コモンロー上の"joint and several"はかかる法的意味を必ずしも有しない。実際に、レンダーが第三者から保証を徴求する場合には、外国法準拠の契約であっても、日本法上の催告の抗弁や検索の抗弁に相当する抗弁を排除することが通常であるが、かかる排除は保証契約の特約として明示的に規定されるのが一般的である（詳細は、後記第2節**4**(3)参照）。

(3)　保証提供に係る会社法上の問題

　この問題は上記(1)および(2)において説明した保証契約の準拠法の問題ではなく、保証を提供する会社あるいはその役員等に関するものである。すなわち、保証書の準拠法がたとえ日本法であったとしても、保証人が英国やシンガポールの会社やその役員等であれば、英国やシンガポールの会社法上の問題を検討する必要があることになる。

　まず、保証人たる外国会社（日本法人以外の会社を指す。以下本(3)において同じ。）が保証を提供する場合、定款などの規定により当該外国会社の取締役会決議が必要となることが多い。日本の会社の場合、会社法により「多額の借財」に該当する保証については取締役会の承認が必要となる[74]。さらに、株主総会決議まで必要となるか否かは、当該国の会社法によるが、例えば保証人である外国会社の取締役が20％以上出資をする会社[75]が主たる債務者であるような場合には、株主総会決議まで要求される場合がある[76]。

---

[74]　会社法（平成17年法律86号）362条4項2号。
[75]　英国2006年会社法254条2項、シンガポール会社法163条1項。
[76]　英国2006年会社法200条、シンガポール会社法163条。

また、外国会社が提供する保証については、フィナンシャル・アシスタンス（Financial Assistance）規制に服する可能性がある点についても留意が必要である。フィナンシャル・アシスタンス規制は、会社による自己の株式等の取得を目的としたフィナンシャル・アシスタンスを禁止または制限するもので、コモンローの国の会社法においては規制されていることが多い（もっとも、国によっては、すべての会社が対象となるわけではなく、公開会社およびその子会社（非公開会社を含む）に限定されている場合がある[77]。）。例えば、銀行が企業買収をしようとしている会社（買収会社）に対して買収に係る資金を融資する場合において、買収対象会社から保証の提供を受ける場合において問題となり得る。すなわち、買収対象会社は、自己の株式を取得しようとしている買収会社に融資をしようとしている銀行に対して、保証を提供することによって、間接的に自己の株式取得についてのフィナンシャル・アシスタンスをしていることになる。もっとも当該フィナンシャル・アシスタンス規制も例外なく禁止されているものではなく、一定の条件を満たすことで可能となる場合が多い[78]。その意味で、フィナンシャル・アシスタンス規制のかかる保証の提供を受ける場合にも、それ自体がすべて禁止されるものではない。

---

[77] 英国2006年会社法678条、シンガポール会社法76条など。

[78] 例えば、英国2006年会社法上、その主な目的が株式取得それ自体または株式取得を目的として発生した債権もしくは責任を減少もしくは消滅させることでない場合など一定の場合に、フィナンシャル・アシスタンスが可能となる（同法678条、679条、681条など）。また、シンガポール会社法上、所定の手続により開催された株主総会決議を経ている場合、その他一定の場合（例えば、取締役会の承認および全取締役から支払能力宣誓書の提出等を受けている場合）に、フィナンシャル・アシスタンスが可能となる（同法76条8項、9項、9Ａ項、9Ｂ項、9ＢＡ項、10項など）。

第2節 保証書（保証条項）の基本的構成

1 保証の要式

　保証契約を締結するに際しては、書面を作成しなければならない。これは日本でも英国などのコモンローの国でも概ね共通のルールとなっている[79]。もっとも、ファイナンス取引において保証契約を書面で締結しない場合は想定し難いため、実務的にはあまり問題とならない。保証の要式に関して問題となり得る点は、捺印証書[80]により締結をするべきか否かという点である。

　この点に関しては、前述の第1節 **2**(1)のとおり、約因の問題が懸念される場合には捺印証書の形式により保証契約を締結するべきであるが、そうでなければ、契約の方式は問われない。両当事者が署名をする契約の形式であっても、あるいは、保証人だけが署名をするレター形式での差し入れ型であってもよい。

2 保証予約と保証

　親会社である保証人が保証債務を負う場合、財務諸表の注記に当該保証債務を記載しなければならないなど開示規制に服することなどから、実務上、保証ではなく、保証予約としたい旨の要請が保証人側からある場合がある。

---

[79] 日本では民法（明治29年法律89号）446条2項において、保証契約は書面でしなければその効力を生じないと規定される。コモンローの国においては、保証契約自体が書面による必要があるわけではないが、当該契約は署名された書面により立証されなければならない（英国1677年詐欺防止法4条、シンガポール民事に関する法6条(b)号など）。
[80] 前掲注70参照。

レンダー側としては、通常の保証を徴求した方が有利であるものの、案件ごとの事情を踏まえ、保証予約という形で受け入れる場合が少なくない。しかしながら、保証予約とすることによるレンダー側に生じ得る不利益については慎重な検討が必要である。

まず、予約という用語は多義的であり、その法的意味はその具体的内容および準拠法によって異なる点に留意すべきである。

日本法上、保証予約という場合には、(a)保証の本契約を締結する権利を有する者が申込みをした場合に、相手方が承諾義務を負い、任意に承諾しない場合は、承諾の履行を求める訴えを提起し、その確定判決により本契約たる保証契約が成立するもの（本契約締結義務形式）、(b)保証の本契約を締結する権利を有する者が、相手方に対して本契約を締結させる旨の意思表示（予約完結権の意思表示）をすれば、相手方の承諾その他の行為を待たず保証の本契約が成立するもの（形成権形式）、および(c)一定の事実が発生した場合に当然に保証債務を負担するもの（停止条件付保証契約）の3つの形態があるとされる[81]。もっとも、このうち(c)停止条件付保証契約は、保証の効力発生に停止条件が付された点を除き、通常の保証と大きな差異はない。シンジケート・ローン取引に際して、実務的に保証人側から要請があることが多いのは、(a)本契約締結義務形式あるいは(b)形成権形式である。上記3つの類型のうちいずれの保証予約であっても、特に、日本の倒産法上、否認される可能性が否定できない点で、通常の保証と同一の担保価値があると見ることは困難であるが、(b)形成権形式および(c)停止条件付保証契約については、それぞれ前者においてはレンダー側の意思表示によって保証が有効となる点、および後者においても一定の事象の発生（主たる債務者のデフォルト等）により保証の効力が発生することになる点において、（否認リスク等を除いて）保証と同程度の効果があると評価できる場合がある。他方で、(a)本契約締結義務形式の場合、相手方の任意の協力が得られない場合には、承諾の履行を求める

---

[81] 椿寿夫編『予約法の総合的研究』558頁（日本評論社、2004年）。

訴えを提起しなければならない点に加えて、承諾義務の内容（すなわち、保証契約の内容）が契約上、明確でなければ、強制執行ができないため、保証と同程度の効果があるとは評価し難い。

コモンローの国の法律を準拠法とする契約においては、保証に限らず、一般的に予約行為の法的効力を考える上では、契約を条件とした合意"subject to contract"の有効性を検討しなければならない。コモンロー上、ある契約をすることの合意は、当該契約の条件の詳細が当事者によって決定および承認されなければ意味を持たず、仮に、当該詳細が決まったとしても、実際にかかる契約を締結しない限りは、原則として、契約としての拘束力は生じない。この場合、当該合意は、基本的に契約の交渉義務を当事者に課すものでしかないと考えられる。このため、(a)本契約締結義務形式の保証予約についての法的効力は、せいぜい交渉義務程度に留まる、すなわち、契約の承諾を強制するものではないとされる可能性が高い。(b)形成権形式のものは保証条項の詳細が確定している場合には、債権者によるオプションとしての効力を認められる可能性がある。(c)停止条件付保証契約については、一般的な前提条件を設定するだけであれば特に支障はないものと思われる。ただし、いずれの場合でも、保証人所在地国における倒産法上の問題も生じ得る点は、日本法準拠の保証と同様であろう。一般論としては、コモンロー下の方が、契約を条件とした合意の有効性の問題があるため、保証予約の評価が否定的になる場合が多いように思われる。

3　保証と損害担保

ファイナンス取引においては、保証を取得する場合であっても、法的にはいわゆる保証だけではなく、損害担保を取得する場合が多い。そこで、保証書の各条項を解説する前に、保証（guarantee）と損害担保（indemnity）の違いについて言及しておきたい。

(1) 保　　証

　日本法上、保証債務[82]とは、主たる債務と同一の内容を有し、主たる債務が履行されない場合に、これを履行することによって、債権者に主たる債務が履行されたと同一の利益を与えようとするものをいう。主たる債務と保証債務とが同一の内容を有し、一方が履行されることによって他方が消滅するという特徴を有する一方で、保証債務と主たる債務にあっては、前者は専ら後者の履行を担保する手段とされるので、そこに主従の関係（保証債務の附従性）が生じる。この保証債務の附従性から、以下の性質が導かれる[83]。

(a)　主たる債務が無効であるかまたは取り消されたときは、保証債務も無効であること。

(b)　主たる債務の変更に応じて保証債務の内容も変更されるのを原則とすること。

(c)　主たる債務が消滅するときは、その理由が何であろうとも、保証債務もまた消滅すること。

(d)　保証債務はその態様において主たる債務より重いものであってはならないこと。

(e)　保証人が主たる債務者の抗弁権を援用し得ること。

　コモンロー上の保証も二次的債務として類似の性質を有しており、被保証債務に債務不履行がない限り、保証債務を履行できない。このため、被保証債務が強制執行不能または無効の場合、当該債務が不履行とならず、原則として保証債務の履行請求もできないこととなる。このほか、被保証債務自体が不存在の場合には債務も発生しないこと、被保証債務が弁済などにより消滅した場合には保証債務も消滅すること、保証人の承諾なく保証人にとって不利な変更がなされた場合に保証債務が無効となること等、日本の保証の場

82　民法446条以下。
83　我妻・前掲注72・449頁。

合と類似の原則が認められている。

(2) 損害担保契約

　保証と類似するものの、本質的に異なるものとして損害担保契約がある。当該契約は、広い意味では、一方の当事者が他方の当事者に対して、一定の事項についての危険を引き受け、これから生じ得る損害を担保することを目的とする契約である[84]。損害担保債務と保証債務との根本的な差異は、前者には附従性あるいは二次的債務としての性質がないことにあり、実際にいずれの契約がなされたかは、日本法準拠であるか否かを問わず、主として契約解釈の問題となる。

　また、損害担保契約については、コモンロー下でも、保証の場合と異なり書面を作成する必要が必ずしもないため、その区別について海外において緻密な議論が行われている[85]。もっとも、シンジケート・ローン取引に関して保証が徴求される場合には、書面が作成されるのが通例であり、損害担保契約の合意も明示的に組み込まれるのが一般的であるため、通常のシンジケート・ローン取引を想定する限り、実務的には書面の有無による差異を緻密に検討する必要はあまりないといえる。

　前述のとおり、損害担保債務は、附従性または二次的債務としての性質を有さず、主たる債務とは別個独立した債務を構成する。すなわち、債権者は、原則として、主たる債務の有効性を問わず、損害担保に関する権利行使が可能であり、保証債務のように主たる債務者の抗弁権が援用されることもない。この点から、ファイナンス取引においては、債権者は、保証人に対して保証債務に加えて、損害担保債務を負担させることが多い。

---

[84] 我妻・前掲注72・452頁〜454頁。
[85] 日本の民法では、平成16年の民法改正（平成17年施行）において保証契約が書面によることを求められており、書面の要否という意味において、保証と損害担保契約を区別するという意義が生じたのは比較的最近である。

4　各条項の検討

　以下では、標準的な内容の保証書の各条項について説明する。各条項は、保証予約を想定したものではなく、通常の保証を前提とするが、損害担保条項が含まれたものをベースとする。また、以下の条項では、主たる債務者が1名および保証人が1名の場合を前提としているため、複数の主たる債務者ないし保証人がいる場合には調整が必要であり、その他、案件ごとの調整が必要となる点は十分に留意されたい。

(1)　定義および解釈（Definitions and Interpretation）

　保証書をローン契約とは別書面とする場合には、保証書において別途定義が必要な用語を除いてはローン契約の定義および解釈を参照することが通例である。保証書において定義を別途、規定することが多いのは、被保証債務（Guaranteed Obligations）であり、概ね以下のような定義が組み込まれる。

> "Guaranteed Obligations" means any and all moneys, liabilities and obligations (whether actual or contingent, whether now existing or hereafter arising, whether or not for the payment of money, and including, without limitation, any obligation to pay damages for breach of contract) which are or may become payable by the Borrower to any Finance Party pursuant to any Finance Document.

　通常、融資関連書類および貸付関係者については、ローン契約の定義を参照する。ここでは単にローン契約上のボロワーの債務だけではなく、融資関連書類上のボロワーの債務を対象とすること、また、将来債務を含む形での被保証債務を設定することが重要となる。

(2) 保証 (Guarantee) および損害担保 (Indemnity)

上記 **3** で言及したとおり、実務的には保証書において保証の条項と損害担保の条項が組み込まれることが多い。それぞれのサンプルを示す。

> (Guarantee)
> The Guarantor hereby unconditionally and irrevocably guarantees to each Finance Party, the due and punctual payment and performance of the Guaranteed Obligations, and if the Borrower fails to pay any amount of the Guaranteed Obligations when due, the Guarantor shall immediately on demand pay such amount as if it was the principal obligor.

上記は保証に関する典型的な規定であり、かかる主旨の条項はどの保証書にも通常入る。日本法準拠の保証とする場合には、連帯保証とするために、1 行目の "unconditionally and irrevocably" と "guarantees" の間に "jointly and severally" を挿入し、"guarantees (rentai-hosho)" と明記するべきである。「rentai-hosho (連帯保証)」と明記する理由は、第 1 節 **2** (2)で言及したとおり、日本法上の連帯保証とコモンロー上の "joint and several guarantee" の意味が異なるため、日本法上の固有の概念であることを示すためである。また、外国法準拠の場合にも、保証人が複数いるケースでは、"unconditionally and irrevocably" と "guarantees" の間に "jointly and severally" を挿入するべきである。

> (Indemnity)
> Without prejudice to the guarantee contained in Clause [   ], the Guarantor as principal obligor, hereby unconditionally and irrevocably agrees with each Finance Party that it will, as a separate and independent obligation, indemnify that Finance Party immedi-

> ately on demand against all losses, liabilities, damage, costs and expenses arising out of any failure by the Borrower to make due and punctual payment of the Guaranteed Obligations. The amount payable by the Guarantor under this indemnity will not exceed the amount it would have had to pay under the guarantee under Clause [　] if the amount claimed had been recoverable on the basis of a guarantee.

　上記は保証契約に含まれる損害担保特約の一例である。規定内容についてはバリエーションがかなりあるが、保証の附従性あるいは二次的性質を排除するために、主たる債務者（principal obligor）であること、別個独立した義務（separate and independent obligation）であること等が明記される。

　損害担保契約に基づく補償義務の範囲について、保証に基づいて回復されたと仮定した場合における保証の範囲に限定する規定（上記の最後のセンテンス）は、保証書における損害担保契約の補充的性質から合理的なものと思われるが、必ずしも限定をする必要はない（すなわち、損害担保契約に基づき、保証義務以上の請求を可能とすることもできる。）。

⑶　保証人保護に関するルールの排除

　保証債務については二次的責任という性質上、デフォルトルールでは保証人の保護が手厚くなっているが、債権者としては、保証人に対する請求を円滑かつ確実に行えるようにするため、契約上、かかるルールを修正し、債権者側に有利な規定を入れることが一般的である。以下では、継続保証（Continuing guarantee）、抗弁の放棄（Waiver of defence）、即時請求（Immediate recourse）、充当（Appropriations）、保証人の権利の延期（Deferral of Guarantors）および追加担保（Additional security）について規定している。

> (Continuing guarantee)
> The guarantee and indemnity under this Guarantee Agreement shall be a continuing guarantee and will cover the ultimate balance from time to time owing to any Finance Party by the Borrower in respect of the Guaranteed Obligations, regardless of any intermediate payment or discharge in whole or in part.

　本条はシンジケート・ローン取引に関して徴求される継続保証に関する一般的規定である。前記のとおり保証の附従性ないし二次的責任という性質上、主たる債務が弁済などにより消滅した場合には、保証債務も消滅するのが原則となる。"Continuing guarantee"であることを明記することによって、主たる債務者について現時点で発生している債務だけではなく、将来発生する債務も対象となることが明確になる。結果、将来、被保証債務が発生する可能性がある限りにおいて、ある一時点において発生していた被保証債務を弁済しただけでは、保証債務は消滅しないこととなる。

> (Waiver of defences)
> The obligations of the Guarantor under this Guarantee Agreement shall not be reduced, discharged or otherwise adversely affected by:
> (a) any time, waiver or consent granted to, or composition with, the Borrower or other person;
> (b) the release of the Borrower or any other person under the terms of any composition or arrangement with any creditor of the Borrower or any other person;
> (c) the taking, variation, compromise, exchange, renewal or release of, or refusal or neglect to perfect, execute, take up or enforce, any rights against, or security over assets of, the Borrower or

> other person or any non-presentation or non-observance of any formality or other requirement in respect of any instrument or any failure to realise the full value of any security;
>
> (d) any incapacity or lack of power, authority or legal personality of or dissolution or change in the members or status of the Borrower or any other person;
>
> (e) any amendment, novation, supplement, extension, restatement or replacement of any Finance Document or any other document or security including without limitation any change in the purpose of, any extension of or any increase in any facility or the addition of any new facility under any Finance Document or other document or security;
>
> (f) any unenforceability, illegality, irregularity or invalidity of any obligation of any person under any Finance Document or any other document or security;
>
> (g) any insolvency, liquidation, administration, winding up or similar proceedings; or
>
> (h) this Guarantee Agreement or any other Finance Document not being executed by or binding upon any other party.

　二次的責任を負担するにすぎない保証人については、制定法またはコモン・ロー上、保証債務の支払いを拒むことができる種々の抗弁権が認められているが、債権者側からすれば、これらの抗弁権を放棄させ、なるべく無条件での保証を徴求することが望ましい。本条はかかる観点から保証人に抗弁権を放棄させているものである。

　原則として、被保証債務が減免された場合には、保証債務もそれに伴い減免される。もっとも、債権者としては、主たる債務者への履行請求については猶予を与える、または主たる債務者への請求自体諦める一方で、保証人に

対しては、保証債務の全額の履行請求をしたい場合もあり得る。この場合にも、保証債務については当初の被保証債務の条件に従って請求ができるように、上記(a)および(b)が規定されている。

　また、債権者が保証とは別に担保提供を受けている場合、当該担保は、保証人が保証債務を履行した後は、保証人の求償権の履行を確保するために重要であることから、債権者には当該担保に関しての保全義務が課せられるのが原則である。もっとも、当該保全義務は、債権者による担保実行の裁量を制限するものであることから、債権者としては保証人に対して当該義務軽減ないし免除させることが一般的である。上記(c)の規定はかかる主旨の条項である。

　保証の附従性ないし二次的性質から、主たる債務者の無能力、無権限、法人格の否認などによって被保証債務が不存在あるいは消滅する場合には、保証債務も消滅するのが原則であるが、この場合であっても保証債務の効力を維持するための規定が上記(d)であり、かかる規定は、上記(f)の規定とともに、保証債務を損害担保に実質的に変更することを意図するものである。なお、上記(f)は、被保証債務が強制執行不能、違法、不正または無効であったとしても保証債務に影響を生じさせないことを意図しているものである。

　上記(e)は、保証人の保証債務を拡大する方向での被保証債務の変更については、保証人の承諾がなければ行うことができないのが原則であるが、かかる原則を修正し、保証人の承諾なく、被保証債務の変更を可能とする条項である。かかる規定も一定程度の変更については有効と考えられるが、重大な変更については保証人の承諾なく行うことができるかについては疑義が残る。このため、融資関連書類を保証人の義務を加重する方向で変更する場合には、本(e)に依拠するのではなく、保証人の承諾を得ることが望ましい。

　上記(g)については、主たる債務者の倒産、清算、財産管理、解散等によっても保証債務が影響を受けないことを明確にしたものである。

　最後に、上記(h)は、コモンローにおける保証については、仮に、保証人が複数いることが想定される場合には、すべての保証人が保証書に署名をしな

い限り、既に保証書に署名をしている保証人も責任を負わないというルールがあることから、かかるルールの適用を排除するものである。

> (Immediate recourse)
> The Guarantor waives any right it may have of first requiring any Finance Party (or any trustee or agent on its behalf) to proceed against or enforce any other rights or security or claim payment from any person before claiming from the Guarantor under this Guarantee Agreement. This waiver applies irrespective of any law or any provision of a Finance Document to the contrary.

　日本の民法でいうところの催告の抗弁（債権者が保証人に債務の履行を請求したときには、保証人は、まず主たる債務者に催告すべきことを請求できる権利）[86]および検索の抗弁（保証人が主たる債務者に弁済をする資力があり、かつ、執行が容易であることを証明したときは、債権者に対して、まず主たる債務者の財産についての執行を要求できる権利）[87]を放棄させるものである。前述のとおり、日本法の連帯保証の場合には、法律の規定により当該抗弁の適用が排除されるが、外国の"joint and several guarantee"は必ずしもかかる意義を有するものではない。このため、外国法準拠の保証書の場合には、"joint and several guarantee"であっても、上記の点を明記すべきである。

> (Appropriations)
> Until all the Guaranteed Obligations have been irrevocably paid and discharged in full, each Finance Party (or any trustee or agent on its behalf) may:

---

[86] 民法452条。
[87] 民法453条。

(a) refrain from applying or enforcing any other moneys, security or rights held or received by that Finance Party (or any trustee or agent on its behalf) in respect of those Guaranteed Obligations, or apply and enforce the same in such manner and order as it sees fit (whether against those Guaranteed Obligations or otherwise) and the Guarantor shall not be entitled to the benefit of the same; and

(b) hold in an interest-bearing suspense account any moneys received from the Guarantor or on account of the Guarantor's liability under this Guarantee Agreement.

　本条は全被保証債務が完済されるまで、貸付関係者に対して、貸付関係者が有する金銭、担保および権利の充当および行使の裁量（行使の有無および順番を含む。）を許容し、保証人に対してはかかる利益を享受させないこととしている（上記(a)参照）。これにより、貸付関係者に債権回収のための権利行使の裁量が認められることになる。

　上記(b)は、保証人から受領した金銭について、貸付関係者として被保証債務の弁済に充てずに保有することを許容するものである。これは保証人から保証債務の一部弁済を受けた際に効果的な規定であり、被保証債務を減少させることなく、保証人からの金銭の受領が可能となる。これによって、例えば、主たる債務者が破産した場合において主たる債務者に対する債権額を減らさないで債権届出をすることができ、結果、被保証債務および保証債務に対する弁済額の合計を増加させることが可能になりそうであるが、当該アレンジメントが有効か否かについては、各国の倒産法の効果を考慮する必要があろう。

(Deferral of Guarantors' rights)
Until all the Guaranteed Obligations have been irrevocably paid and

discharged in full and unless the Agent otherwise directs, the Guarantor will not exercise or otherwise enjoy the benefit of any right which it may have by reason of performance by it of its obligations under the Finance Documents or by reason of any amount being payable, or liability arising, under this Guarantee Agreement:

(a) to be indemnified by the Borrower;
(b) to claim any contribution from any other guarantor of or provider of security for the Borrower's obligations under the Finance Documents;
(c) to take the benefit (in whole or in part and whether by way of subrogation or otherwise) of any rights of the Finance Parties under the Finance Documents or of any other guarantee or security taken pursuant to, or in connection with, the Finance Documents by any Finance Party;
(d) to bring legal or other proceedings for an order requiring the Borrower to make any payment, or perform any obligation, in respect of which the Guarantor has given a guarantee, undertaking or indemnity under this Guarantee Agreement;
(e) to exercise any right of set-off against the Borrower; and/or
(f) to claim or prove as a creditor of the Borrower in competition with any Finance Party.

If the Guarantor shall receive any benefit, payment or distribution in relation to any such right it shall hold that benefit, payment or distribution (or so much of it as may be necessary to enable all amounts which may be or become payable to the Finance Parties by the Borrower under or in connection with the Finance Documents to be paid in full) on trust for the Finance Parties, and shall

> promptly pay or transfer the same to the Agent.

　保証人が保証債務を負担しまたは履行した場合には、原則として、主たる債務者に対して求償を求めることができ、かつ、被保証債務の履行がされた場合には、当該履行された被保証債務に係る権利（担保権を含む）を代位行使することが可能である。貸付関係者としては、被保証債務が完済されている限りにおいて、当該保証人の求償権および代位権についての行使を拒絶する理由はないが、一部の返済しか行われていない場合にかかる権利行使を認めることは、貸付関係者としての権利行使の裁量が制限され、回収金額に影響を与える可能性があることから、全被保証債務が返済されるまでは当該権利の行使を禁止するものである。

> (Additional security)
> The guarantee and indemnity under this Guarantee Agreement is in addition to and is not in any way prejudiced by any other guarantee or security now or subsequently held by any Finance Party.

　本保証契約に基づく保証について、いわゆる分別の利益（複数の保証人が同一の債務を保証する場合に、各保証人による保証債務額が保証人の頭数により分割されること）がないことを明確にし、その他の物的担保の設定の有無によっても影響を受けないことを明記するものである。

(4) その他ローン契約と共通する規定

　保証書においては、ローン契約と共通する規定として以下の条項を規定することを検討すべきである。

(a) 遅延損害金（Default Interest）
(b) 税務グロスアップ（Tax gross-up）
(c) 通貨補償（Currency indemnity）

(d) 表明(Representations)
(e) 誓約(Undertakings)
(f) 相殺(Set-off)
(g) その他一般条項[88]

　もっとも、上記に関しては、保証契約において規定するか否か、また、規定するとしてもどの程度詳細な条項を入れるかについては、ケースバイケースであり、特に、日本法準拠の保証契約の場合には、税務グロスアップおよび通貨補償については盛り込まれていない場合が多い。他方、準拠法や管轄についてはどの案件でも規定すべきである。

---

[88] 通知(Notices)、証書および決定(Certificates and Determinations)、準拠法(Governing Law)、一部無効(Partial Invalidity)、救済手段および放棄(Remedies and Waivers)、変更および放棄(Amendments and Waivers)、管轄(Jurisdiction)、仲裁(arbitration)など。

第5章

担保付シンジケート・ローン

第1節 担保付シンジケート・ローン

　シンジケート・ローンには、シンジケート・ローンに係る貸付債権を被担保債権として、ボロワーまたは第三者の有する資産に対して担保権を設定するものも存在する。特に、ストラクチャードファイナンス（不動産ファイナンス、アセットファイナンス、買収ファイナンス、プロジェクトファイナンスなど）においては、担保付シンジケート・ローンが組成されることが一般的である。

1　担保権の種類

　担保権の種類は、各法域においてその種類や成立要件その他の効力が異なる。例えば、日本法上は、抵当権、質権、留置権、先取特権、譲渡担保権などが担保権の種類として存在し、担保権の設定方法や効果が法律または判例によって決められている。一方で、例えば、英国法上は、"mortgages"、"pledges"、"liens"、"charges"、"assignment"などがコモンロー上の担保設定方法として認められており、必ずしも日本法上の担保概念と対応しているものではない。また、特に動産や不動産の有体物については、当該有体物に対する担保権の有効性等は、日本の法適用通則法13条で定めるように、目的物の所在地法により決定することが国際私法上の一般的なルールである。したがって、例えば、アジア国内における不動産に担保権を設定しようとする場合、当該不動産に対する担保権は、原則として当該不動産が所在する国の法律によって認められた不動産担保権を設定する必要がある。

　そこで、担保付シンジケート・ローンを組成する場合には、当該担保権の所在地国の法律事務所も雇用した上で、当該担保権の所在地国における担保法制の調査および当該所在地国法に基づく担保権の設定が必要となるのが原

則である。なお、アジア各国の担保法制の概要については、後述第6章を参照されたい。

2 レンダーが複数の場合の担保設定方法

　日本国内においては、レンダーが複数のシンジケート・ローンの場合、担保権を管理するためのエージェントを選定した上で、担保エージェントにより担保権設定契約の締結および管理を行うことが一般的である。一方で、海外においては、①日本国内における前述のストラクチャーと同様にセキュリティ・エージェントを選定の上で、セキュリティ・エージェントにより担保権設定契約の締結および管理を行わせるストラクチャー（以下「エージェント方式」という。）のほか、②セキュリティ・トラストを設定し、セキュリティ・トラスティーがレンダーのために担保権を取得するというストラクチャー（以下「トラスティー方式」という。）も存在する。

　この点、トラスティー方式の場合、日本法でいう信託を設定して担保権を管理することとなるが、トラスティー（信託受託者）が担保権の法的な保有者となり、他のレンダーは信託受益者（beneficial owner）になるのに対し、エージェント方式の場合には、あくまでエージェントはレンダーの代理人にすぎないため、代理人たるエージェントが担保権の保有者となるのではなく、本人たる各レンダーが担保権の保有者となり、エージェントは各レンダーに対して契約上の権利義務を負担するのみという構図になるものと一般的に説明されている。

　なお、アジア各国の中でも、国内法上において「信託」を設定することができない国も存在し、その場合にはトラスティー方式を採用することができないこととなる。そこで、担保設定方法のストラクチャーとして、どのように担保付シンジケート・ローンを組成するかという点についても、現地法の観点からの検討が必要となる。

第2節　担保付シンジケート・ローンに特有の条項

　無担保のシンジケート・ローン契約との比較において、担保付シンジケート・ローン契約に特有の条項もいくつか存在する。以下、主要なものを紹介する。

1　セキュリティ・エージェント（Security Agent）

　前述のとおり、シンジケート・ローンにおいては、ローンの事務上の手続を行うことを主たる目的として、融資金融機関の代理人としてエージェントが選任されるが、担保付シンジケート・ローンにおいては、通常のエージェントに加えて、担保の管理事務を行うことを主たる目的としてセキュリティ・エージェントが選任されることが一般的である。エージェントがセキュリティ・エージェントを兼ねる場合もあるし、エージェントとは別の金融機関がセキュリティ・エージェントとなることもある。また、前述のとおり、担保権は目的物の所在地法により受ける影響が大きいために、ボロワーの所在地国（これを「オンショア（onshore）」という。）における担保を管理するエージェントと、必ずしもボロワーの所在地国に拘束される必要がない担保を管理するエージェントとを、"Onshore Security Agent"、"Offshore Security Agent"として別々に選任することもある。

（1）　トラスティー方式を採用する場合には、セキュリティ・エージェントが、担保物を各レンダーのために信託受託者として保有する旨が規定される。例えば、"The Security Agent declares that it holds the Security Property on trust for the Secured Parties on the terms contained in this Agreement."などの条項である。

（2）　担保権の実行については、セキュリティ・エージェントを通じてのみ

行うことができ、各レンダーが個別に担保権の実行を行うことを禁じる旨が規定される。例えば、"The Secured Parties shall not have any independent power to enforce, or have recourse to, any of the Transaction Security or to exercise any right, power, authority or discretion arising under the Security Documents except through the Security Agent."などの条項である。

(3) セキュリティ・エージェントとして、エージェントに関する条項において最も気になる条項は、セキュリティ・エージェントが過度の責任を負担しないように規定される免責条項であろう。この点、担保付シンジケート・ローンにおけるセキュリティ・エージェントの条項において特有の免責条項としては、例えば、(a)セキュリティ・エージェントは担保権を実行した場合において被担保債権を全額返済できなかったとしても責任を負わない旨の規定、(b)セキュリティ・エージェントは担保権に係る対抗要件具備ができなかったとしても責任を負わない旨の規定、(c)セキュリティ・エージェントは自ら担保物について保険を付保する責任を負わず、また、保険の不十分性によって融資金融機関に損害が発生したとしても当該損害に対して責任を負わない旨が規定されることもある。

(4) セキュリティ・エージェントが担保権を実行したことにより取得した担保実行代り金の取扱いに関しても規定されることが一般的である。例えば、(a)当該担保実行代り金の充当順序についての規定、(b)当該担保実行代り金を融資金融機関等に対して交付するまでの保管方法に関する規定（例えば、セキュリティ・エージェントは当該金銭を利息付きの預金口座にセキュリティ・エージェント名義で預金することができる旨を規定する条項）、(c)セキュリティ・エージェントは融資金融機関等に対する担保実行代り金の交付のために、市場価格において受領した通貨を別の通貨に転換（両替）することができる旨の規定、(d)セキュリティ・エージェントは受領した担保実行代り金につき源泉徴収税等の税金その他の控除すべき額がある場合には、当該額を控除した後に融資金融機関等に対して

交付することで足りる旨などが規定されることもある。

2　表明保証

担保付シンジケート・ローン契約においては、以下の事項についてボロワーないし担保権設定者から表明保証させることが一般的である。下記の表明保証事項についてはローン契約中の表明保証条項に規定するか、または、各担保権設定契約の中で表明保証させることとなる。

(1) ボロワーまたは担保権設定者が、当該担保対象物につき適法かつ有効な権限を有していること（担保対象物が契約である場合には、当該契約が適法かつ有効に成立していること）。

(2) ボロワーの株式に対して担保設定する場合には、株主の資本構成に加えて、株主が当該株式の法的かつ実質的な所有者（legal and beneficial owner）であること、当該株式が適式かつ有効に発行済みであり、全額払込済みであること。

3　コベナンツ

担保権が設定される場合のシンジケート・ローン契約においては、ボロワー／担保権設定者は、担保権が有効に存続することを確保し、かつ、担保権設定契約において規定された優先順位を確保する旨の規定や、ボロワー／担保権設定者は、担保権の効力または優先順位に対して悪影響を与える行為を行わない旨が規定されることとなるが、より広く"Further Assurance"と呼ばれる条項を規定することが肝要である。このFurther Assurance条項は、ローン契約中のコベナンツまたは各担保権設定契約の中で規定される条項であり、大要、「セキュリティ・エージェントの要求がある場合、担保権設定者は、担保権の対抗要件具備（perfecting）、効力維持（maintaining、protecting）、執行・実行（enforcing）のために必要な一切の行為を行うおよ

び一切の文書を作成の上で交付することを誓約する」旨の条項であり、例えば以下のような条項である。

> The Borrower shall promptly, and shall ensure that each Security Provider shall, at the Borrower's own cost and expense, take all such action as is necessary or as a Security Agent may reasonably request promptly following execution of any Security Document or following receipt of such request (and in any event within thirty (30) days thereafter or such shorter period as may be prescribed by Applicable Law) for the purpose of:
> (ⅰ) preserving or protecting the value of the Project Assets which form part of the Project Security;
> (ⅱ) preserving, protecting and enforcing its title and the title of any Security Agent and the Finance Parties to the Project Assets which form part of the Project Security; and
> (ⅲ) perfecting any Project Security including, but not limited to, registration, re-registration and the payment of all filing fees.

担保権については、原則として当該担保対象物の所在国の適用法令に従って設定されることとなるが、例えば担保権設定契約締結後において、対抗要件の取得方法が当該適用法令の改正などによって変更された場合においても、設定済みの担保権の効力・対抗要件を維持することが可能となるよう、前述のような概括的な条項を規定しておくことが必要となる。

4　失期事由

担保付シンジケート・ローンにおいては、下記のような条文で、担保権設定契約の適法性、有効性または強制執行可能性が消失した場合、および、担

保権設定契約に基づき設定された担保権が、担保権設定契約で定められた効力および優先順位を消失した場合を、失期事由として規定することが一般的である。

> **(Security)**
> (a) Any Security Document, or a part thereof, ceases to be legal, valid, binding or enforceable.
> (b) Any Security Interest purported to be created under or pursuant to any of the Security Documents does not have, or ceases to have, the effect and priority it is expressed or purported to have under the terms of the relevant Security Document.

これは、担保付シンジケート・ローンにおいては、担保権の有効性等が与信の前提となっているために、当然に規定されるべき必須の条項といえる。

また、担保付シンジケート・ローンにおいては、当該担保対象物の重要性によっても取扱いが異なる場合もあり得るが、①当該担保対象物につき強制的に公用収用がなされたことや、②当該担保対象物が滅失または毀損したことを失期事由に規定することも多い。

5 準拠法・紛争解決条項

(1) 準 拠 法

各担保権設定契約においては、ローン契約の準拠法および紛争解決条項とは別に、各担保権設定契約の準拠法および紛争解決条項を検討する必要がある。

この点については、基本的には、当該担保対象物の所在国その他の関連する法域における国際私法（各国における強行的適用法規を含む。）を考慮した上で、いずれの法域における法令を準拠法とすべきか検討することとなる

が、当該担保対象物の所在地法を準拠法とし、当該所在地法を管轄する裁判所を裁判管轄として指定するケースが多い。

例えば、担保対象物としては不動産が最もポピュラーであるが、不動産を例にとれば、日本国内の国際私法ルールを定める法適用通則法は、13条において、「動産又は不動産に関する物権及びその他の登記をすべき権利は、その目的物の所在地法による。」と規定し（同条1項）、また、「前項の規定にかかわらず、同項に規定する権利の得喪は、その原因となる事実が完成した当時におけるその目的物の所在地法による。」と規定する（同条2項）。すなわち、不動産に対する担保設定は通常は抵当権を設定するが、抵当権の設定は物権変動行為の1つであるため、日本の裁判所では抵当権の設定等の効力については当該不動産の所在地法により判断することとなるのである。これは、あくまで日本の国際私法ルールであり、例えばインドネシアに所在する不動産に対して担保設定を行う場合には、まずはインドネシアに適用される国際私法ルールを確認した上で、当該国際私法ルールに従って担保権設定契約の準拠法の選択を検討することとなるが、前述の法適用通則法13条のルールは比較的多くの国で採用されている万国共通に近いルールである。したがって、当該担保対象物の所在地国における国際私法ルールにおいて、当該不動産に対する担保設定については、当該不動産所在地国の法律によるものとされている場合は、当該不動産に対する担保権設定契約の準拠法も当該不動産の所在地国の法律（前述の例でいえば、インドネシア法）とすることとなるであろう。

(2) 紛争解決条項

(i) 裁判管轄条項か仲裁条項か

各担保権設定契約の中にも紛争解決条項は規定される。紛争解決条項には、一般論として、裁判管轄を定める条項（裁判管轄条項）と、裁判ではなく仲裁による解決を紛争解決を企図した仲裁条項がある。この点、前述第1章第3節**2**のとおり、アジアにおいては裁判所においても汚職が蔓

延している国があり、ボロワーが特に汚職リスクの高い国に所在するような案件においては、「ローン契約」の紛争解決条項としては、SIACなどの国際仲裁機関による仲裁条項が入れられる場合が珍しくないが、「担保権設定契約」については、仮に担保目的物が汚職リスクの高い国に所在したとしても、仲裁条項ではなく裁判管轄条項を規定することが一般的である。

　この理由は、担保権設定契約の場合には、担保権について強制執行等に基づき強制的に担保権実行を行うことが終局的な目的であるところ、強制執行等の手続は当該現地国の裁判所を利用して行う必要が生じることが一般的であることにある。

　なお、留意を要するのは、前述のとおり「ローン契約」においては仲裁条項とするケースもあり得るため、そうすると、ローン契約の紛争解決方法は仲裁である一方で、担保権設定契約の紛争解決は裁判所である場合が現実的にあり得、仲裁手続と裁判手続とが競合する可能性がある点である。仲裁判断と裁判所の判断あるいは裁判所相互の判断が矛盾する可能性を極力防ぐためには、(当該方法が汚職リスク等との兼ね合いから適切か否か、また、各国法上、有効であるか否かの問題は別途検討する必要があるものの) レンダーにおいて、その選択により、担保契約の管轄裁判所と同一の裁判所において被担保債権に関する訴訟を提起することが可能な形で紛争解決条項を規定する (すなわち、ローン契約上、裁判管轄条項については少なくともレンダーにおいて法令上可能な範囲で裁判所を選択できるものとし、仲裁条項を入れる場合にも、裁判管轄を債権者側において選択できるようにする。) というのが実務的な解決方法の1つであろう。

　(ⅱ)　専属的か非専属的か

　裁判管轄条項を規定する場合には、実務的には、担保権者側においては、担保対象物の所在地の裁判所だけではなく、法令上、裁判管轄が認められる限りにおいて、他の国での裁判を選択できる形、すなわち非専属的

な裁判管轄条項を規定することが多い。この点、担保対象物の所在地国以外の外国裁判所から取得した判決ないし決定をもって、所在地国において直ちに強制執行を行うことができるものではないが、例えば、担保対象物の強制執行以外の請求（例えば、担保権設定契約違反に基づく損害賠償請求等）を主張する場合には、特に、当該担保権設定者が資産を保有するであろう国の裁判所において訴訟を提起することにも一定の意義がある。そこで、担保権者としてはその選択の余地を確保するべく非専属的な裁判管轄条項とすることにも意味がある。

第6章

各国法制度の特徴

第1節 シンガポール

1 基礎情報

(1) シンガポールの法制度

 シンガポールの法制度は、旧宗主国である英国のコモンローに由来し、法源として、以下の4つがある。

　① シンガポールの最高法規であり（憲法4条および162条）、シンガポール市民の基本的権利を規定するとともに、国の基本的な統治機構である立法府、司法府および行政府についての規定を置いている憲法

　② 立法府である議会により制定される法であり、会社法（Companies Act）、証券先物法（Securities and Futures Act）、銀行法（Banking Act）などの一般的な法律や、解釈法（Interpretation Act）[89]、英国法の適用に関する法（Application of English Law Act）[90]、民事に関する法（Civil Law Act）[91]など、特徴的な法律である制定法（Statute）

---

[89] 解釈法は、その名のとおり、法律の解釈の一般を定めた法であり、一般用語の定義（同法2条）、法律の合目的解釈の原則（同法9A条）、期間の計算方法（同法51条）などを規定している。

[90] 英国法の適用に関する法によって、英国の制定法の一部（Sale of Goods Act、Unfair Contract Terms Act等）および同法の施行日である1993年11月12日より前にシンガポール法の一部となっていた英国の判例法（エクイティ（衡平法）を含む。）が、シンガポール法の一部を構成することが明確にされ、シンガポールにおける英国法（制定法および判例法）の適用の範囲を明確にしている。

[91] 民事に関する法は、民事に関する雑則を定めたものであり、訴訟上の動産（chose in action）の譲渡の要件（同法4条8項）、不動産売買契約など書面により証明することが要求される契約の類型（同法6条）、不動産に関する信託設定は書面によること（同法7条）、裁判所の裁量による判決までの遅延損害金の付加（同法12条）、信託の有効期間（同法31条および32条）などを規定している。

③ 法令、条例、その他の法的権限等に基づくルール（rule）、規則（regulation）、命令（order）、コード（code）、通知（notification）などを広く含む下位規則（Subsidiary Legislation）
④ 最高裁判所の判例に先例拘束力（stare decisis）があり、その後の事件において、下級裁判所は最高裁判所の判決で示された判決理由（ratio decidendi）に拘束されるという[92]判例法（Case Law）[93]

(2) シンガポールの裁判制度

シンガポールの裁判制度は、最高裁判所と下級審である国家裁判所の二階層であり、最高裁判所は、高等裁判所（High Court）および控訴裁判所（Court of Appeal）により、国家裁判所は、地方裁判所（District Courts）および治安裁判所（Magistrate Courts）により構成される。

民事事件に関しては、原則として、請求金額がSGD60,000以下の訴訟については治安裁判所（国家裁判所法（State Courts Act）2条）、SGD60,000超SGD250,000以下の訴訟の場合には地方裁判所（国家裁判所法2条）、SGD250,000超の訴訟の場合には高等裁判所が第一審の管轄裁判所となる[94]。

刑事事件に関しては、治安裁判所は法定刑が5年以下の禁固または罰金の

---

[92] シンガポールにおいては同一審級における先例拘束性は否定されている。
[93] 前掲注90のとおり、英国法の適用に関する法に基づき、1993年11月12日より前にシンガポール法の一部となっていた英国の判例法（エクイティを含む）については、シンガポール法の一部を構成することが明確になった。他方、同法に基づいてシンガポール法の一部となっていない英国の判例法またはその他のコモンローの国（オーストラリアやカナダ等）の判例法は、シンガポールの裁判所を拘束するものではないが、シンガポールに先例がない場合には、当該外国裁判所の判決が重視される傾向にある。
[94] 民事訴訟は通常、原告の召喚令状（writ of summons）により開始する。事実関係に争いがなく、法の適用ないし解釈にのみ争いがある場合、呼出状（originating summons）によって訴訟を提起することもできる。被告は決められた期限内に答弁書（defence）を提出する。被告が答弁書を提出しなかった場合、欠席判決（default judgment）の対象となる。被告が答弁書を提出した場合、原告は反対訴答（reply）を提出することができ、これにより訴答手続（pleadings）が終了する。略式判決（summary judgment）が可能な場合、この段階で事件は終結する。それ以外の事件は、証拠開示手続（discovery）が行われ、引き続き正式事実審理（trial）に入る。

みの犯罪など比較的軽微な事件を取り扱い（刑事訴訟法（Criminal Procedure Code）7条）、地方裁判所は法定刑が10年以下の禁固または罰金の刑事事件を取り扱うことができる（刑事訴訟法8条）。高等裁判所はあらゆる刑事事件を取り扱うことができるが、通常は、法定刑が死刑または禁固10年超の重大事件を取り扱う。

　民事および刑事ともに、地方裁判所または治安裁判所の決定に対しては高等裁判所、高等裁判所の決定に対しては控訴裁判所に対して控訴を行う（最高法院法（Supreme Court of Judicature Act）3条）[95]。

　また、2015年1月から、高等裁判所において、国際商事裁判所（Singapore International Commercial Court）が設置されている[96]。これは、主として国際商事取引を想定し、シンガポールの裁判制度の枠組みにおいて、外国裁判官による訴訟指揮、外国法弁護士による訴訟代理などを認めることによって、国際仲裁の柔軟性を取り入れたものである。もっとも、国際商事裁判所の決定は判決であるため、ニューヨーク条約の対象ではない点が仲裁と大きく異なる。

2　貸金業規制

　シンガポールにおける金融レギュレーションは、主として、シンガポール金融管理局（Monetary Authority of Singapore（MAS））が所管する。MASは、シンガポールの中央銀行であるとともに、証券業、銀行業および保険業の規制当局である。

　シンガポールにおける与信行為を規制する法律としては、主に銀行法（Banking Act）、金融会社法（Finance Companies Act）および貸金業法（Mon-

---

[95]　なお、シンガポールにおいては、1994年に英国枢密院（Privy Council）に対する上訴の制度が廃止されている。
[96]　その他特別裁判所として、シャリア裁判所（Syariah Court）や軍事裁判所（Military Courts）なども存在する。

eylenders Act）がある。もっとも、銀行法上の銀行業（banking business）とは、当座または預金口座における金銭の収受、顧客が振り出したまたは入金した小切手の支払いおよび回収、顧客に対する貸付け、ならびにその他MASが規定する業務をいう（銀行法2条）が、上記業務のうちいずれか1つの業務を行うだけでは銀行業には該当しない。また、金融会社法上も、与信行為に加えて、公衆からの資金の調達を行うことが、金融業（financing business）の定義となっているため、預金の受け入れ等を前提としない通常の貸付業務については、オンショアまたはオフショアを問わず、銀行法および金融会社法は適用されない。貸金業法上は、貸付業務だけでも規制の対象となり得るが、同法は主として消費者金融を取り締まることを目的とした法律であるため、プロ投資家（accredited investors）[97]、会社、有限責任組合、ビジネストラストの受託者、REIT（Real Estate Investment Trust）の受託者などに対する貸付行為だけを行う場合には、同法上のライセンスは不要となる（貸金業法2条、5条）。

このため、相対でローンをシンガポールの会社等に提供するにすぎない場合、あるいはシンガポールの会社等に対するシンジケート・ローンにおいて参加行となるだけの場合などは、シンガポールにおいて、原則として業法上のライセンスは不要である。

なお、オフショアからの融資に関連して、外国法人が、シンガポールの会社法に基づき、シンガポールで業務を実施（carry on business）しているとみなされた場合には、会計企業規制局（Accounting and Corporate Regulatory Authority（ACRA））において支店登記をしなければならない。かかる規制はオフショアローンに関する業務は限定されたものではなく、外国会社一般

---

[97] プロ投資家の定義は証券先物法4A条に規定されており、MASにより別途規定される場合を除き、個人の場合にはSGD200万（もしくは外貨建ての相当額）超の純個人資産を有するかまたは直近12ヵ月の収入がSGD30万（もしくは外貨建ての相当額）以上の者をいい、法人の場合にはSGD1,000万（もしくは外貨建ての相当額）超の純資産を有する法人をいう。

に課せられる制限となるが、会社法上の違反とならないように留意すべきである。

3　外国為替規制

シンガポールにおいては、国際連合による経済制裁の対象となっている国に対する規制を除き、外国為替に関する一般的規制は存在しない。このため、海外からシンガポールへのオフショアローンを制限するような規制はなく、中央銀行であるMASの承認等は不要である。

4　物的担保

(1)　担保の種類

シンガポールでは、担保権についても英国の判例法を基礎としており、リーエン（lien）、プレッジ（pledge）、チャージ（charge）およびモーゲージ（mortgage）の4種類が存在する。これらの担保権は、担保権者による担保物を占有の有無および取得する権利内容によって、以下のとおり分類される[98]。

---

[98] 以下の分類において留意する必要があるのは、その意義は文脈により異なることがある点である。例えば、リーエンやチャージについては一般的な担保権という広義の意味があり、この場合、当該分類には必ずしも従うものではない。また、担保物権を日本語に訳す場合に、それぞれリーエンを留置権ないし先取特権、プレッジを質権、チャージを担保権、モーゲージを抵当権と訳す場合があるが、法制度自体が異なるため、必ずしも同一の権利を指すわけではない点に留意が必要である。特に、日本の抵当権は、抵当権者に抵当物の所有権が移転するものではないため、コモンロー上のモーゲージとは性質が異なる。
　また、以下の分類のほか、金銭債務などの訴訟上の動産（chose in action）を担保目的で譲渡をする場合に、アサインメント（assignment）が行われる場合があるが、権利移転を前提とする場合にはモーゲージに、権利移転を前提としない場合にはチャージに分類することが可能である。

担保の種類 (訳語)	占有の取得 (taking possession)	所有権の移転 (transfer of ownership[99])	売却権 (power of sale[100])	受戻権喪失権 (foreclosure[101])
リーエン (留置権・先取特権)	あり	なし	なし	なし
プレッジ (質権)	あり	なし	あり	なし
チャージ (担保権)	なし	なし	あり	なし
モーゲージ (抵当権)	なし	あり	あり	あり

　なお、上記分類においては、コモンロー上の担保権とエクイティ（衡平法）[102] 上の担保権について区別をしていない。衡平法上のリーエン（equitable lien）、チャージ（equitable charge）、モーゲージ（equitable mortgage）等は、コモンロー上の担保権の要件を充足しない場合においても一定の条件のもとで、衡平法上の担保の設定を認める。もっとも、衡平法上の担保権は、原則としてコモンロー上の担保権に劣後する。

　また、上記は、いわゆる物的担保（Real Security）に関するものである。

---

[99] Ownershipは所有権と訳されるが、コモンロー上は、物を完全に支配することができる絶対的権利という日本法上の所有権という意味ではなく、性質の絶対性を問わず、物または権利を保有、利用、移転その他の利益を享受できる権利の集合体として使われる場合が多い。

[100] 裁判所の関与なくして、担保物を売却する権利をいう。売却権は、担保契約に基づき付与することもできるため、リーエンにおいても売却権を設定できるが、ここでは担保の本来的性質として（すなわち、契約上規定しなかったとしても）売却権が認められるかという点を問題としている。

[101] 所有権転転の有無と表裏であり、所有権の移転があるモーゲージにおいては担保権設定者において受戻権（equity of redemption）が認められるため、これを消滅させる権利が受戻権喪失権である。

[102] エクイティについては後述Tea Break「コモンローとエクイティ」（252頁）を参照。

(2) フィクスド・チャージ（fixed charge）とフローティング・チャージ（floating charge）

コモンローにおけるチャージは、フィクスド・チャージとフローティング・チャージに区別される。フィクスド・チャージにおいては、担保対象物が固定化されており、担保権設定者は、担保の設定と同時に担保目的物の売却その他処分が禁止される。機械やオフィス機器などの動産に対して担保を取得する場合において利用される場合が多い。他方、フローティング・チャージは、担保目的物が固定化されておらず、一定の種類の目的物に対して覆い被さるように担保が設定される。フローティング・チャージの設定だけでは担保権設定者は担保目的物の処分権は制限されず、担保目的物の確定（crystallisation）[103]がされることによって、担保目的物が固定化され、担保権設定者による担保目的物の処分が制限される。商品在庫（inventory）や売掛債権（book debt）などに設定される場合が多い。

フィクスド・チャージとフローティング・チャージの本質的な差異は、担保権設定者が担保目的物が確定するまで担保目的物について通常業務の範囲内で管理処分権が留保されているか否かであり、担保権設定者にかかる権限が留保されている場合には、フローティング・チャージとなる。すなわち、フィクスド・チャージを設定する旨、契約書に記載があったとしても、担保権設定者に通常業務の範囲内での管理処分権が留保されている場合には、フ

---

[103] 担保目的物の確定事由としては、一般的に、担保権設定者の業務活動の終了、担保権設定者の清算手続の開始、担保権設定者の財産について財産管理人（receiver）の選任などがある。

ローティング・チャージと裁判所から認定されることになる[104]。

フローティング・チャージには、フィクスド・チャージに比べて担保権者の権利にとって不利な面があるが、担保権設定者の通常業務に支障を生じさせずに担保の取得ができる点、さらには、担保権設定者の全資産について担保設定が可能である点など、担保権者にとって有利な面もあることから、シンガポールでは担保取得する際に頻繁に利用されている。

(3) 対　　象

リーエンおよびプレッジは占有の取得を前提とするため訴訟上の動産（chose in action）の担保取得のために利用できないなどの制限があるものの、結局、どの財産権をどの担保権で取得するかについては実務・慣習による部分が大きい。例えば、有体動産（chose in possession）、すなわち、一般動産については、担保権者による占有取得を前提とするプレッジの設定ができる一方で、設定者側に占有を残して、チャージやモーゲージを設定するこ

---

[104] 当該区別は、担保権設定者からすれば、通常業務に支障をきたすものか否かという点において、また担保権者にとっても以下の点で重要となる。
　まず、担保目的物についてフローティング・チャージが設定されているにすぎない場合、担保目的物が確定するまでは、第三者は、フローティング・チャージの存在を認識していたとしても担保目的物について、担保権設定者からフローティング・チャージの負担のない完全な権利を取得することが可能であり、フローティング・チャージに優先する担保権の設定を受けることも可能である。
　フローティング・チャージが担保権設定者の清算開始前の6ヵ月以内に設定された場合には、フローティング・チャージ設定時またはそれ以降に新たに貸付け等を行った金額およびそれに対する年5％の利息分を除いて、フローティング・チャージは無効となる（会社法330条）。すなわち、この場合、フローティング・チャージ設定より前に行っていた貸付け等については、当該フローティング・チャージにより担保されないこととなる。
　担保権設定者において清算手続が開始した場合、フローティング・チャージは、清算人報酬、従業員の給与、退職金その他の手当などの一定の優先無担保債権に劣後する（会社法328条5項、226条）。
　フローティング・チャージに該当する場合、担保権設定者がシンガポールの会社または外国会社のシンガポール支店である場合には、後記(4)④の会社法上の担保登録義務が課せられる（会社法131条3項(g)号）。フィクスド・チャージの場合には、同法131条3項各号に該当しない場合には、登録は不要である。

とも可能である。実際、機械、オフィス機器、在庫などに関してはチャージが設定されることが多い。他方、不動産、船舶、航空機などの固定資産や株式などは、一般的にモーゲージが設定される。

(4) 設定・登記
① 不 動 産[105]

登記済み不動産に関して登記可能な権利の移転[106]および設定は、登記されることによって法的効力を生ずる（土地権原法45条）。すなわち、登記は対抗要件ではなく、効力発生要件である。登記は、確定的証拠（conclusive evidence）となり（土地権原法36条）、登記された権利は、原則として、たとえ

---

[105] シンガポール法上は、土地（land）には、建物が含まれるため、不動産と土地は実質的に同じ意味となる。

[106] シンガポールにおける不動産譲渡に関しては、不動産譲渡手続および物権に関する法（Conveyancing and Law of Property Act）および捺印証書登録法（Registration of Deeds Act）があり、コモンローに基づき、捺印証書を作成および交付し、登録することによって、不動産譲渡手続が行われていた。しかしながら、シンガポールにおいて、1959年に土地権原法（Land Titles Act）の前身となる1956年土地権原規則（Land Titles Ordinance）の施行により、トーレンズ・システム（Torrens System）が導入され、土地権原法に組み込まれた同システムに基づく登記済み不動産については、コモンロー上の不動産譲渡手続ではなく、同システムを前提とした譲渡手続を行うこととなった。現在では、シンガポールの不動産の99％以上が登記済みと言われており、不動産譲渡手続は、ほとんど土地権原法に基づくトーレンズ・システムのもとで行われている。もっとも、土地権原法69条および86条2項において、不動産譲渡手続および物権に関する法第4章および第3章をそれぞれ参照しているため、登記済み不動産であっても、担保および7年超の賃貸借に関しては、同法第4章および第3章の規定がそれぞれ重要な意義を有している。

トーレンズ・システムにおける不動産譲渡手続および担保権の設定は、所定のフォーム（instruments）をシンガポール土地登記局（Singapore Land Authority（SLA））に提出し、登記を行うことによって行われる。具体的には、SLAは、土地の権利ごとに、不動産の表示および権利を記載した法律文書（folio）を作成および保存する。もっとも、登記済み不動産に関するすべての権利が登記されるわけではなく、登記可能な権利（単純不動産権、永久不動産権、定期不動産権、7年超の期間を有する不動産賃借、モーゲージ、チャージ、地役権（easement）など）は法定されている（土地権原法8条1項、68条、87条、97条）。登記済み不動産に関して不動産権保有者またはモーゲージもしくはチャージの設定を受けた者は、SLAに対して権原証明書（certificate of title）の発行を請求できる（土地権原法34条5項、1項）。

権原を有しない者から取得したものであっても、既に登記または通知済みの権利[107]による制限を除き、完全な権利となり、無効化されない性質（indefeasibility）を備える（土地権原法46条）。かかる性質に対する例外事由は、登記または通知をしなくても優先する一定の権利（土地権原法46条1項）[108]が存在する場合や偽造（forgery）または詐欺（fraud）があった場合（土地権原法46条2項(a)号、47条、154条1項(d)号、160条）[109]などに限定されている。

　登記済み不動産に対するモーゲージまたはチャージの設定についても、登記が効力要件となるため、SLAへの登記が必要である。なお、登記済み不動産に対するモーゲージは、コモンロー上は所有権を移転させて担保設定を行うものであるにもかかわらず、土地権原法上は土地所有権は担保権設定者に留保される（土地権原法68条3項）[110]。ここではモーゲージは一定の金銭債務（debt）を担保するために用いられる（土地権原法68条1項）一方で、チャージはそれ以外の賃料、年金その他の定期的債務などを担保するために用いられる（土地権原法68条2項）。未登記であっても、衡平法上のモーゲー

---

[107] 登記済みの権利としては、登記済みモーゲージや地役権などがある。他方、通知済みの権利としては、土地利用制限約定（restrictive covenant）（土地権原法139条）および法令に基づく制限（土地権原法142条2項）が含まれるが、後述する脚注111の土地権原法115条に基づく利害関係通告（caveat）は含まれない。

[108] 土地利用権に係る法定の制限（土地権原法46条1項(i)号）、未登録の一部の地役権等（土地権原法46条1項(ii)号）、未通知の一部の法令に基づく制限（土地権原法46条1項(iii)号、142条）、登記官による訂正（46条1項(iv)、159条）、裁判所による訂正（土地権原法46条(v)、160条）、7年以下の短期リース（土地権原法46条1項(vi)号）などがある。

[109] 登録権利者またはその代理人による詐欺または偽造があった場合、登記済みの権利が無効となる可能性がある（土地権原法46条2項(a)号）。もっとも、詐欺の概念は狭く解釈されており、単に未登記の権利を認識しているだけでは足りず、不誠実性（dishonesty）や不道徳性（moral turpitude）が典型的要素とされる。

[110] 担保権者に所有権移転はしないが、受戻権喪失権（foreclosure）を有する（土地権原法76条）。

ジやチャージを合意により設定することは可能である[111]。

② 債　権

　債務 (debt)、信託受益権、契約上の権利などを譲渡する場合、民事に関する法4条8項に従う必要がある。要件は、(i)完全な譲渡であること、(ii)譲渡が譲渡人が署名した書面によって行われること、および(iii)譲渡が、第三債務者に通知されることである。当該要件を充足しない譲渡であっても、当事者間において譲渡の意図が明確である限り、エクイティ上の譲渡として有効となり得る。ただし、エクイティ上の譲渡は、譲渡人および譲受人間では有効であるが、第三債務者との関係では、第三債務者がそれを認識しない限り、有効とならない。担保設定という点では、解釈上、モーゲージは完全な譲渡と考えられているため、民事に関する法4条8項に従った譲渡が可能であるが、チャージの場合には、エクイティ上の譲渡として設定することができるにすぎない。エクイティ上の譲渡および担保は、対価 (value) を支払って譲渡を受けた善意 (bona fide) の第三者に対抗することはできない。

　株式担保に関しては、民事に関する法ではなく、シンガポール会社法の要件を充足する必要があり、株券の電子化 (Scripless System) の有無、すなわち、株式がシンガポール証券取引所に上場しているか否かにより、譲渡および担保設定の方法が異なる。電子化されていない非上場の株式については、株式譲渡証書 (share transfer form) の作成、株券 (share certificate) の交付および株主名簿への登録により株式譲渡または担保設定[112]を行うが、電子

---

[111] トーレンズ・システムにおいて、エクイティ上の権利（信託受益権やエクイティ上のモーゲージ等）や不動産売買契約上の買主の権利などは登記することはできないが、かかる権利を保全するために利害関係通告 (caveat) を行うことができる（土地権原法115条）。利害関係通告は、それ自体、土地上に権利を設定するものでも、権利の存在を証明するものではないが、当該通告の内容と矛盾する内容の登記をするためには、原則として、通告人の同意が必要となる（土地権原法115条2項）。

[112] エクイティ上の担保設定の場合には、株券の預託など一部の要件のみを満たした形での担保設定となる。

化された株式については、シンガポールの中央預託システム（Central Depository System）への登録を行うことにより株式譲渡および担保設定を行うことになる。

③ その他

その他シンガポールにおいて譲渡および担保の対象となることが多い財産権として、船舶や航空機がある。船舶の譲渡および担保設定については、シンガポールの商船法（Merchant Shipping Act）に基づきシンガポール海事港湾庁（Maritime and Port Authority of Singapore（MPA））に登記をすることによって行う。航空機の譲渡および担保設定については、シンガポールはケープタウン条約[113]を批准しているため、その国内法である航空機器の国際的権益に関する法（International Interests in Aircraft Equipment Act）に基づき、国際的権益（international interest）を国際登録所（international registrar）に登録することによって行うことができる。

④ 会社法上の担保登録

上記のほか、シンガポールにおける担保に関して留意すべき点は、会社法上、シンガポール法に基づいて設立された会社および外国会社のシンガポール支店が一定の担保を提供する場合には、担保名簿に登録を行うとともに、ACRAに登記をする必要がある点である。これは、会社法上の登録義務が課せられる限り、財産権ごとに要求され得る上記で述べたSLA、シンガポール中央預託システム、MPA、国際登録所等への登記、登録、通知等とは別に要求されるものであり、いかなる場合に会社法上の登録要件が課せられるか理解しておく必要がある。会社法上の登録が必要な担保の種類は以下のとお

---

[113] 可動物件の国際的権益に関する条約（The Convention on International Interests in Mobile Equipment）および可動物件の国際的権益に関する条約に付属する航空機物件に特有の事項に関する議定書（Protocol to the Convention on International Interests in Mobile Equipment on Matters Specific to Aircraft Equipment）。

りである（会社法131条3項）。
- 債務証書（debenture）発行のための担保
- 会社の未請求株式（uncalled share capital）に対する担保
- 会社が保有する子会社株式に対する担保
- 個人により締結されていれば売買証書（bill of sale）として登録が要求される証書によって設定または証明される担保
- 所在地を問わず不動産またはその権利に対する担保
- 会社の有する売掛債権（book debts）に対する担保
- 会社の事業（undertaking）または財産（property）に対するフローティング・チャージ
- 未払いの行使済みコール（calls made but not paid）に対する担保
- 船舶もしくは航空機またはその持分に対する担保[114]
- 営業権、特許もしくはそのライセンスまたは商標、著作権もしくはそのライセンスに対する担保

　ACRAへの担保登録は、担保設定の日から原則として30日以内に行う必要があり、かかる期間内に登録がされなかった場合、清算人および会社債権者との関係で当該担保は無効となる（会社法131条1項）。ACRAへの担保登録は清算人および会社債権者への対抗要件であり、担保権者間の優劣は財産権ごとに要求される登記、登録、通知等の先後による。例えば、登記済の土地に担保を設定する場合、30日以内にACRA登録がされている限りにおいて、ACRA登録の先後ではなく、SLAへの登記の先後により、優先順位が決定される。

---

[114] 航空機器の国際的権益に関する法に基づき登録された担保については、登録義務が免除されている（会社法131条3B項、3C項）。

5　人的担保

人的担保（Personal Security）としての保証についても、コモンローの一般的な原則が適用される。保証の詳細については、第4章参照。

6　セキュリティ・トラストの制度

担保付シンジケート・ローンにおいては、担保権を信託の対象財産としたセキュリティ・トラストが設定されることが多い。受託者たるセキュリティ・トラスティーは、レンダーの利益のために、信託によって担保権を保有し、担保管理およびレンダーに対して担保権利行使による配当を行う。セキュリティ・トラストにおいては、担保権者であるレンダーは信託財産に対して所有的権利（proprietary claim）を有する受益者として保護されるため、受託者が倒産した場合においても、受託者の一般債権者に優先して権利を行使することができる点で担保権者の権利の保護が手厚い。また、セキュリティ・トラストに係る貸付債権をレンダーが第三者に譲渡する場合に、新規レンダーは、担保権の再登録または新規設定をしなくても、既存の担保権から利益を受けることができる点で便宜であり、これは特にボロワーの資金繰りが悪化している場合において意義が大きい。

セキュリティ・トラスティーも、信託契約において別段の定めがなければ、信託受託者として制定法およびコモンロー上の義務を原則として負うことになるため、ローン契約や信託証書などにおいて受託者の義務の範囲および程度を制限することが、セキュリティ・トラスティー側としては重要となる。

7　外国判決の執行

　外国裁判所における判決の執行に関しては、コモンウェルスに属する国[115]の上級裁判所の判決（ただし、金銭給付に限る。）については、コモンウェルス判決相互執行法（Reciprocal Enforcement of Commonwealth Judgments Act）に基づきシンガポールにおいて執行可能である。コモンウェルスに属さない国・地域の上級裁判所の判決（ただし、金銭給付に限る。）であっても、外国判決相互執行法（Reciprocal Enforcement of Foreign Judgments Act）の指定する国・地域[116]の場合、同法に基づいてシンガポールにおいて執行ができる。日本の裁判所の判決は、コモンウェルス判決相互執行法および外国判決相互執行法のいずれの対象でもないが、(i)外国（日本）において管轄権を有する裁判所における確定判決であること、(ii)金銭給付判決であること、(iii)詐欺的行為によって得られたものではないこと、(iv)シンガポールの公序良俗に反するものではないこと、および(v)自然的正義に反しないことなどの条件を満たせば、判例法に基づいて執行することができる。

---

[115] 英国、オーストラリア、ニュージーランド、スリランカ、マレーシア、インド（ジャム・カシミール州を除く）、ブルネイ・ダルサラーム国などが該当する。
[116] 執筆時点では香港のみ指定されている。

第2節 香　港

1　基礎情報

　香港の法制度は、判例法（コモンロー）制度であり、香港の裁判所の過去の判決が先例として非常に重視される。また、香港以外のコモンロー制度国（特にイングランドおよびウェールズ）の判例も参考にされる。また、香港の法制度においては、判例（コモンロー）のみならず成文法も重要な要素である。香港の裁判所は、香港司法機構により行政府と立法府から独立して運営されており、三審制をとっている。裁判所は、終審法院（Court of Final Appeal）、高等裁判所（高等法院（High Court））、地方裁判所（区域法院（District Court）。その一部として家庭裁判所（家事法廷（Family Court））がある。）、少額裁判所（小額錢債審裁処（Small Claims Tribunal））、治安判事裁判所（裁判法院（Magisrates' Court））などからなる。

2　貸金業規制

　香港では、貸金業は、Money Lenders Ordinance（以下、「MLO」という。）により規制されている。香港においてローンの提供に係る事業を行う場合には、原則として、ボロワーの所在地にかかわらず（香港内および香港外のいずれの場合にも）、MLOに基づくMoney Lender Licenseの取得が必要となる[117]。

---

[117] なお、主たる業務が金銭の貸付け（Lending Money）ではない場合において、通常の業務の範囲内で貸付けを行う場合には、Money Lender Licenseの取得義務は免除される。

ただし、主たる業務が金銭の貸付けである場合でも、取り扱うローンがすべて免除対象ローン（Exempted Loan）である場合には、Money Lender Licenseの取得義務を免除される。免除対象ローンの中には、以下のローンが含まれる。

(a) 1,000,000香港ドル（またはその他の承認された通貨による相当額）以上の払込済資本金（Paid Up Share Capital）を有する会社へのローン
(b) その株式または社債が香港証券取引所（またはその他の承認された証券取引所）に上場されている会社、またはその子会社へのローン

利率については、年率60%を超える利息での貸付けは、刑事罰の対象となり、このような利率を規定する貸付けは効力を有しない。また、年率48%を超える利息での貸付けは不当に高い（Extortionate）利率の取引と見做され、裁判所は、かかる取引に関して当事者間の衡平を図ることができる。

3　外国為替規制

香港には特段外国為替に関する規制はない。

4　物的担保の種類

香港で貸付けの際によく用いられる担保の種類としては下記のものがある。

(1) モーゲージ（Mortgage）
① 意　味
モーゲージは、英国のコモンローの考え方に基づく担保である。モーゲージは設定者が、担保権者に対して、設定者の保有する債権を担保するため

に、ある資産についての所有権は維持しつつ、一定の権利を担保権者に移転させるものであり、担保される債権に不履行などがある場合、担保資産を差押え、また売却することができる権利である。

モーゲージには、法律上のモーゲージ（Legal Mortgage）および衡平上のモーゲージがある（衡平法（エクイティ）については、Tea Break「コモンローとエクイティ」（252頁）参照）。

② 登　　録

会社条例上登録可能なモーゲージは、設定後1ヵ月以内に、香港の会社登記所（Hong Kong Companies Registry）に登録する必要がある。船舶など一定の種類の資産および商標や特許などの一定の知的財産権は、別途の登録制度があり、かかる別途の登録制度への登録が必要となる。

また、航空機の場合、法律上は、会社登記所への登録のみが要求されているが、実務上は、香港の"Civil Aviation Department"への担保権設定の通知を行い、かつ、航空機にネームプレートを付するのが一般的である。

不動産担保の場合、関連書類は、The Land Registryに登録する必要がある。

③ 対　　象

有形資産（機械、在庫、航空機、船舶など）および無形資産（知的財産権など）に対して設定することが可能である。不動産の法律上のモーゲージは、法律上のチャージにより設定され、捺印証書として書面で締結される。

株式の場合、法律上のモーゲージは、通常、捺印証書の形式で設定される。対抗要件は、譲渡証書（Instrument of Transfer）により株式譲渡を行い、印紙税を納付した上で、担保権者を株主名簿上に株主として登録することにより具備される。また、株式の衡平法上のモーゲージ（なお、株式担保の場合、衡平法上のモーゲージと衡平法上のチャージは同じ意味で用いられることが多い。）では、設定者は株式の所有権を維持する。衡平法上のモーゲー

ジの設定のためには、担保権者に対して対象株券を預託することで足りる。対抗要件は、株式譲渡のための譲渡証書や契約証書（Contract Note）などの関連書類のブランクフォームを株券とともに担保権者に預託することで具備される。

④ 執　行

モーゲージは、モーゲージ設定契約の規定に従って執行する。動産担保の場合、担保設定契約において、担保執行の幅広い権限を有する管理人（Receiver）が選任されるのが一般的である。通常、管理人は担保資産を売却して不履行債務の支払いに充当する権限を有する。管理人が資産を占有する場合、管理人は裁判所に対して資産が所在する場所への立入りの助力を求めることができる。

(2)　チャージ（Charge）

① 意　味

チャージを設定しても、その担保資産自体もその所有権も設定者から担保権者に移転するものではない。チャージは被担保債権が期限の利益喪失等した場合に、担保権者が担保資産を差押え、また、被担保債権弁済のために、当該担保資産を売却することができる。動産に対するチャージには、フィクスド・チャージとフローティング・チャージがある。その区別については、第1節 **4**(2)参照。

② 登　録

上記 **4**(1)②を参照。

③ 対　象

不動産、有形動産、知的財産権などの無形資産、債権、銀行預金など。

④ 執　　行
(a) 不動産担保の場合

捺印証書として締結された不動産のチャージ（法律上のチャージおよび衡平法上のチャージ）の場合、執行は、不動産の売却（裁判所の命令を要しない。）、占有、競売または管理人（Receiver）の指定によりなされるのが一般的である。

(b) 動産担保の場合

動産担保の場合、担保設定契約において、担保執行の幅広い権限を有する管理人が選任されるのが一般的である。通常、管理人は担保資産を売却して不履行債務の支払いに充当する権限を有する。管理人が資産を占有する場合、管理人は裁判所に対して資産が所在する場所への立入りの助力を求めることができる。

(3) アサインメント（Assignment）

① 意　　味

第三者に対する権利の移転をいう。法律上のアサインメント（Legal Assignment）の要件は以下のとおりである。

(a) 譲渡人（Assignor）による書面でなされること。
(b) すべての権利について移転がなされること。
(c) 譲受人に対して通知がなされること。
(d) 債務者に対して書面通知がなされること。

② 登　　録

アサインメントに登録は必要とされていない。

③ 対　　象

債権（Receivables）、契約上の権利、銀行預金、特許および登録意匠、著

作権など。

　④ 執　　行
　執行は、アサインメント契約の条項に従って行う。

(4)　プレッジ（Pledge）
　① 意　　味
　プレッジは、対象資産の占有（実際の占有かconstructiveな占有かを問わない。）の移転を伴う。担保権者は、貸付けに債務不履行がある場合、対象資産を売却することができる。原則として、プレッジは、有形資産にのみ設定することができる。プレッジは、対象資産の担保権者またはその代理人への引渡しおよび当事者の行為により証明されるプレッジを設定する意思により設定される。

　② 登　　録
　プレッジに登録は原則として必要とされていない。

　③ 対　　象
　原則として、有形動産。

　④ 執　　行
　執行は、プレッジに関する契約の条項に従って行う。

(5)　リーエン（Lien）
　① 意　　味
　リーエンは、債務の履行または免除がなされるまで、他人の財産を占有する権利である。プレッジと異なり、リーエンの権利者は対象資産を売却することはできない。

② 登　　録

リーエンの登録制度はない。

③ 対　　象

有形動産。

5　保　　証

保証は、香港におけるファイナンスにおいて、広く用いられている。

香港法上、保証は、その有効性が、主たる債務の有効性に付随する従たる債務としての性質を有するため、実務上は、かかる制約を排除すべく、保証債務を負担する者は、損害担保債務（Indemnity）も負担するものとされていることが多い。損害担保債務は、別個独立の債務であり、債権者の損失を補償することを目的とする。

保証および損害担保債務には、一般的な契約法法理が適用される。したがって、対価（Consideration）に関する紛争を避けるため、保証および損害担保債務は通常捺印証書の形式で締結される。

6　セキュリティ・トラスト

香港では、セキュリティ・トラストを含め、信託（Trust）コンセプトは一般的に認められている。セキュリティ・トラスティーは、香港の裁判所で権利の執行を行うことができる。

7　外国判決の執行

香港において外国判決を執行する方法には、以下の2つの方法がある。

(a) コモンローに基づくもの
(b) 外国判決（相互執行）条例に基づくもの

　前者（コモンロー）の方法は、基本的に、外国判決を訴因とする召喚状により別途訴訟を開始する方法である。通常、原告はその後、略式判決のための召喚状を提出する。香港において外国判決を執行するためには、①当該判決が確定していること、②香港の法律により適法な管轄権を有すると認められた裁判所により言い渡されたものであること、③不正に取得されたものではないこと、④正義・公平の原則に反して言い渡されたものでないこと、および⑤公序良俗に反しないことが必要である。

　外国判決（相互執行）条例に基づく方法は、香港の裁判所において外国判決を登録することにより、香港の判決と同様に香港において執行できるようにするものである。香港における外国判決の登録は、香港と当該外国判決を下した国との間で、香港の判決の承認および執行について互恵協定が存在する場合に限り、認められる。現時点では、オーストラリア、インド、マレーシア、シンガポール、フランス、ドイツ、イタリアなどの国の裁判所における外国判決は、この方法を用いることができるが、米国や日本の裁判所の判決については、この方法を利用することはできない。

8　フィナンシャル・アシスタンス（Financial Assistance）

　原則として、香港の会社またはその香港にある子会社は、株式の取得またはかかる株式の取得により生じる責任を軽減または免除するために、直接または間接的にフィナンシャル・アシスタンスを行うことが禁止されている。

　フィナンシャル・アシスタンスには、貸付け、貸付けに係る権利の移転、保証、担保または補償（Indemnity）を含む。2014年3月施行の新会社条例（Companies Ordinance）により、規制が若干緩和され、会社（上場・非上場を問わない。）は、原則として、会社条例に規定されるSolvency Testを充足

し、かつ、フィナンシャル・アシスタンスが以下のいずれかの条件を満たす場合には、会社の株式またはその親会社の株式を取得するために、他の会社に対してフィナンシャル・アシスタンスを行うことができることとされた。なお、いずれの場合にも取締役会決議が必要となる。

(a) フィナンシャル・アシスタンス（既に行われて未返済のものを含む。）の総額が、支払済み株式資本の5％未満である場合（会社条例283条）
(b) フィナンシャル・アシスタンスが、すべての株主による書面決議で承認された場合（会社条例284条）
(c) フィナンシャル・アシスタンスが、普通決議で承認され、フィナンシャル・アシスタンスを禁止する裁判所の命令が発せられていないこと（会社条例286条）

会社条例に違反して、フィナンシャル・アシスタンスがなされた場合には、かかるフィナンシャル・アシスタンスおよびこれに関連する契約または取引は無効となる（会社条例276条）。レンダーのような第三者の権利は、フィナンシャル・アシスタンスに関する会社条例の制限によって影響を受けない。

第3節 マレーシア

1 基礎情報

　マレーシアは、19世紀から1960年代まで英国による植民地だったため、その名残りから、原則コモンロー（判例法）に基づく法体系を有し、裁判所の下した裁判が法律同様の意味合いを持つ場合がある。もっとも、成文法も存在し、マレーシア全土、特に土地や宗教に関連したものに適用のある連邦法（federal laws）と特定の州にのみ適用される州法（state laws）とがある。さらには、民事法と刑法とは別に、主にイスラム教徒およびその資産のみを対象とするイスラム法（金融についてのものがイスラム金融として有名である。後述第3節**8**(2)参照）もある。マレーシアの裁判所は、下級審および上級審に分かれている。下級審の管轄は限定されており、Magistrate CourtとSessions Courtからなる。上級審は、High Court of Malaya、High Court of Sabar、High Court of Sarawak、Court of AppealおよびFederal Courtからなる。上級審では、英語が主に使われているが、下級審では、マレー語（Bahasa Malaysia）が主に使われており、マレーシアではマレー語が公用語である。

2 貸金業規制

　マレーシアで貸金業を営むものは、1951年貸金業法（Moneylenders Act。以下「貸金業法」という。）に基づく認可が必要となる（同法5条1項）。ここでいうところの貸金とは「利息を付して、担保の有無にかかわらず、金銭の貸付けをボロワーに対して行うこと」を意味する（同法2条1項）。貸金業の

認可が必要とされるにもかかわらずその認可を有さないものによる貸付契約は執行力を持たないとされている（同法15条）。もっとも、例えば、会社がそのマレーシア1965年会社法（Companies Act 1965、以下「会社法」という。）に定義される関連会社（related corporation）への貸付けを行う場合や、雇用契約に基づき、その会社の取締役や従業員に対する利益として、貸付けを行う場合には、当該会社には貸金業法の認可は不要とされている（同法2A条1項（First Schedule））。マレーシア国外にいるレンダーからマレーシア国内のボロワーに対して行う貸付けについては、貸金業法上明示的に適用が免除される旨の規定はなく、また、前例となる裁判所の判断（ケースロー）もないため、これを行う際には、慎重な対応が推奨される。貸金業法に基づく貸金のための利息については、担保付ローンについては、年利12％以下、無担保ローンについては、年利18％以下とされている（同法17A条1項）。それを超える利息が付された貸付契約については、無効となり、執行力も認められないとされている（同法17A条3項）。

3 外国為替規制

外国為替管理は、Central Bank of Malaysia（CBMまたはBank Nagara Malaysia）により、Financial Services Act 2013（FSA）などに基づき行われている[118]。

---

[118] 居住者および非居住者の外国為替管理の規制についてはCBMのウェブサイトにて開示されている（http://www.bnm.gov.my/index.php?lang=en&ch=en_newfea&pg=en_newfea_overview&ac=355&eId=box1）。

(1) 外国通貨

　居住者[119]である法人は、一定の例外を除き、(a)ライセンスを有する国内の銀行、(b)同一グループに属する居住者または非居住者[120]の法人から他の非居住者、(c)その居住者または非居住者である直接の株主、または(d)他の居住者に対する外国通貨建て負債性証券の発行を行うことで、無制限に外国通貨建ての借入れを行うことができる。他方、それ以外の場合には、非居住者から外国通貨建てで借入れを行う場合には、1億リンギット相当の金額を上限とする等の制限がある。

(2) リンギット（Ringgit）

　居住者である法人は、非居住者である金融機関を除く非居住者から、マレーシアでの使用目的のために、100万リンギットまでリンギットの借入れを行うことができる。また、居住者である法人は、一定の例外のもと、マレーシアでの実需に基づく活動のために、制限なく、同グループ内の非居住者である法人または非居住者であるその直接の株主からリンギットでの借入れを行うことができる。また、グループ外の他の居住者等に対するPrivate Debt Securities Guidelineに基づくリンギット建ての私募による負債性証券等の発行を通しても、リンギット建ての借入れを金額に制限なく、行うことができる。

　上記の取引を行うには、所定の様式[121]での届出を行うことによる、CBMからの承認またはCBMに対する通知が必要となる。

---

[119] 「居住者」とは、マレーシア国民（マレーシアの国外の領域で永住権を得てマレーシア国外に居住している者を除く。）、非マレーシア国民でマレーシアの永住権を得てマレーシアに定住している者、法人化されているか否かは問わないが、いずれかのマレーシア当局の登録または承認を得ている団体等をいう。

[120] 「非居住者」とは、居住者以外の個人、居住者たる法人の海外の支店、子会社、地域事務所、営業所、駐在事務所、マレーシアの国外での領域で永住権を得てマレーシア国外に居住しているマレーシア国民等をいう。

[121] CBMのウェブサイトにて入手可能である（www.bnm.gov.my）。

4 物的担保

マレーシアにおいて、貸付けに伴いよく用いられている物的担保は下記のとおりである。

(1) モーゲージ（Mortgage）
① 意　味
モーゲージは、英国のコモンローの考え方に基づく担保である。モーゲージは担保権設定者が、担保権者に対して、担保権者の保有する債権を担保するために、ある資産についての所有権は担保権設定者に残しつつ、一定の権利を、担保権者に移動させるものである。担保される債権に不履行などがある場合、担保資産を差押え、また売却することができる権利である[122]。

② 登　録
モーゲージについて登録を要するか否かはその目的資産や担保権設定者の性質次第である。例えば、船舶についてのモーゲージは、Merchant Shipping Ordinance 1952に基づき、所定の様式で申請することにより、登録が可能である。船舶については、登録しなければ売却代金に対して、優先権を主張することができない。優先順位は、モーゲージの登録時で定まる[123]。

---

[122] 具体的には、Bank Bumiputra Berhad v. Doris Development Sdn. Bhd.（1988）1 MLJ 462において、Peh Swee Chin 判事に下記のとおり説明されている。
　"In an English mortgage at common law, the mortgaged property was transferred to the name of the mortgagee on the creation of the mortgage with a proviso for redemption. Under the said provision, the mortgagee agreed to re-transfer the mortgage property by a certain date beyond which it was stated to be irredeemable. Equity stepped in and provided the equity of redemption, by which the right to redeem was extended beyond the said date and would be lost only on foreclosure or sale."

[123] Merchant Shipping Ordinance 1952. 43条。

③ 対　　象

モーゲージについては、上記の船舶のみならず、知的財産権、工場、機械、株式、金融商品なども対象とされる場合がある。

④ 執　　行

担保資産の売却など、モーゲージの執行については必ずしも裁判所の関与を要するものではなく、当事者の合意に基づき執行ができる。

　もっとも、船舶に対するモーゲージについての執行手続は、高等裁判所（High Court）での海事行為（admiralty action）として、行われる。航空機に対するモーゲージは、Civil Aviation Regulations 1996の規定に基づく売却を通して執行され得る。

(2)　チャージ（Charge）

① 意　　味

チャージは、担保権設定者から担保権者に担保資産の所有権の移動なく、被担保債権が期限の利益喪失等した場合に、担保権者が担保資産を差押え、また、被担保債権弁済のために、当該担保資産を売却することで、被担保債権を保全できる担保権である。チャージにはフィクスド・チャージとフローティング・チャージとがある。その区別については、前述第1節**4**(2)を参照。

② 設　　定

設定は、原則当事者の合意にて可能だが、土地に関するNational Land Code（以下「NLC」という。）等特に法律で定められている場合は、マレーシア法に基づく所定の様式による。なお、フィクスド・チャージやフローティング・チャージについては、ディベンチャー（Debenture）という形式の書面で設定されることが一般的である。チャージが土地上に設定されるときは、NLCに基づき登記されることで初めて効力を有することになる。

③ 登録（Registration）

前述のとおり、土地上のチャージのようにNLCのような法律に基づいたチャージについては、所定の様式による登録（関連する土地の所在する土地当局に3ヵ月以内に行う必要あり）が効力発生の要件となり[124]、登録を怠った場合、未登録チャージまたは衡平法上のチャージ（衡平法（エクイティ）については、Tea Break「コモンローとエクイティ」（252頁）参照）となり、法律上はその効力が認められないこととなるが、当事者間の契約としては依然有効とされている（NLC206条3項）。

また、担保がマレーシアの会社法に基づき設立された会社により設定される場合で、かつ当該担保が会社法108条3項に基づき登録可能なチャージである場合（担保付社債発行、子会社株式へのチャージ、土地またはそれに関する利益へのチャージ、帳簿上の負債に関するチャージ、会社の事業または資産に関するフローティング・チャージ等）、当該チャージは、the Companies Commission of Malaysia（CCM）に登録する必要がある（同法108条1項）[125]。これは、会社法に基づき、チャージ設定から30日以内に、Form34という書面により行われなければならない。

④ 対　　象

株式および社債、銀行口座、不動産、工場および機械、知的財産権、将来

---

[124] ラブアンの会社の資産に影響のある、または外国ラブアン企業（foreign Labuan company）のマレーシアの資産に影響のあるチャージは、設定から1ヵ月以内にLabuan Financial Services Authorityに届出しなければならない。

[125] CCMへの登録を所定の期限内にしなかった場合には、清算人や他の債権者に対して、チャージを対抗できなくなる。会社が清算手続中の場合には、清算人はチャージを考慮せずに、当該担保資産の処分が可能となる。また、未登録チャージは、その優先権を主張できない。Form34は、会社の取締役または秘書役により署名されなければならない。同様の規制は、Labuan Companies Act 1990において設立された会社に対しても、適用があり、同法所定のForm21が、Labuan Financial Services Authority（LOFSA）に担保設定から30日以内に、提出しなければならないとされている。

取得する資産およびその他のフローティング・チャージにより担保設定できる現在、将来および変動し得る資産。

⑤ 執　行
チャージは、担保資産の売却などを、当事者の合意に基づき規定されている権利を通して執行することができる。なお、チャージの執行により、土地が外国資本[126]に移動される資産については、当該外国資産がNLC433B条に従い、関連州当局の事前の承認を取得する必要がある。

資産の権原の取得、デフォルト時の売却またはチャージの合意書に従った権利の行使等の執行方法については様々なものがある。裁判所の関与は、不動産や船舶の売却命令を取得する必要がある場合には必須である（裁判所規則2012）。また、チャージには、担保資産の受領者（receiver）および管理者（manager）を選任できる権利を有する。

(3) アサインメント（Assignment）
① 意　味
マレーシアでも一般的に、保険その他の契約上の権利・利益などの第三者に対する会社の権利や利益（無体財産権）は、当事者間の書面での契約により、譲渡することが可能である。これを表すアサインメントにも、法律上の譲渡（legal assignment）と衡平法上の権利についての譲渡（equitable assignment）とがある。

---

[126]「外国資本」とは、(a)マレーシア市民ではない自然人、(b)永住権保有者である自然人、(c)外国企業・機関または(a)、(b)もしくは(c)に記載される者により議決権の50％以上が保有されるローカル企業・機関により構成される者を構成する資本、資本の一団、またはそれらにより共同して行為する者たちを意味する。

② 設　　定
　法律上の譲渡の設定は書面で行われ、第三債務者に対する通知により対抗要件が具備される。
　他方、衡平法上の譲渡については、特定の様式等によることは求められない。

③ 登　　録
　譲渡については、一般的に登録をすることは求められていない。ただし、登録意匠の譲渡の場合など一定の場合には、Registrar of Industrial Designs に登録簿などへの権利の登録が必要となる場合もある。

④ 対　　象
　銀行口座、契約上の権利、売掛債権、および保険証書、不動産などが対象となる。

⑤ 執　　行
　権利の執行は、それぞれの契約等の規定に基づき行われ、裁判所の関与は必須のものではない。なお、法律上の譲渡の譲受人は、デフォルト時に、第三者に対して直接権利遂行を行うことができるが、衡平法上の譲渡の場合には、譲渡人からの権利遂行が必要となり、その協力を得るのが通常である。

(4)　プレッジ（Pledge）
① 意　　味
　プレッジとは、「債務の支払い又は約束の遂行のための担保としての物の寄託」を意味するとされている（Contracts Act 1950・125条）。プレッジは、質権者に、動産または権利証上に占有権を与える。質権設定者は、質物の所有権を保持し、債務が全額弁済されたときに、その占有権を回復することができる。

② 設　　定
書面で、かつ捺印証書という様式により設定されるのが一般的である。

③ 登　　録
プレッジは、原則として、有効とするために登録を要するものではない。

④ 対　　象
動産、株式、船荷証書、倉庫証券、倉庫貨物受取証、埠頭主預証、配達証、その他商品の権利の証書などの交付可能な証書[127]。

⑤ 執　　行
権利の執行は、占有取得や質物の売却など質権の条項に記載の手続を通して行うことができる。裁判所の関与は、必ずしも必要ではない。

5　人的担保

保証は、通常、マレーシアにおいても用いられ、また、個人でも法人によっても付与可能とされている。

(1)　準 拠 法

保証の準拠法をどの法律にするかは、当事者次第である。マレーシア裁判所は、一定の留保および条件のもと（例えば、準拠法の選択が善良に行われていること）、契約の準拠法としての法律の明示的な選択を指示し、執行している。マレーシアでは保証の様式について所定のものはない。保証は口頭でも書面でも可能である（Contracts Act 1950・79条、80条）。

---

[127] Contracts Act 1950・131条。

(2) マレーシア中央銀行

下記の場合にはマレーシア中央銀行（CBM）からの承認が必要となる（CBM発行の居住者に適用される規則（Rules Applicable to Residents）[128]）。

(i) RM1億相当を超える非居住者（同じグループ会社企業による場合を除く）によるローンのための保証

(ii) RM5000万相当を超える居住者により非居住者（同じグループ会社企業による場合を除く）に対して行われるローンのための保証

6　セキュリティ・トラスト

信託は、衡平法上の義務としてマレーシアで認識されており、また、信託は、マレーシアでは、複数の債権者グループの担保を保有するためによく用いられている。

7　外国判決の執行

外国の裁判所の裁判の執行は、Malaysian Reciprocal Enforcement of Judgements Act 1958（以下「REJA」という。）またはコモンローのいずれかに基づき行うことができる。

(1) Reciprocal Enforcement of Judgments Act 1958（REJA）

一定の管轄地（許可管轄地）（英国、シンガポール、ニュージーランド、インド（Jammu & Kashmir州、Manipur州、Assam州のTribal地方、MadrasとAndhra州のスケジュール記載の地域を除く。）、スリランカ、香港およびブルネイを含む。）の裁判所からの裁判は、下記の一定の要件（例えば、裁判が詐欺により

---

[128] CBM発行の居住者に適用される規則により規律される。前掲注118参照。

獲得されていないことが下記④で要求される。）を満たし、それが一度REJAに基づき登録されることで、マレーシアにて執行することができる。当該外国裁判の執行のために改めてマレーシアで裁判を行うなどの別の手続を経る必要はない。

① その国がマレーシアとの間で裁判の執行を相互に認める条約を有すること。
② 上位裁判所における最終裁判であり、金銭の額を確定するものであること。
③ 裁判のときから6年以内に行われること。
④ 裁判がREJAから特に排除されたものでないこと。

(2) コモンロー（Common law）
　上記(1)により執行を認められる国以外の裁判所での裁判の場合、コモンローに基づき、マレーシアでの裁判手続を経なければ、その執行はできない。このためには、それが金銭債務に関するものであることなど、一定の条件が必要となる点、留意が必要である。

8　その他

(1) フィナンシャル・アシスタンス（Financial Assistance）[129]
　会社法67条(1)項において、マレーシアで設立された会社は、直接または間接的に、ローン、保証、担保提供その他のものを通して、下記のもののために、財務援助を行ってはならないという制限がある。

---

[129] シンガポール会社法でもフィナンシャル・アシスタンスは規制されている（同法76条1項）。もっともその対象は公開会社とその子会社に限定されている。

①　ある者による行われた、もしくは行われようとしているその会社の株式、その会社がある会社の子会社である場合には、その持ち株会社の株式の購入
②　自身の株式の購入、処分またはそれに関する金銭の貸付け

　例えばある会社（A会社）が別の会社（B会社）の株式を取得するためにファイナンスを行う場合がある。B会社は、当該ファイナンスのために、その資産に担保を設定することはできない。会社法67条の文言が広範であるため、当初の取得のリファイナンスのためのA会社のためのファシリティーも財務援助の禁止の対象となり、B会社は、リファイナンスを提供する新しいファイナンサーのためにその資産に担保を設定することも禁止される。

(2)　イスラム金融

　一般の金融のほかに、イスラムを国教とするマレーシアでは、イスラム金融の手法がとられることもある。イスラム金融は、シャリア法として知られるイスラム法を遵守する金融システムを意味する。イスラム金融においては、当事者間での相互リスクと利益の共有、すべてのもののための公平さの確保が原則であり、取引はそのもととなる事業活動や資産に基づくものでなければならない。「リバー（riba；利息）」、「マイシール（maisir；賭博・投機）」および「ガラール（gharar；不明確性）」に関係する活動は禁止される。「イジャーラ（ijarh；賃貸借）」、「ムダーラバ（mudaharabah；一方が他方に出資する取引）」および「ムシャーラカ（musharakah；組合）」などの様々なイスラム金融の考え方を用いることで、金融機関はイスラム金融商品の柔軟、創造的かつ選択的な取引を行うことができる。また、当該活動に関連する実際の取引または事業により支えられるべき取引の需要を強調することにより、イスラム金融は、投資のためのより高い基準を設定し、説明責任とリスク低減を推進する。イスラム金融は、1970年代の登場以来、非常に大きく成長している。イスラム銀行法1983年（イスラム金融サービス法2013年にて全

面改訂）の施行は、最初のイスラム銀行の設立を可能にし、その後、イスラム金融システムの自由化により、多くのイスラム金融機関が設立されている。

Tea Break
コモンローとエクイティ

　シンガポール、香港、マレーシアの法制度は、英国のコモンローに由来する。コモンローは、大陸法と対比される英米法、あるいは制定法との比較における判例法という意味で使用されるほか、エクイティ（衡平法）裁判所によって発展したエクイティ（衡平法）と対比されるコモンロー裁判所によって発展した法体系という意味においても使用される[130]。

　エクイティは、法によって救済が与えられない特定の場面で用いられる法による結論を正義と衡平の見地から正すまたは補助するものである。エクイティという概念は日本には存在しないが、日本法の信託受益権はエクイティに類似する[131]。日本法上の信託においては、一定の目的で財産（信託財産）を拠出する委託者、信託財産の法的権利の帰属主体となる受託者、および受託者が保有する信託財産に対して受益的権利を取得する受益者が存在するが、ここで受託者が有する「法的」権利が「コモンロー」上の権利に相当し、受益者が保有する「受益的」権利と呼んでいるものが「エクイティ」上の権利に相当する。エクイティが一般法として存在するコモンローの国においては、あらゆる権利義務関係についてコモンローまたはエクイティ上の権利

---

[130] エクイティ裁判所とコモンロー裁判所の区別は英国に由来するが、現在、英国において両裁判所は統合されており、かかる区別は存在しない。
[131] 実際に日本の信託法は、英国のエクイティ上の最も重要な概念である信託をモデルに制定されている。

義務が生じる可能性がある。例えば、シンガポールの不動産に対して法的に（コモンロー上）有効な担保を設定するためにはシンガポール土地登記局（Singapore Land Authority（SLA））への登記が必要となるが、仮に、当該登記がなかったとしても当事者が担保設定について合意し、担保設定に必要な書類等を担保権者に提供し、一定の条件を満たす場合にはエクイティ上の担保権が発生する。

　海外シンジケート・ローンとの関係で理解しておくべき事項は、信託という概念は、エクイティを基礎とする概念であること、また、コモンロー上は権利および救済が認められない場合であっても、エクイティ上の権利および救済が認められる場合があることである。このため、エクイティという概念が存在しない、多くのシビルローの国では、そもそも信託が設定できるかという点が問題となる。後者のエクイティ上の権利および救済手段に関しては、かかる権利がレンダー側に有利にも不利にもなる場合があるため、ドキュメンテーションを行う際には留意が必要である。例えば、ボロワーが一定の財産を保有していることについて表明保証を取得する場合には、ボロワーがコモンロー（legally）上およびエクイティ（beneficially）上の所有者であることを表明させる必要がある。

第4節 インドネシア

1 基礎情報

　インドネシアの法体系は旧宗主国であるオランダ法の影響を受けているといわれており、成文法に基づく法体系である。例えば、民法や民事訴訟法はオランダ統治時代にオランダ語で制定されたものが現在も効力を有している。裁判制度は原則として三審制であり、最高裁判所が最終審となる。普通裁判所に加えて、行政裁判所、宗教裁判所、軍事裁判所および憲法裁判所の特別裁判所が設置されている。

2 貸金業規制

　外国企業がインドネシア国内の企業に対して融資を行うことを明示的に規制する法令は定められておらず、海外からの融資について特段の許認可や登録は不要と解されている。また、融資金利の上限は定められていない。なお、外国企業がインドネシア国内に子会社を設立して、インドネシア国内で融資を業として行う場合は、銀行業または金融業等の許認可を取得する必要がある。

3 外国為替規制

(1) 報告義務
　インドネシア中央銀行は一定の外為取引について報告義務を定めてい

る[132]。すなわち、インドネシア企業による海外からの借入れについては、ボロワー企業に以下の内容の報告義務を課している。
① １年超の長期対外借入計画の提出
② 対外借入れの残高と変動
③ 対外借入れを行っているボロワー企業の財務情報

なお、外為取引報告や財務情報はオンラインでの報告が可能とされている。また、報告義務違反には罰金が科される旨の罰則が定められている。

(2) 外貨建てオフショアローンに関するヘッジ規制

インドネシア中央銀行は、外貨建て海外債務を有するインドネシア企業（銀行を除く）に対して、一定の条件のもとで、為替ヘッジ、流動性維持や格付け取得を求める規則を定めている[133]。

具体的には、一定の条件のもとで、外貨建て流動負債額が外貨建て流動債権額を超過する場合、当該超過額の一部について為替ヘッジを行わなければならないとされている。また、一定の条件のもとで、外貨建て流動資産と外貨建て流動負債の比率を一定以上とすることを求め、外貨建て流動負債の管理の健全化を図っている。さらには、外貨建て負債を有する企業は、原則として所定の格付け機関から一定以上の格付けを取得することとされている。

4　担　　保

(1) 総　　論

貸付けの担保として用いられる主な担保権としては以下のものがある。

---

132 外為取引報告義務に関する中銀規則14/21/PBI/2012、同規則16/22/PBI/2014。
133 民間企業の外貨建てオフショア債務に関する中銀規則16/21/PBI/2014。

不動産に対する担保権
① 抵当権（Hak Tanggungan。抵当権法（1996年法第4号））

動産に対する担保権
② 信託担保権（Fiducia Security。信託担保権法（1999年法第42号））
③ 質権（Pledge。民法（1847年法第23号））

その他の担保としては、人的担保である保証も認められている。

(2) 不動産に対する担保権─抵当権
(a) 総　論
抵当権は土地に関する権利上に設定される担保権であり、抵当権により担保された債権は、抵当権の目的とされた土地に関する権利から優先的に弁済を受けることができる。また、抵当権の目的になる主な土地に関する権利として、以下のものが規定されている（抵当権法4条1項）。
・所有権（Hak Milik）
・開発権（Hak Guna Usaha）
・建設権（Hak Guna Bangunan）

(b) 設定方法
抵当権の設定方法は以下のとおりである。
(i) 抵当権者（債権者）と抵当権設定者（担保提供者）との間の抵当権設定証書を、不動産登記官の面前で締結する。
(ii) 不動産登記官は、抵当権設定証書の締結日から7営業日以内に、当該証書を不動産登記所に登録する。
(iii) 不動産登記所は抵当権を土地台帳に登録する。登録の日付は登録の申請を受けた日の7日後とする。

抵当権は土地台帳への登録をもって有効になるとされている（同法13条5

号)。また、抵当権登録の証拠として、不動産登記所は抵当権証書を抵当権者に対して発行することとされている(同法14条1項)。

なお、同一の土地に関する権利上に複数の抵当権を設定することも可能で、その場合の優劣関係は抵当権が土地台帳に登録された日付の先後により決定される。また、複数の抵当権が同一の日に登録された場合の優劣関係は、抵当権設定証書の日付の先後により決定される。

抵当権設定に要する期間は、概ね1ヵ月程度とされている。

(c) 実行方法

抵当権の実行は、抵当権の目的物の競売(Public Auction)または私的売却により行われる(同法6条、20条1項、2項および3項)。

私的売却は、抵当権者と抵当権設定者が合意し、より高い価格での売却が見込まれる場合に認められ、関係者への通知と2紙以上の新聞への公告がなされてから1ヵ月以上経過した後に行うことができるとされている。

(3) 動産に対する担保権

(a) 信託担保権 (Fiducia Security)

信託担保権は、担保の目的物に担保権を設定しながら、担保権設定者が引き続き担保目的物の占有を有する担保権であり、有形もしくは無形の動産または担保権を設定できない不動産に設定することができる(信託担保権法1条2項)。例えば、債権に対する担保として信託担保権が用いられることが多い。信託担保権が設定されても担保目的物の占有は担保設定者(債務者等)に残るが、債権は頻繁に支払いが行われ、担保設定者が占有を有することの必要性が高いからである。

信託担保権を設定するためには、信託担保権者(債権者)と信託担保権設定者(担保提供者)とが信託担保権の設定について合意し、信託担保権設定証書を作成する必要がある(同法5条1項)。担保権登記所は、登録申請がされたのと同一の日に、信託担保権の登録を行い(同法13条3項)、信託担保権証書を発行する(同法14条1項)。また、信託担保権は、担保権登記所に登録

されることにより効力を有する（同法14条3項）。

　信託担保権の実行は、目的物の競売（Public Auction）または私的売却により行われる（同法29条1項）。

　私的売却は、信託担保権者と信託担保権設定者が合意し、より高い価格での売却が見込まれる場合に認められ（同法29条1項c号）、関係者への通知と2紙以上の新聞への公告がなされてから1ヵ月以上経過した後に行うことができるとされている（同条2項）。

　なお、債務者のデフォルト時に、信託担保権の目的物の所有権を信託担保権者が取得する旨の合意は無効とされている（同法33条）。

　また、信託担保権の設定、変更および撤回について、オンラインでの登録申請を可能とする法務人権省規則が2013年3月に公布されている（法務人権省2013年規則9号および10号）。同規則により、従来は紙ベースでのみ認められていた登録申請が、オンラインでも可能とされた。

(b)　質権（Pledge）

　質権は、担保目的物である動産の占有を質権設定者から質権者に移転させることにより設定される担保権であり、質権設定者が目的物の占有を有しない点が、信託担保権との大きな違いである。なお、質権の登記制度は採用されていない。例えば、株式に設定する担保として質権が用いられることが多い。質権を設定することにより株式の占有を質権者（債権者）に移転することができ、より債権者の権利保護に厚いためである。

(4)　人的担保

　保証は、当事者間の合意で成立し、債務の一部の保証も可能とされている。保証の合意が書面の形式でなされることは明文上要求されていない。また、保証の実行は債務者に対する債務履行の請求と同様の方法で行われ、保証人が任意に債務履行しない場合、原則として保証人に対して管轄権を有する裁判所に訴訟提起することになる。

5 セキュリティ・トラスト制度の可否

インドネシア法において、セキュリティ・トラスト制度は認識されていないと解されている。

6 外国判決の執行

外国判決はインドネシアと当該外国との間で執行に関する条約が締結されていない限り、インドネシア国内において執行力を有さないとされており、現時点で当該条約を締結している主要な国は確認されない。インドネシア国内企業に対して強制執行を行うためには、再度インドネシア国内の裁判所に訴えを起こす必要がある。外国判決をインドネシア国内での訴訟において、証拠の1つとして提出することも可能であるが、インドネシアの裁判官は外国判決の判断に拘束されない。また、外国判決の内容がインドネシアの公序良俗に反する場合は、証拠として採用されない可能性がある。

なお、外国の仲裁手続による仲裁判断について、インドネシアはニューヨーク条約に加盟しており、インドネシア国内の裁判所において仲裁判断の承認および執行決定を経て執行することも可能とされている。もっとも、実務上はインドネシアの裁判所に執行を拒否される例も少なくない。

7 その他

(1) インドネシア語使用義務

国旗、言語、国章および国歌に関する法律（2009年法第24号）31条により、インドネシア企業または個人が当事者となる契約にはインドネシア語を使用しなければならないとされている。ただし、外国企業が当事者となる場合は英語等の外国語も使用することができるとされている。

同法に違反して、契約にインドネシア語を使用しない場合の罰則や契約の効力についての明示的な規定は定められていないが、外国企業とインドネシア企業との間で英語のみで締結された融資契約について、同法違反を理由として無効とされた裁判例もあるので注意が必要である[134]。

---

[134] なお、上記国旗、言語、国章および国歌に関する法律の規定は必ずしも明確ではなく、インドネシア語使用義務の範囲も明確ではない部分もある。例えば、インドネシア語と英語とを併記した場合、両言語の規定の間に齟齬があったときに英語を優先言語とすることができるかについては見解が分かれている。また、契約の準拠法をインドネシア法以外とすることによって、上記インドネシア語使用義務を回避することができるとの見解もあるが、インドネシア国内で強制執行を行う段階ではインドネシアの裁判所が関与するため、その際にインドネシア語使用義務の遵守について審査される可能性も否定できない。

第5節 ベトナム

1 基礎情報

ベトナムの法制度は、共産主義理論とホー・チ・ミン思想の影響に加え、1986年からの「ドイモイ（刷新）」による市場経済導入後は西欧諸国の法律の影響も受けている。現行の民事法（私法）に関しては、いわゆる大陸法系に属する。また、2007年のWTO加盟後、ベトナムでは、私法分野の近代化が推し進められている。ベトナムの裁判制度は、審級制を採用しており、最高人民裁判所、省級人民裁判所および県級人民裁判所の三段階に分かれるが、基本的に二審制をとっている。

2 貸金業規制

ベトナムにおける貸金業を規制する主な法律は、金融機関法（法律47/2010/QH12）となる。同法では、貸付けを業として反復して行うことが銀行業の一種として定義されており、金融機関でない者が行うことは禁止されている（同法4.12条、4.14条および8.2条）。金融機関には、銀行、ノンバンク、Micro-finance Institutionsおよび人民信用基金が含まれる（同法4.1条）。

貸金の金利については、民法（法律33/2005/QH11）[135] 上、国家銀行の公表する基本金利の150%を超えることはできないとされている（同法476.1

---

[135] 法律91/2015/QH13（以下「2015年民法」という。）が2015年11月24日に公布され、2017年1月1日の施行が予定されている。本稿の内容は、脱稿時点で有効な民法（法律33/2005/QH11）に基づいているが、2015年民法において変更が見込まれる部分については、適宜脚注において言及することとする。

条)[136]。ただし、金融機関については、特別の上限金利が設定されている一定の分野への融資[137]を除き、かかる上限規制は原則として撤廃されている[138]。

3 外国為替規制

　ベトナムに設立された会社の資金調達としては、ベトナムの金融機関からの借入れによる方法もあるが、ベトナムの金利が比較的高いことなどの事情から、クロスボーダーでのローン（以下「外国ローン」という。）により資金を調達する場合も多い。

　ただし、外国ローンは、ベトナムの外国為替規制のもとで厳格に管理されており、ベトナムに設立された会社が外国ローンを受けることを希望する場合には、一定の規制上の要件を満たさなければならない。

　外国ローンの借入期間が1年を超える場合、ボロワーであるベトナムの会社は、当該借入れをベトナム国家銀行に登録すること、借入目的が自らもしくは投資先企業の運転資金または一定の要件を満たす既存の外国ローンのリストラクチャリングであること、その他の規制に服することとされている（政令219/2013/ND-CP14条5項、通達25/2014/TT-NHNN[139]、通達12/2014/TT-NHNN5条等）。仮に、借入期間が1年超の外国ローンがベトナム国家銀行に登録されていない場合、送金銀行から、利子や返済金の送金を拒まれる可能性がある点に留意する必要がある。

　借入期間が1年以下の外国ローンの場合、ベトナム国家銀行への登録は要

---

[136] 2015年民法においては、年率20％を超えてはならないとされている。
[137] 農業、ハイテク産業等の一定の優遇分野における融資、中小企業に対する融資等。
[138] ただし、ベトナム国家銀行は、金融機関による貸出金利を引き下げる方向性を打ち出しており、金融機関に対して、貸出金利の報告等を義務付けている。
[139] なお、通達25/2014/TT-NHNNは、通達03/2016/TT-NHNNにより、2016年4月15日に廃止された。

求されないものの[140]、当該借入れの目的は、借入期間が１年超の外国ローンよりもさらに制限され、ボロワーであるベトナムの会社の投資先企業の運転資金に用いることは認められない（通達12/2014/TT-NHNN５条）。

4　担　保

(1)　担保の種類

ベトナム民法において定められている担保の種類は以下のとおりである（同法318条および416条）。

(a)　質権（Pledge）

(b)　抵当権（Mortgage）

(c)　手付け（Deposit/Performance Bond）

(d)　保証金（Security Deposit/Security Collateral）

(e)　エスクロー（Escrow Account）

(f)　保証（Guarantee）

(g)　信用保証（Fidelity Guarantee）

(h)　留置権（Lien）[141]

上記のうち、留置権は、双務契約において当事者間の合意に基づかずに発生する法定担保と位置付けられており、他は約定担保と位置付けられている。

複数の債権を担保する目的で担保権を設定することも、将来変動する債権

---

[140] ただし、当初の借入期間が１年以下であったとしても、期間の延長により１年を超える場合や、借入れから１年後の応当日に未払いがあり、当該応当日から10日以内に返済が行われない場合にも登録が必要となる（通達25/2014/TT-NHNN3条）。

[141] 留置権は、現行民法では私法上の義務を担保するための担保権としては列挙されておらず、双務契約の義務の履行を担保するためのものと整理されていたが、2015年民法においては、新たに私法上の義務を担保するための担保権として整理された。また、2015年民法においては、新たに所有権留保が私法上の義務を担保するための担保権に追加された。

を担保する目的で担保権を設定することも、ベトナム法上は禁止されていない。ただし、被担保債権の特定が不十分な場合には、担保の登録または執行において、実務上、問題を生じる可能性がある点には留意が必要である。

　ベトナム法上、取引が禁止されている財産は、一般に担保権の対象とすることはできない（民法320条、政令163/2006/ND-CP4条）。そのため、個人の人格権や一定の武器・化学薬品のように、譲渡・取引が禁止されている財産に担保権を設定することはできない。

　ベトナム法上、被担保債権が債権者から第三者に譲渡された場合、当該被担保債権に係る担保権は、随伴して当該第三者に移転する（民法313条、政令163/2006/ND-CP22.5条）[142]。

(a) 質　　権

① 意　　味

　質権とは、財産の所有者が、民事上の義務の履行を担保するために、当該財産を引き渡すことにより設定される担保権をいう（民法326条）。

② 対　　象

　前述のとおり、ベトナム法上、取引が禁止されている財産は、質権に限らず、一般に担保権の対象とすることはできない。また、上記の一般的な制限に加え、土地使用権および土地上の資産に対しては、質権を設定することはできない。また、占有の移転が観念できない一定の財産についても、質権の設定はできないと解釈されている。それ以外のものについては、幅広く質権の設定が可能となっている。

③ 登　　録

　質権を設定するためには、書面により質権設定契約を締結し、かつ、質権の対象となる財物の占有を質権者に移すことが必要となる（民法327

---

[142] ただし、担保権者の変更を登録する必要がある（政令83/2010/ND-CP12.1条）。この場合、担保権の第三者に対する効力の発生時点は、（担保権者の変更登録時となるわけではなく）当初登録時からであることに変更はないとされている（政令163/2006/ND-CP11.2条）。

条）。

　一定の財物を除き、質権設定者との関係では、財物の引渡しの時点から効力を有するものの、第三者に対抗するためには、質権の登録が必要となる（政令163/2006/ND-CP11条）。

　質権の登録方法は対象となる財産ごとに異なり、例えば、上場会社の株式、航空機や船舶については特別の手続が定められているが[143]、一般的な動産についての質権の登録は、担保登録機関であるNational Registration Agency for Secured Transaction（以下「NRAST」という。）を通じて行うことになる。

　NRASTへの登録は、窓口に直接書類を提出する方法のほか、郵送やオンラインアカウントを作成して、PDFベースでの提出を行うことも可能である[144]。

(b) **抵　当　権**
① 意　　味

　抵当権とは、財物の所有者が、当該財物の占有を移転することなく、使用を継続することを前提として、民事上の義務の履行を担保するために、当該財物に対して設定される担保権をいう（民法342.1条）。なお、当事者は、当該財物の占有を第三者に移すことを合意することもできる（同法342.2条）。

② 対　　象

　抵当権は、上記質権の対象において述べた担保権の設定ができない財産

---

[143] 上場会社の株式への質権設定については、証券法およびその下位規則の定めに従って、Vietnam Securities Depositoryの定める手続を行う必要がある。航空機については、管轄のCivil Aviation Administration of Vietnamへの登録が、船舶については、管轄のVietnam Maritime Administrationへの登録が、それぞれ必要となる。

[144] ただし、オンラインアカウントの作成時には、窓口または郵送での申請が必要となる。なお、本稿執筆時点で、1件当たりの申請手数料は、VND 80,000（約450円程度）、オンラインアカウント取得に必要なregular customer登録手数料は、年間VND 300,000（約1,700円程度）となっている。

を除き、原則として、土地使用権および土地上の建物を含む、幅広い財物に対して設定することが可能である。生産・事業活動に用いられ、随時変動する一定の範囲の集合動産を対象として抵当権を設定することも可能である。

土地使用権および土地上の建物に抵当権を設定することができるのは、原則として、ベトナム国内における許認可を有する金融機関に限られており、一般の事業会社が土地使用権および土地上の建物に抵当権を設定することは認められていない点に留意が必要である（土地法174.2条(d)、175.1条(b)、183.2条(b)、183.3条(d)、186.2条(c)等）[145]。

また、土地使用料が免除されている土地使用権や、国営企業が保有する土地使用権のうち、取得原資または土地使用料の支払原資が国の予算から拠出されている土地使用権に対しては、抵当権を設定することができない（土地法173.2条および174.3条）。

③ 登　　録

抵当権を設定するためには、書面により、抵当権設定契約を締結する必要がある（民法343条）。土地使用権および土地上の建物に対して抵当権を設定する場合には、抵当権設定契約について、公証または認証を受けることも必要となる（土地法167.3条(a)）。

土地使用権、航空機、船舶等の一定の財物に対する抵当権の設定については、抵当権の登録が義務となっており、当該登録が（対第三者のみならず、対債務者との関係においても）効力発生要件とされている（民法343条、政令163/2006/ND-CP10.1条(c)および12条）。登録申請先は、それぞれ管轄の Land Use Rights Registration Office、Civil Aviation Administration of

---

[145] 例外として、ベトナムの個人または家族世帯が権利者である土地使用権および土地上の建物については、このような制限は課されていない（土地法179.1条(g)および179.2条（dd）参照）。

VietnamおよびVietnam Maritime Administrationeとなる[146]。

上記以外の一般的な動産に対する抵当権の設定については、原則として、抵当権設定者との関係では、合意の時点から効力を有するものの、第三者に対抗するためには、NRASTへの登録が必要となる。

(c) 手付け

手付けとは、民事契約の締結または履行の担保のために、一定の金銭、貴金属、宝石その他の価値のある財物を、一定の期間、相手方当事者に引き渡すことをいう（民法358.1条）。手付けを差し入れた者が民事契約の締結または履行を拒む場合には、当該手付けは没収され、手付けを受領した者が民事契約の締結または履行を拒む場合には、別途合意のない限り、当該手付けを返還するとともに、当該手付けの価値相当額の金銭を支払わなければならない（同法358.2条）。

(d) 保 証 金

保証金とは、動産の賃借人が、当該動産の返還を担保するために、一定の金銭、貴金属、宝石その他の価値のある財物を、一定の期間、賃貸人に引き渡すことをいう（民法359.1条）。

(e) エスクロー

エスクローとは、民事上の義務の履行を担保するために、一定の金銭、貴金属、宝石または有価証券を、一定の期間、銀行のエスクロー口座に預け入れることをいう（民法360.1条）。

(f) 保　　証

保証とは、主債務者が期限になっても債務を履行しない、または不完全な履行に留まる場合に、保証人が、債権者に対して、主債務者に代わって当該債務を履行することを約することをいう（民法361条）。

保証は、書面により合意されなければならない要式行為とされている（民

---

[146] 土地上の建物に対して設定された抵当権の登録については、土地使用権の場合と異なり、義務ではないものの、登録申請先はLand Use Rights Registration Officeとなり、登録申請の手続についても、概ね土地使用権の場合と類似した手続となっている。

法362条）。

別途合意のない限り、日本法における催告の抗弁（まず主債務者に催告をすべきことを請求できる権利）や検索の抗弁（一定の場合にまず主債務者の財産について執行すべきことを請求できる権利）は認められない。また、別途合意のない限り、保証義務は、主債務の元本だけでなく、元本に対する利息、罰金、損害賠償金にも及ぶ。

　(g)　信用保証

信用保証とは、貧困者・世帯が金融機関から生産、事業活動等の資金の借入れを行うことを目的として、地域レベルの社会政治団体が、その信用を担保に供することをいう（民法372条）。

　(h)　留　置　権

留置権とは、双務契約の対象である財産を合法的に占有している権利者が、相手方が義務をしない、または義務の履行が不完全である場合に、当該財産を留置する権利をいう（民法461.1条）。

(2)　担保の実行

担保権設定者および担保権者は、債務者が債務の履行を怠った場合の担保権の実行方法について、合意により定めることができ（政令163/2006/ND-CP59条）、担保権者は、裁判所の関与なしに、当該合意の内容に従い、担保権を実行することができる。なお、担保権設定者および担保権者は、担保権の実行方法について、あらかじめ合意された価格または価値算定人によって算定された価格において、担保権者または第三者に取得させることを合意することもできる（同政令64a条および64b条）。他方、当事者が、担保権の実行方法または担保価値について合意により定めなかった場合には、担保権者は競売手続を申し立てることができ、一定の場合には任意売却も可能とされている（同政令65条、68条等）。

しかし、実務上は、あらかじめ担保権の実行方法について合意していたとしても、仮に担保権設定者が当該合意に違反し、担保実行に協力しない場

合、裁判所の判決を得なければ、執行官または競売機関が担保権の実行を行わないため、執行段階で再度担保権設定者の同意を得なければ、担保権の実行ができない状況である[147]。法令上は、担保権設定者が担保実行に協力しない場合、人民委員会および警察に権利実行を保全するための申し立てをすることができると規定されているが（同政令63.5条）、必ずしも有効には機能していない。

　破産法上、担保権者は、優先弁済を受けることができるとされており、一定の限度で倒産手続に関与する権利を付与されている。裁判所が倒産手続の開始決定を行った場合、担保権者は、裁判所が別途許可する場合を除き、担保権を実行することはできないが、管財人の許可を得ることを条件として、担保権によって保全されている範囲内において、破産手続の対象会社から債権の弁済を受けることができる。

5　セキュリティ・トラスト

　セキュリティ・トラスト制度は、ベトナムにおいては確立されていない。なお、シンジケート・ローンにおいて他のレンダーのために担保資産の管理等を行うコーディネーター（セキュリティ・エージェント）については、ベトナム法上、外国金融機関が当該役割を行うことは明文で禁止されている。

6　外国判決の執行

　ベトナム国外の裁判所または仲裁手続により判決または仲裁判断を得ても、被告となったベトナム企業の資産がベトナム国内に存在する場合は、当

---

[147] なお、担保資産処分後の権利移転手続についても、担保権設定者の協力がない場合には、実務上困難が生じていたが、手続について一定の明確化が図られたことにより（通達16/2014/TTLT-BTP-BTNMT-NHNN12条等）、今後改善されていくことを期待したい。

該判決または仲裁判断をベトナム国内において執行する必要がある。

ベトナム国外の裁判所の判決をベトナム国内において執行するためには、ベトナム国内の裁判所で承認され、執行を是認される必要がある。承認および執行が認められるためには、以下のいずれかの場合に該当する必要がある（民事訴訟法343.1条および343.3条）[148]。

(a) ベトナムが加盟する外国判決の承認執行に関する国際条約に加盟する国の裁判所による民事判決または決定である場合[149]
(b) ベトナムにおける特別法に従って承認執行される場合[150]
(c) 相互主義に基づいて、承認執行される場合[151]

ベトナム国外の仲裁手続による仲裁判断については、ベトナムはニューヨーク条約に加盟しており、ベトナムの裁判所において承認および執行決定を経て執行することも理論上は可能であるが、実務上は問題も多く、執行を拒絶されている例も少なくない。

---

[148] 2016年7月1日から新たな民事訴訟法（法律92/2015/QH13）が段階的に施行される予定であり、今後の動向に注意が必要である。
[149] 2013年9月のベトナム司法省国際法局作成の公開資料によれば、ベトナムは、外国判決の承認執行に関する多国間の国際条約には加盟していない。外国判決の執行承認を含む司法共助の二国間合意については、旧共産圏諸国やフランスなどとの間で締結しているが、日本との間ではそのような二国間合意は締結されていない。
[150] そのような特別法は、本稿の時点では不見当である。
[151] 二国間条約のない韓国の裁判所の判決の承認執行が実際に認められた例はあるが、上述のベトナム司法省国際法局作成の公開資料によれば、承認執行が認められた事例は、上記(a)から(c)までの場合を問わず、全体で5件以下に留まっているようであり、日本の裁判所の判決をベトナム国内で執行することは事実上難しいと考える必要がある。

事務所紹介

西村あさひ法律事務所

500名を超える弁護士・外国弁護士その他の専門家を擁するわが国最大の総合法律事務所。その取扱業務は、国内外を問わず企業の経済活動に関係するビジネス法務分野に及んでおり、取り分け、複数の専門分野を跨ぐ総合的な能力が必要とされる案件、高度の専門性に基づく処理能力が必要とされる先端的な案件、短期集中的な機動力の発揮が必要とされる案件などについて効率的で高い付加価値を有するリーガルサービスを提供している。

また、国際法務におけるエキスパートとして各国にネットワークを築いており、海外9都市に現地事務所を設け、さらに、インド、マレーシア、ドバイやブラジル等にも弁護士を派遣するなど、国内4拠点（東京、名古屋、大阪、福岡）と海外現地事務所等を密につなぐ形で、広範囲にわたる法務戦略をワンストップでサポートしている。

西村あさひ法律事務所　国内/海外拠点（2016年8月現在）
東京事務所
　　　東京都千代田区大手町1-1-2 大手門タワー　〒100-8124
　　　Tel：03-6250-6200（西村あさひ法律事務所東京事務所　代表）
　　　　　　03-6250-7210（弁護士法人西村あさひ法律事務所主事務所　代表）
　　　Fax：03-6250-7200
　　　E-mail：info@jurists.co.jp　　URL：www.jurists.co.jp

名古屋事務所（弁護士法人 西村あさひ法律事務所 従事務所）
　　　愛知県名古屋市中村区名駅1-1-4 JRセントラルタワーズ41階　〒450-6041
　　　Tel：052-533-2590　　　Fax：052-581-0327

大阪事務所（弁護士法人 西村あさひ法律事務所 従事務所）
　　　大阪府大阪市北区角田町8-1 梅田阪急ビルオフィスタワー23階　〒530-0017
　　　Tel：06-6366-3013　　　Fax：06-6366-3014

福岡事務所（弁護士法人 西村あさひ法律事務所 従事務所）
　　　福岡県福岡市中央区渡辺通2-1-82 電気ビル共創館 9階　〒810-0004
　　　Tel：092-717-7300　　　Fax：092-726-1311

バンコク事務所
Nishimura & Asahi (Thailand) Co., Ltd.
Unit 1607/1, 16th Floor, Athenee Tower, 63 Wireless Road, Lumpini, Pathumwan, Bangkok 10330, Thailand
Tel： +66-2-168-8228
Fax： +66-2-168-8229
E-mail：info_bangkok@jurists.jp

北京事務所
〒100025 北京市朝陽区建国路79号華貿中心2号写字楼4層08号
Tel： +86-10-8588-8600
Fax： +86-10-8588-8610
E-mail：info_beijing@jurists.jp

上海事務所
〒200040 上海市静安区南京西路1601号越洋広場38階
Tel： +86-21-6171-3748
Fax： +86-21-6171-3749
E-mail：info_shanghai@jurists.jp

ハノイ事務所
Nishimura & Asahi (Vietnam) Law Firm
Suite 607, 63 Ly Thai To Building,
63 Ly Thai To Street, Hoan Kiem Dist., Hanoi, Vietnam
Tel： +84-4-3946-0870
Fax： +84-4-3946-0871
E-mail：info_hanoi@jurists.jp

ホーチミン事務所
Room 903 Sun Wah Tower, 115 Nguyen Hue, District 1, Ho Chi Minh City, Vietnam
Tel： +84-8-3821-4432
Fax： +84-8-3821-4434
E-mail：info_hcmc@jurists.jp

ジャカルタ事務所[*1]
 Rosetini & Partners Law Firm
 Office 8, 18th floor, SCBD Lot 28, Jl. Jend. Sudirman Kav. 52-53, Jakarta 12190, Indonesia
 Tel： +62-21-2933-3617
 Fax： +62-21-2933-3619
 E-mail：info_jakarta@jurists.jp

シンガポール事務所
 Nishimura & Asahi (Singapore) LLP
 50 Collyer Quay, #08-08 OUE Bayfront, Singapore 049321
 Tel： +65-6922-7670
 E-mail：info_singapore@jurists.jp

ヤンゴン事務所
 Nishimura & Asahi Myanmar Limited
 #310, 3rd Floor, Prime Hill Business Square, No.60 Shwe Dagon Pagoda Road, Dagon Township, Yangon, Myanmar
 Tel： +95-(0)1-382632
 Fax： +95-(0)1-370949
 E-mail：info_yangon@jurists.jp

Okada Law Firm (香港)[*2]
 Lippo Centre, Tower II #403, 89 Queensway, Admiralty, Hong Kong
 Tel： +852-2336-8586
 E-mail：s_okada@jurists.co.jp

[*1] 提携事務所
[*2] 関連事務所

編著者略歴

新家　寛（Hiroshi Niinomi）
〔経歴〕
1996年東京大学法学部第一類卒業、1998年弁護士登録。現在、西村あさひ法律事務所パートナー弁護士
〔主な著書・論文〕
『REITのすべて』〔共編著〕（民事法研究会、2012年）、『資産・債権の流動化・証券化［第3版］』〔共著〕（金融財政事情研究会、2016年）、『論点体系　金融商品取引法』〔共著〕（第一法規、2014年）、「合同会社の活用に際しての留意点」〔共著〕（資料版商事法務344号、2012年）、「投資信託換金受付時における銀行の窓口対応の留意点～名古屋地裁平成20年12月19日判決を踏まえて～」〔共著〕（銀行法務21 703号、2009年）ほか多数

佐藤　知紘（Tomohiro Sato）
〔経歴〕
2000年慶應義塾大学法学部卒業、2002年弁護士登録、2007年ボストン大学ロースクール卒業（LL.M.）、2008年ニューヨーク州弁護士登録、同年ロンドン大学キングスカレッジ卒業（LL.M.）。現在、西村あさひ法律事務所パートナー弁護士
〔主な著書・論文〕
「天然資源開発事業におけるプロジェクト・ファイナンスのエッセンス」（石油開発時報183号、2014年）、「資源エネルギー開発事業に係るプロジェクト・ファイナンスにおけるリスクコントロール―IPPプロジェクトを中心として―」（SFJ Journal 9号、2014年）

伊藤　真弥（Maya Ito）
〔経歴〕
1999年慶應義塾大学法学部法律学科卒業、2002年弁護士登録。2007年コロンビア大学ロースクール卒業（LL.M.）。国内金融機関への出向経験を有する。2002年10月よりあさひ・狛法律事務所（現西村あさひ法律事務所）勤務、2016年1月よりパートナー弁護士
〔主な著書・論文〕
「『貸金業』の範囲見直しによるグループ内金融・合弁事業への影響」（旬刊商事法務2031号、2014年）、「キャッシュ・プーリングに関わる法的論点整理」（金融法務事

情1957号、2012年)、「Cash pooling and Insolvency (Japan Chapter)」(Globe Law and Business、2012年)

山中　政人 (Masato Yamanaka)
〔経歴〕
2002年慶應義塾大学法学部法律学科卒業、同年司法修習終了 (55期)、三井安田法律事務所、外国法共同事業法律事務所リンクレーターズ、三宅坂総合法律事務所を経て、2008年西村あさひ法律事務所に入所。2011年ノートンローズ香港に出向後、2012年より西村あさひ法律事務所シンガポール事務所にて執務開始。現在、同事務所共同代表パートナー
〔主な著書・論文〕
『上場会社のための第三者割当の実務 Q&A』〔共著〕(商事法務、2011年)、『資本・業務提携の実務』〔共著〕(中央経済社、2014年)、『日本企業のためのシンガポール進出戦略ガイド Q&A』〔共著〕(中央経済社、2014年)

西谷　和美 (Kazumi Nishitani)
〔経歴〕
2003年東京大学法学部第一類卒業、2004年弁護士登録。2014年ロンドン・スクール・オブ・エコノミクス卒業 (LL.M.)。現在、西村あさひ法律事務所弁護士
〔主な著書・論文〕
『実務必携　預金の差押え』〔共著〕(金融財政事情研究会、2012年)、「投資信託換金受付時における銀行の窓口対応の留意点〜名古屋地裁平成20年12月19日判決を踏まえて〜」〔共著〕(銀行法務21 703号、2009年)、「投資信託にかかる差押え—最一小判平18.12.14の射程—」〔共著〕(旬刊金融法務事情1807号、2007年)

著者略歴

五十嵐　チカ (Chika Igarashi)
〔経歴〕
1993年慶應義塾大学法学部法律学科卒業、1997年弁護士登録。2006年ボストン大学ロースクール卒業 (LL.M.)、2007年ニューヨーク州弁護士登録。現在、西村あさひ法律事務所弁護士

〔主な著書・論文〕
「アフリカ法務の基礎〔Ⅰ〕」(旬刊商事法務2043号、2014年)、『イスラーム圏ビジネスの法と実務』(経済産業調査会、2014年)、「アラブ首長国連邦(UAE)におけるビジネス展開の留意点」(朝日新聞社「法と経済のジャーナル」、2011年)、「Islamic Finance in Japan」(REDmoney、2010年)、『最新金融レギュレーション』(商事法務、2009年)、「Asia Goes West:Asian Investments in the Countries of the Mediterranean Union」(International Bar Association (IBA) 東京年次大会、パネルディスカッション司会、2014年)、「グローバル企業のための経済制裁と海外反社排除対応」(金融財務研究会、講演、2013年) ほか

岡田　早織(Saori Okada)
〔経歴〕
1999年東京大学法学部第一類卒業、2000年弁護士登録。2006年コロンビア大学ロースクール卒業 (LL.M.)、2007年ニューヨーク州弁護士登録。2008年上海交通大学国際教育学院(長期語学研修課程)。西村あさひ法律事務所(2000年-2015年)、アトランタのオルストン・アンド・バード法律事務所(2006年-2007年)、西村あさひ法律事務所北京事務所首席代表(2010年-2013年)、香港のメイヤー・ブラウンJSM法律事務所出向(2013年-2015年)を経て、2015年7月より香港のOkada Law Firm(西村あさひ法律事務所の香港プラクティスにおける連絡先事務所)弁護士

島　美穂子(Mihoko Shima)
〔経歴〕
1999年東京大学法学部第一類卒業、2003年弁護士登録。2008年ニューヨーク大学ロースクール卒業 (LL.M.)、2009年ニューヨーク州弁護士登録。現在、西村あさひ法律事務所弁護士
〔主な著書・論文〕
「権益譲渡の観点からみたJoint Operating Agreementのポイント」(石油開発時報183号、2014年)

町田　憲昭(Noriaki Machida)
〔経歴〕
1999年東京大学法学部第一類卒業、2003年弁護士登録。2009年南カリフォルニア大学ロースクール卒業 (LL.M.)。西村あさひ法律事務所(2003年-現在)、デイビス・ライト・トリメイン法律事務所(シアトル(2009年-2010年))、ルビス・サ

ントサ・アンド・マラミス法律事務所（ジャカルタ（2010年－2011年））、2014年より西村あさひ法律事務所ジャカルタ事務所＊弁護士。

＊提携事務所

大槻　由昭（Yoshiaki Otsuki）
〔経歴〕
2004年東京大学法学部第一類卒業、同年弁護士登録。2011年南カリフォルニア大学ロースクール卒業（LL.M.）、2012年ニューヨーク州弁護士登録。2011年－2012年ロンドンのNorton Rose、2012年香港のWoo Kwan Lee & Lo、2012年－2014年新日鐵住金株式会社法務部国際法務室、2015年－独立行政法人石油天然ガス・金属鉱物資源機構へ出向。現在、西村あさひ法律事務所弁護士

〔主な著書・論文〕
「メキシコの石油天然ガス開発プロジェクトの最近の動向について」〔共著〕（石油開発時報187号、2015年）、「「経営判断の原則」活用の観点からJoint Operating Agreementを考えてみる」〔共著〕（石油開発時報185号、2015年）、「香港競争条例に関するガイドライン案の発表について」〔共著〕（経営法友会リポート495号、2015年）、『新株予約権ハンドブック［第2版］』〔共編著〕（商事法務、2012年）、『新株予約権ハンドブック』〔共編著〕（商事法務、2009年）、「Transfer Pricing Guidelines Amended」〔共著〕（Tax Notes International Volume 47, Number 9、2007年）、『解説　新信託法』〔共著〕（弘文堂、2007年）

大矢　和秀（Kazuhide Ohya）
〔経歴〕
2003年京都大学法学部卒業、2010年デューク大学ロースクール卒業（LL.M.）。2004年弁護士登録。長島・大野・常松法律事務所（2004年－2009年）、シンガポールのKelvin Chia Partnership法律事務所（2010年－2011年）、金融庁総務企画局企業開示課専門官（2011年－2013年）を経て2013年より西村あさひ法律事務所（ホーチミン事務所）所属。

〔主な著書・論文〕
『金融商品取引法等の一部を改正する法律（平成25年法律第45号）の概要』〔共著〕（金融財政事情研究会、2014年）、『逐条解説　2013年金融商品取引法改正』〔共著〕（商事法務、2014年）、『逐条解説　2012年金融商品取引法改正』〔共著〕（商事法務、2013年）、「ローンの組成・セカンダリーの実務から見た債権譲渡規定」（ビジネス法務9巻6号、2009年）

上田　亙（Koh Ueda）
〔経歴〕
2004年東京大学法学部第一類卒業、2005年弁護士登録。2012年ボストン大学ロースクール（LL.M.）卒業。株式会社三菱UFJ銀行シンガポール支店出向（2012年－2013年）。現在、西村あさひ法律事務所弁護士
〔主な著書・論文〕
『The International Comparative Legal Guide to Securitisation 2016（Japan Chapter）』〔共著〕（Global Legal Group、2016年）、『年金基金のためのプライベート・エクイティ』〔共著〕（きんざい、2014年）、「デリバティブを組み込んだ証券化商品に関する近時の諸問題」〔共著〕（季刊事業再生と債権管理131号、2011年）、『Q&A金融商品取引法の解説【政令・内閣府令対応版】』〔共著〕（金融財政事情研究会、2007年）

仮屋　真人（Masato Kariya）
〔経歴〕
2002年東京大学法学部第一類卒業、2005年弁護士登録。2014年ボストン大学ロースクール卒業（LL.M. in Banking and Financial Law）、同年シンガポールのアレン・アンド・グレッドヒル法律事務所に出向。現在、西村あさひ法律事務所弁護士
〔主な業務分野〕
証券化・流動化取引、不動産ファイナンス、PFIその他ファイナンス取引、金融商品取引業者に係るレギュレーション
〔主な著書・論文〕
『REITのすべて』〔共著〕（第5章担当）（民事法研究会、2012年）

鈴木　卓（Takashi Suzuki）
〔経歴〕
2004年慶應義塾大学法学部卒業、2005年弁護士登録
〔主な著書・論文〕
『資産・債権の流動化・証券化［第3版］』〔共著〕（金融財政事情研究会、2016年）、「Practical Law Finance Global Guide 2016/17」〔共著〕（Japan Chapter）、「民法（債権関係）改正がリース契約等に及ぼす影響」〔共著〕（資産流動化に関する調査研究報告書10号、2015年）など

煎田　勇二（Yuji Senda）
〔経歴〕
2005年慶應義塾大学総合政策学部卒業、2006年弁護士登録。株式会社三菱東京UFJ銀行シンガポール支店出向（2011年－2012年）。2016年シンガポール司法試験（Singapore Foreign Practitioner Examination）合格。現在、西村あさひ法律事務所シンガポール事務所弁護士
〔主な著書・論文〕
『日本企業のためのシンガポール進出戦略ガイドQ&A』〔共著〕（中央経済社、2014年）

芝　章浩（Akihiro Shiba）
〔経歴〕
2005年東京大学法学部卒業、2006年同法科大学院中退、2007年弁護士登録。現在、西村あさひ法律事務所弁護士。2011年から2014年まで金融庁出向（総務企画局企業開示課、同局市場課、同局企画課調査室および同課信用制度参事官室）
〔主な著書・論文〕
『資産・債権の流動化・証券化［第3版］』〔共著〕（金融財政事情研究会、2016年）、『FinTechビジネスと法25講—黎明期の今とこれから』〔共著〕（商事法務、2016年）、『ブロックチェーンの衝撃—ビットコイン、FinTechからIoTまで社会構造を覆す破壊的技術』〔共著〕（日経BP社、2016年）、『金融商品取引法コンメンタール2—業規制』〔共著〕（商事法務、2014年）、『逐条解説　2012年金融商品取引法改正』〔共著〕（商事法務、2013年）、『クラウド時代の法律実務』〔共著〕（商事法務、2011年）など多数

索　引

判例

IFE Fund S.A. v Goldman Sachs International [2007] EWCA Civ 811 ································· 20
最二小判昭32.7.19（民集11巻7号1297頁）···························· 136
最大判昭45.6.24（民集24巻6号587頁）································ 136
最三小決平19.12.11（民集61巻9号3364頁）··························· 18
最三小判平24.11.27（集民242号1頁）································· 18

A

Accounting and Corporate Regulatory Authority（ACRA）
································· 219
ACRA ································· 219
Administrative Party ··········· 77
albeit ································· 111
amendment ························· 164
APLMA ································· 3
Asia Pacific Loan Market Association（APLMA）····················· 3
assignment ························· 204
Assignment ························· 116
Authorised Singnatories ······· 87
Automatic Security Negative Pledge ······························ 123

B

Balance-Sheet Solvency ········ 105

Binding obligations ·············· 80
bona fide ···························· 111
book debt ··························· 222

C

Cash-Flow Solvency ············· 105
CBM ··························· 241, 249
CCM ·································· 245
Central Bank of Malaysia ······ 241
Central Depository System ···· 227
Change of Control ················ 131
Charge ······························· 116
chose in action ···················· 220
Civil Aviation Regulations 1996
································· 244
COC条項 ······························ 131
Compliance Certificate ·········· 94
Conditions Precedent ············ 51
Consideration ······················ 181
Contracts（Rights of Third Parties）Act 1999 ················· 47
Convention on the Recognition and Enforcement of Foreign Arbitral Awards ················ 170
crystallisation ······················ 222
Current Ratio ······················ 105

D

debenture ··························· 118
　シンガポール ······················ 228
　マレーシア ························ 244
Debt Service Coverage Ratio ···· 104
Deduction of Tax ·················· 83

Deed	181
de facto	111
Default	36, 134
DSCR	104

E

EBIT	105
EBITDA	105
Encumbrance	116
Equitable Interest	122
Equity	123
EUのローマⅡ規則	166
Event of Default	134

F

fiduciary duty	21
Finance Parties	157
Financial Assistance	186
Financial Services Act 2013	241
Financial statements	85
Fixed Charge Cover Ratio	105
Frozen GAAP	93
FSA（マレーシア）	241

G

GAAP	86
Gearing Ratio	102
Generally Accepted Accounting Principles	86
Governing law and enforcement	82

H

Hypothecation	116

I

IFRS	93
Illegality	54
indemnity	189
Information Memorandum	14
Information Undertakings	91
inter alia（米）	111
inter alios（英）	111
Interest	58
Interest Periods	58
International Financial Reporting Standards (IFRS)	93
international registrar（シンガポール）	227
ipso facto	111

J

joint and several	185
Joint and Several Guarantee	183
JSLA	2

K

Know your customer (KYC)	99
KYC	99

L

Labuan Companies Act 1990	245
Labuan Financial Services Authority	245
LIBOR	35, 41
Lien	116
Liquidity Ratio	105
LMA	2
Loan Market Association (LMA)	2
Loan Syndications and Trading Association (LSTA)	2
Loan to Value	106
LSTA	2
LTV	106

M

Majority Lenders ················· 12
Malaysian Reciprocal Enforcement of Judgements Act 1958
 ··················· 249
Mandated Lead Arranger ········· 12
Mandate Letter ················· 12
Maritime and Port Authority of Singapore ················· 227
Misrepresentation Act 1967 ········· 19
MLO（香港）················· 231
Monetary Authority of Singapore（MAS）················· 218
Money Lenders Ordinance（MLO）（香港）················· 231
Mortgage················· 116
MPA（シンガポール）················· 227
mutatis mutandis ················· 112

N

National Land Code（マレーシア）················· 244
National Registration Agency for Secured Transaction（ベトナム）················· 265
Negative Pledge ················· 107
NLC（マレーシア）················· 244
No-conflict with other obligations ··· 81
No default ················· 84
No filing or stamp taxes ················· 83
No misleading information················· 84
No proceedings pending or threatened················· 86
Novation ················· 149
NRAST（ベトナム）················· 265

P

Pari passu ranking················· 86
Pari Passu（パリパス）条項 ······· 107
past consideration ················· 182
per diem················· 111
per se················· 111
Pledge················· 116
Potential Event of Default ············ 36
Power and authority ················· 81
Predictability ················· 6
prima facie ················· 111
process agent ················· 173
Purpose ················· 50

Q

Quasi-Security ················· 115

R

REIT（シンガポール）················· 219
REJA（マレーシア）················· 249
Repayment················· 54
Repetition ················· 87
Representations················· 80
Repudiation ················· 147

S

SIAC················· 170
Singapore International Arbitration Centre（SIAC）················· 170
Singapore International Commercial Court················· 218
Singapore Land Authority········· 224
SLA················· 224
SPC················· 131
SPV················· 99
Status················· 80

subject to contract······189

T

Tangible Net Worth······101
the Companies Commission of Malaysia······245
The Facility······49
Third Party Rights······46
Transfer······153
trustee······21

U

UNCITRAL······170
Undertakings······88
United Nations Convention on Jurisdictional Immunities of States and Their Property······174
Unlawfulness······147

V

Validity and admissibility in evidence······82
Valuation······107
Voluntary Cancellation······56
Voluntary prepayment of Loans······57

W

waiver······164

あ

アームズレングス······129
悪意の第三者······122
アサインメント······116
　香港······235
アップフロント・フィー······177
アモタイゼーション······104
アモチ······104

アレンジメント・フィー······27, 65
アレンジャー······12
アレンジャーの法的責任······17
アレンジャーの役割······159
アンダーライティング方式······5

い

域外適用······17
イジャーラ······251
イスラム金融······240
イスラム法······168
一部無効······202
一般誓約事項······90, 107
移転······153
移転証書······153
移転の手続······151
違法事由······54
違法性······147
インサイダー取引規制······97
インターバンク市場······35
インタレスト・カバー・レシオ······104
インドネシア国旗、言語、国章および国歌に関する法律（2009年法第24号）······259
インドネシア信託担保権法（1999年法第42号）······256
インドネシア中央銀行······254
インドネシア抵当権法（1996年法第4号）······256
インドネシア民法（1847年法第23号）······256
インフォメーション・メモランダム······14

う

ウォーターフォール······163

索　引　283

え

営業日 … 35
英国英語 … 103
英国1677年詐欺防止法 … 187
英国2006年会社法 … 186
英国法 … 167
英国法の適用に関する法 … 216
英米法 … 21
エージェント … 13
エージェントの義務 … 157
エージェントの選任 … 157
エージェントの法的責任 … 20
エージェント・フィー … 27, 65
エージェント方式 … 205
エクイティ … 123
エスクロー … 263
エンカンバンス … 116
エンカンブランス … 116
円建てクロスボーダー・シンジケートローン契約書参考書式 … 100, 160

お

汚職 … 127, 211
オフサイトモニタリング … 98
オフショア … 219
オンサイトモニタリング … 98
オンショア … 206, 219

か

外国為替規制
 シンガポール … 220
 香港 … 232
 マレーシア … 241
 インドネシア … 254
 ベトナム … 262
外国裁判所の判決の承認・執行 … 8
外国仲裁判断 … 172
外国仲裁判断の承認及び執行に関する条約 … 8, 170
外国判決の執行
 シンガポール … 230
 香港 … 237
 マレーシア … 249
 インドネシア … 259
 ベトナム … 269
外国ラブアン企業 … 245
外国ローン（ベトナム） … 262
解散 … 145
解約 … 55
過去の約因 … 182
貸金業規制
 シンガポール … 218
 香港 … 231
 マレーシア … 240
 インドネシア … 254
 ベトナム … 261
貸金業法 … 26
貸付関係者 … 39, 157
貸付極度額 … 36
可動物件の国際的権益に関する条約 … 227
可動物件の国際的権益に関する条約に付属する航空機物件に特有の事項に関する議定書 … 227
ガラール … 251
借入申込書 … 38
カレント・レシオ … 105
管轄 … 165, 202
管財人 … 145
管理 … 145

き

ギアリング・レシオ 102
期限の利益喪失 113
期限前弁済 55
規則 46
既存債権債務 153
既存レンダー 149
キャッシュスイープ 100
キャッシュマネジメントシステム
　　　.................................. 130
キャッチオール条項 115
強制管理人 145
強制執行 197
拒絶 147
銀行代理業 23
金融債務 40
金融債務の負担 130

く

国及びその財産の裁判権からの免
　除に関する国際連合条約 174
グループ 40
クローバック 163
黒字倒産 105
クロスデフォルト 100, 141
クロスデフォルト条項 89, 113
クロスボーダー・ローン ... 89, 122

け

形成権形式 188
継続保証 194
契約外債務の準拠法に関する2007
　年7月11日欧州議会及び理事会
　規則（EC）864/2007号（ロー
　マⅡ）............................... 166
契約自由の原則 6

ケープタウン条約 227
権限授与 125
検索の抗弁 185
源泉徴収 68
権利放棄 164

こ

更改 150
更生 145
衡平法 123
抗弁の放棄 194
コーポレートファイナンス 2
国際裁判管轄 168
国際私法 28
国際仲裁 171
国際連合国際商取引法委員会 ... 170
国内裁判管轄 168
国内仲裁 171
国内仲裁判断 172
国連国家免除条約 174
コベナンツファイナンス 88, 121
コミットメント・フィー 56, 65
コミットメントライン契約 65
コミットメントライン契約書
　（JSLA平成25年版）............. 20
コモンロー 19
混乱事由 37

さ

再委託の禁止 159
債権譲渡 150
債権譲渡の対抗要件 150
債権侵害 122
催告の抗弁 185
財産の処分・取得 128
裁判管轄 168
裁判管轄条項 211

財務コベナンツ	40, 90
債務者	44
債務者ら	44
債務証書	228
財務書類	85
債務超過	143
債務の不履行	134
先取特権	118
暫定的管理	145
暫定的管理人	145

し

資産	46
市場混乱	60
質権（インドネシア）	256
失期事由	36, 134
失期事由の不存在	84
支配権の変動	131
支払不能	143
支払不履行	137
シビルロー	253
シャリーア	168
重大な悪影響	41, 148
受益権	26
主権免除	174
主権免除の放棄	165
主たる債務者	194
守秘義務	18
準拠法	6
準拠法および執行	82
準担保	115
消極的誓約事項	91
証書および決定	202
譲渡	150
譲渡の手続	154
情報誓約事項	51
情報提供義務	90, 91

シンガポール会計企業規制局	219
シンガポール外国為替規制	220
シンガポール外国判決相互執行法	230
シンガポール海事港湾庁	227
シンガポール解釈法	216
シンガポール会社法	186, 226
シンガポール貸金業規制	218
シンガポール貸金業法	218
シンガポール銀行法	218
シンガポール金融会社法	218
シンガポール金融管理局	218
シンガポール航空機器の国際的権益に関する法	227, 228
シンガポール国際商事裁判所	218
シンガポール国際仲裁センター	170
シンガポール国際仲裁法	171
シンガポール国際登録所	227
シンガポールコモンウェルス判決相互執行法	230
シンガポール商船法	227
シンガポール仲裁法	171
シンガポール土地権原法	224
シンガポール土地登記局	224
シンガポール捺印証書	224
シンガポール捺印証書登録法	224
シンガポール物的担保	220
シンガポール不動産譲渡手続および物権に関する法	224
シンガポール民事に関する法	216
新規レンダー	149
シンジケート・ローン	2
信託	205
信託受託者	205
信託担保権（インドネシア）	256
信託の受託者	21

人的担保
　シンガポール……………………… 229
　マレーシア ……………………… 248
　インドネシア …………………… 258
信認義務 ……………………………… 21
信認義務の排除 …………………… 159
信用状クレジットファシリティ …… 40
信用の供与 ………………………… 130

す

スクリーンレート …………………… 45
ストラクチャードファイナンス
　…………………………………… 2, 97
スプレッド …………………………… 44
スポンサー ………………………… 180
スワップ・カウンターパーティ …… 39

せ

請求失期事由 ……………………… 135
税グロスアップ ……………………… 67
税控除 ………………………………… 83
清算 ………………………………… 145
清算人 ……………………………… 145
誓約事項 ……………………………… 88
セキュリティ・エージェント …… 205
セキュリティ・コベナンツ ……… 106
セキュリティ・トラスティー …… 205
　シンガポール…………………… 229
セキュリティ・トラスト ……26, 205
　シンガポール…………………… 229
　香港 ……………………………… 237
　マレーシア ……………………… 249
　インドネシア …………………… 259
　ベトナム ………………………… 269
積極的誓約事項 ……………………… 91
絶対的強行法規 ……………………… 28
善管注意義務 ………………………… 20

潜在的失期事由 ……………………… 36
専属的国際裁判管轄 ……………… 169
前提条件 ……………………… 51, 175
占有（香港） …………………… 236

そ

増加費用 ……………………………… 71
相殺 ………………………………… 202
即時請求 …………………………… 194
訴訟上の動産（シンガポール）
　…………………………………220, 223
訴状受取代理人 …………………… 173
ソブリン …………………………… 109
損害担保 …………………………… 189

た

タームシート ………………………… 15
タームローン ………………………… 4
タームローン契約書（JSLA平成
　25年版） …………………………… 20
対外債務に係るモラトリアム …… 147
第三者の権利 ………………………… 46
代替利息 ……………………………… 60
多額の借財 ………………………… 185
多数レンダー …………………… 12, 43
担保
　インドネシア …………………… 255
　ベトナム ………………………… 263
担保権 …………………………116, 209
担保権設定契約 …………………… 212
担保コベナンツ ……………………… 91
担保実行代り金 …………………… 207
担保付シンジケート・ローン …… 204
担保の掛け目 ……………………… 106
担保の評価 ………………………… 107
担保目的物の確定 ………………… 222

ち

遅延損害金 …………………………… 201
チャージ …………………………… 116
中央預託システム（シンガポール） …………………………… 227
仲裁 …………………………… 202
仲裁合意 …………………………… 169
仲裁条項 …………………………… 211
治癒期間 …………………………… 140

つ

追加措置 …………………………… 132
追加担保 …………………………… 194
追加担保の提供義務（マージンコール） …………………………… 100
通貨補償 …………………………… 201

て

定義条項 …………………………… 34
停止条件付保証契約 …………………………… 188
抵触法 …………………………… 165
抵当権（インドネシア） …………………………… 256
ディベンチャー …………………………… 118
手形買取ファシリティ …………………………… 40
適用金利 …………………………… 43
手付け（ベトナム） …………………………… 263
デット …………………………… 102
デット・サービス・カバレッジ・レシオ …………………………… 104
デフォルト …………………………… 36, 134

と

倒産状態 …………………………… 142
倒産手続 …………………………… 144
同順位性 …………………………… 86
当然失期事由 …………………………… 135

トーレンズ・システム（シンガポール） …………………………… 224
土地利用制限約定（シンガポール） …………………………… 225
トラスティー …………………………… 205
トラスティー方式 …………………………… 205

な

捺印証書 …………………………… 181, 187

に

二次的債務 …………………………… 191
二次的性質 …………………………… 194
日本ローン債権市場協会（JSLA） …………………………… 2
ニューヨーク条約 …………………………… 8
任意解約 …………………………… 56
任意期限前弁済 …………………………… 57

ね

ネガティブ・プレッジ …………………………… 89
ネガティブ・プレッジ条項 …………………………… 107

の

ノンリコース …………………………… 177

は

ハイブリッド条項 …………………………… 8
ハイポセケーション …………………………… 116
バイラテラル・ローン …………………………… 2
バランスシート …………………………… 105
パリパス …………………………… 89
パリパス条項 …………………………… 107
判例法（香港） …………………………… 231

ひ

ビジネストラスト …………………………… 219

表明保証 19, 80
表明保証違反 140

ふ

フィー・レター 38, 65
フィクスド・チャージ 222
フィデューシャリー 21
フィナンシャル・アシスタンス 186
　香港 238
　マレーシア 250
付加的管轄の合意 169
附従性 191
物的担保
　シンガポール 220
　香港 232
　マレーシア 243
不動産ファイナンス 95
ブレークファンディングコスト 35
プレッジ 116
フローティング・チャージ 222
プロジェクトファイナンス 2, 95
プロラタ 110
分割債務 50
紛争解決条項 210

へ

米国法 168
ベストエフォート方式 5
ベトナム金融機関法 261
ベトナム土地法 266
ベトナム2015年民法 261
ベトナム法律91/2015/QH13 261
ベトナム民事訴訟法（法律92/2015/QH13） 270
変更 164
変更および放棄 202
弁済 54

ほ

法廷地 165
法的手続の係属およびそのおそれの不存在 86
法の適用に関する通則法 22
法律意見書 81
法令の遵守 125
補間スクリーンレート 42
保険 132
保証 181, 190
保証債務 183
保証債務の附従性 190
保証書 181
保証付シンジケート・ローン 179
保証人 5
保証人の権利の延期 194
保証の附従性 194
保証予約 187
ボロワー 2
ボロワーの保有者の変更 146
本契約締結義務形式 188
本人確認 155

ま

マージンコール 100
マイシール 251
マネーロンダリング 99
マレーシアイスラム銀行法1983年 251
マレーシアイスラム金融サービス法2013年 251
マレーシア会社法 245
マレーシア1951年貸金業法 240
マレーシア1965年会社法 241
マレーシア中央銀行 249
マンデートリードアレンジャー 12

マンデート・レター................ 12, 14

む

ムシャーラカ........................... 251
ムダーラバ............................. 251

め

免責条項................................. 19

も

モーゲージ............................. 116
目的...................................... 50
モデル法............................... 171
モニタリング・リスク管理体制 ... 89
モラトリアム......................... 145

や

約因..................................... 181

ゆ

有形純資産............................ 101
有効性および証拠としての適格性 ... 82
融資関連書類.......................... 38
有体動産（シンガポール）..... 223

よ

与信判断................................ 78

与信枠................................... 49

ら

ライセンス（シンガポール）..... 219
ラテン語............................... 110

り

リーエン............................... 116
リースバック......................... 115
リコース............................... 102
リコース条項......................... 115
リザーブの追加積み立て......... 100
リスクアロケーション............. 78
利息...................................... 58
利息計算期間.......................... 41
リバー.................................. 251
リボルビング・クレジット....... 57
リボルビングローン.................. 4
リミテッドリコース............... 177
流動性比率........................... 105
リンギット（マレーシア）..... 242

れ

レバレッジ............................ 103
レンダ..................................... 2
連帯保証............................... 183

アジアにおけるシンジケート・ローンの
契約実務と担保法制

平成28年 8 月25日　第 1 刷発行

編著者　西村あさひ法律事務所
発行者　小田　徹
印刷所　三松堂印刷株式会社

〒160-8520　東京都新宿区南元町19
発　行　所　一般社団法人 金融財政事情研究会
　編集部　TEL 03(3355)1721　FAX 03(3355)3763
販　　売　株式会社きんざい
　販売受付　TEL 03(3358)2891　FAX 03(3358)0037
　　　　　　URL http://www.kinzai.jp/

・本書の内容の一部あるいは全部を無断で複写・複製・転訳載すること、および磁気または光記録媒体、コンピュータネットワーク上等へ入力することは、法律で認められた場合を除き、著作者および出版社の権利の侵害となります。
・落丁・乱丁本はお取替えいたします。価格はカバーに表示してあります。

ISBN978-4-322-13019-5